新税法 下

企业财税实务 与 纳税筹划

Enterprise Finance and Taxation Practice and Tax Planning

会计实操辅导教材编委会 编著

SPM 南方出版传媒·广东人民出版社

·广州·

图书在版编目（CIP）数据

企业财税实务与纳税筹划 / 会计实操辅导教材编委会编著. —广州：广东人民出版社，2022.1

ISBN 978-7-218-15437-4

Ⅰ．①企… Ⅱ．①会… Ⅲ．①企业管理—财务管理—中国 ②企业管理—税收管理—中国 ③企业管理—税收筹划—中国 Ⅳ．①F279.23 ②F812.423

中国版本图书馆CIP数据核字（2021）第246494号

Qiye Caishui Shiwu Yu Nashui Chouhua

企 业 财 税 实 务 与 纳 税 筹 划

会计实操辅导教材编委会　编著

出 版 人：肖风华

责任编辑：李幼萍　寇　毅
封面设计：范晶晶
内文设计：奔流文化
责任技编：吴彦斌

出版发行：广东人民出版社
地　　址：广州市海珠区新港西路204号2号楼（邮政编码：510300）
电　　话：（020）85716809（总编室）
传　　真：（020）85716872
网　　址：http://www.gdpph.com
印　　刷：三河市中晟雅豪印务有限公司
开　　本：787毫米×1092毫米　1/16
印　　张：20.5　字　　数：330千
版　　次：2022年1月第1版
印　　次：2022年1月第1次印刷
定　　价：58.00元

会计实操辅导教材编委会

主　　编：崔　伟　刘宏伟

编委会成员：罗杰夫　张　丽　熊金梅　黄金凤
　　　　　　吴柔璇　王　侨　肖　哲　刘　洋
　　　　　　陈素玲　林铅杰

前 言 Preface

近几年，我国多项财税政策不断更新，财税新政在企业发展中的重要性不言而喻。随着政策的变动，不仅仅是财务人员，企业投资人和管理者都需要不断地学习财税知识，加深对财税政策的理解，在不违反税法的前提下，如何有效地降低税负是企业管理者需要重点考虑的问题。

为了规范和优化企业纳税体系，保护纳税人的合法权益，会计学堂一直致力于为各领域的个人和企业提供高质量的财税教育产品和服务。2021 年 6 月更是与正保远程教育达成战略性合作，以"成为受尊敬的教育机构"为愿景，树立财税行业标杆，打造财会精英。

本书正是基于这一目标，从企业财税实务要点及涉税风险防范出发进行编写，全书共分为五章：财税要点、财税实务、纳税申报、税收筹划和政策解读。

第一章　财税要点必修课　主要从总体上介绍了企业初创的组织形式、纳税人身份的选择、征收方式的差异、注册资本的规定等，让读者对企业财税的基本要点有概括性的了解。

第二章　懂"财"税，不"踩"雷　围绕着企业财税实务进行阐述，从企业筹建期的账务处理、不同营销方式的财税处理、私车公用的注意事项、乱账处理的技巧等进行详细分析。

第三章　聊聊纳税实务那些事　列举了企业所得税、个人所得税汇算清缴、长期零申报的风险等，这一部分主要包括纳税申报实务的相关知识及网上申报的热点问题，能帮助读者更好地掌握税务实务的要点。

第四章　透视纳税筹划，"筹"税不愁税　主要包括各大税种的纳税筹划，详细分析了如何降低企业用工成本，并对年终奖进行案例剖析。这一章引用了大量的案例，指引读者如何合理地应用各类筹划方案，降低企业税负。

第五章　政策解读面面观　列举了增值税、企业所得税、个人所得税以及其他税种的主要政策梳理、社保入税的相关政策以及各类财税政策的热点问题解答等内容。

我国的税法规定仍然在不断更新优化，本书提及的一些财税内容也可能会随之改变。因此，在具体的实务中，纳税人应随时关注国家税务总局及地方税务机关的政策变化，以最新规定作为实务处理依据。

读者在阅读过程中，如对本书中的财税新政及纳税实务等有任何疑问，可到"会计问"微信小程序进行提问，该平台可为读者提供免费的财税答疑。

由于时间仓促，本书在内容上可能存在一些疏漏，请读者不吝赐教，鞭策笔者不断进步，笔者邮箱：kefu@acc5.com。

会计实操辅导教材编委会

2021 年 6 月 16 日

目录 Contents

第三章

159　聊聊纳税实务那些事

第四章

197 透视纳税筹划，"筹"税不愁税

第五章

261 政策解读面面观

第一章

企业财税要点必修课

　　成立新公司，首先要进行各种筹划：要创办什么类型的企业？能否享受到当地的税收优惠政策？税务上应选择怎样的征收方式？而作为企业的老板，更不能对财税一窍不通。企业的公私账户如何合法转账，如何规避业务合同的风险，财务报表上的数据是什么意思，这些都是作为企业管理层必须掌握的要点。

1.1 公司创立，筹划先行——不同企业组织形式之异同

一 企业组织形式的选择及特点 •••

通常把企业组织形式分为独资企业、合伙企业和公司制企业等几种类型。

表 1-1　企业组织形式

分类	组织形式	法律地位
公司制企业	有限责任公司 （含国有独资公司、一人有限公司）	具备独立法人资格
	股份有限公司	
合伙企业	普通合伙企业	不具备独立法人资格
	有限合伙企业	
独资企业	个人独资企业	
个体工商户		

1. 有限责任公司

（1）有限责任公司由五十个以下股东出资设立。

（2）股东以其认缴的出资额为限对公司承担责任。一人有限责任公司的股东不能证明公司财产独立于股东自己的财产的，应当对公司债务承担连带责任。

（3）一人有限责任公司，是指只有一个自然人股东或者一个法人股东的有限责任公司。一个自然人只能投资设立一个一人有限责任公司，该一人有限责任公司不能投资设立新的一人有限责任公司。一人有限责任公司应当在公司登记中注明自然人独资或者法人独资，并在公司营业执照中载明。

2. 股份有限公司

（1）设立股份有限公司，应当有二人以上二百人以下为发起人，其中须有半数以上的发起人在中国境内有住所。

（2）股东以其认购的股份为限对公司承担责任。

（3）股份有限公司的设立，可以采取发起设立或者募集设立的方式。股份有限公司采取发起设立方式设立的，注册资本为在公司登记机关登记的全体发起人认购的股本总额。在发起人认购的股份缴足前，不得向他人募集股份。股份有限公司采

取募集方式设立的，注册资本为在公司登记机关登记的实收股本总额。法律、行政法规以及国务院决定对股份有限公司注册资本实缴、注册资本最低限额另有规定的，从其规定。

政策依据

《中华人民共和国公司法》

《中华人民共和国企业法人登记管理条例施行细则》（2020年修订）

3. 个人独资企业

（1）个人独资企业，是指依照《中华人民共和国个人独资企业法》在中国境内设立，由一个自然人投资，财产为投资人个人所有，投资人以其个人财产对企业债务承担无限责任的经营实体。

（2）个人独资企业的名称应当符合名称登记管理有关规定，并与其责任形式及从事的营业相符合。个人独资企业的名称中不得使用"有限""有限责任"或者"公司"字样。

（3）个人独资企业设立分支机构，应当由投资人或者其委托的代理人向分支机构所在地的登记机关申请设立登记，领取营业执照。

政策依据

《中华人民共和国个人独资企业法》

《个人独资企业登记管理办法》

4. 个体工商户

（1）有经营能力的公民经工商行政管理部门登记，领取个体工商户营业执照，依法开展经营活动。个体工商户可以个人经营，也可以家庭经营。个人经营的，以经营者本人为申请人；家庭经营的，以家庭成员中主持经营者为申请人。

（2）个体工商户申请转变为企业组织形式，符合法定条件的，登记机关和有关行政机关应当为其提供便利。

（3）无固定经营场所摊贩的管理办法，由省、自治区、直辖市人民政府根据当地实际情况规定。

 政策依据

《个体工商户条例》

《个体工商户登记管理办法》

5. 合伙企业

（1）合伙企业，是指自然人、法人和其他组织依照《中华人民共和国合伙企业法》在中国境内设立的普通合伙企业和有限合伙企业。

（2）普通合伙企业由普通合伙人组成，合伙人对合伙企业债务承担无限连带责任。有限合伙企业由普通合伙人和有限合伙人组成，普通合伙人对合伙企业债务承担无限连带责任，有限合伙人以其认缴的出资额为限对合伙企业债务承担责任。

国有独资公司、国有企业、上市公司以及公益性的事业单位、社会团体不得成为普通合伙人。

常见的合伙企业有：律师事务所、会计师事务所等。

（3）以专业知识和专门技能为客户提供有偿服务的专业服务机构，可以设立为特殊的普通合伙企业。特殊的普通合伙企业名称中应当标明"特殊普通合伙"字样。

 政策依据

《中华人民共和国合伙企业法》

表 1-2　不同组织形式区别

组织形式		区别
有限责任公司	有限责任	股东以认缴的出资额为限承担有限责任
股份有限公司		股东以认购的股份为限承担有限责任
个人独资企业	无限责任	投资人以其个人财产对企业债务承担无限责任
合伙企业		普通合伙人对合伙企业债务承担无限连带责任；有限合伙人以其认缴的出资额为限承担责任
个体工商户		以个人财产或家庭财产承担全部债务

表1-3 个人独资企业和个体工商户的比较

相同点	无限责任
	以一个自然人名义投资成立的，该自然人是完全民事责任能力人
	每年1—6月，登录国家企业信用信息公示系统进行上一年度的年报公示
不同点	从事临时经营、季节性经营、流动经营和没有固定门面的摆摊经营，不得登记为个人独资企业，但可以登记为个体工商户
	个人独资企业可以设立分支机构，但个体工商户不行
	个人独资企业可以变更投资人姓名，而个体工商户难以变更，个体工商户变更经营者的，应当在办理注销登记后，由新的经营者重新申请办理注册登记。家庭经营的个体工商户在家庭成员间变更经营者的，依规定办理变更手续
	个体工商户的投资者与经营者为同一人，即投资设立个体工商户的自然人；而个人独资企业的投资人可以委托或聘用他人管理个人独资企业事务

二 不同企业组织形式交税的区别

企业日常涉及的税费主要有：增值税、消费税、城建税、教育费附加、地方教育附加、房产税、车船税、土地使用税、印花税、个人所得税、企业所得税、工会经费、残保金等。不同企业组织形式交税的区别主要是在所得税上。

1. 个人独资企业、合伙企业、个体工商户

按"经营所得"缴纳个人所得税。

个人独资企业、合伙企业、个体工商户的投资者在所得形成时缴纳个税，而非分配时缴纳。适用税目为"经营所得"（5%—35%）。

个人独资企业、合伙企业、个体工商户的个人所得税征收方式有两种：

（1）查账征收。

（2）核定征收（定期定额方式、核定征收率、核定应税所得率）。

经营所得个人所得税的计征适用5%—35%的超额累进税率，具体见表1-4。

表1-4 个人所得税税率表

（适用于2018年10月以后取得的个体工商户的生产、经营所得和对企事业承包经营、承租经营所得）

级数	全年应纳税所得额	税率（%）	速算扣除数
1	不超过30 000元的	5	0
2	超过30 000元至90 000元的部分	10	1 500

级数	全年应纳税所得额	税率（%）	速算扣除数
3	超过 90 000 元至 300 000 元的部分	20	10 500
4	超过 300 000 元至 500 000 元的部分	30	40 500
5	超过 500 000 元的部分	35	65 500

注：本表所称全年应纳税所得额是指依照《中华人民共和国个人所得税法》第六条的规定，以每一纳税年度的收入总额减除成本、费用以及损失后的余额。

个人所得税计算公式：

应纳个人所得税税额＝应纳税所得额 × 适用税率－速算扣除数

应纳税所得额＝年应税收入额－准予税前扣除金额

2. 公司制企业

先交企业所得税，再交个人所得税。

公司制企业在所得形成时缴纳企业所得税。在所得分配时或视同分配给个人投资者时，个人投资者按照"利息、股息、红利所得"税目计算缴纳个人所得税。

利息、股息、红利所得计算公式：应纳个人所得税税额＝应纳税所得额 × 适用税率＝每次收入额 ×20%

公司制企业除了企业需要交企业所得税外，其个人投资者还要交个人所得税。理论上整体合计所得税负担大约为 40%（25% ＋ 75%×20%）左右。

企业所得税的征收方式有两种：

（1）查账征收。

（2）核定征收（定期定额方式、核定征收率、核定应税所得率）。

3. 分支机构

子公司和分公司的区别参见表 1–5。

表 1–5　子公司和分公司区别

子公司	分公司
子公司是独立纳税主体，与母公司分开纳税，盈亏不能互补	分公司与总公司是同一纳税主体，统一计算盈亏
子公司具有法人资格，可以独立承担民事责任；在当地可享受较多的税收优惠	分公司不具有企业法人资格，不具有独立的法律地位，不独立承担民事责任
子公司设立程序比较复杂，并要具备一定条件，要接受当地政府管理	分公司法律手续较简单，管理相对宽松

💡 **思考：视同独立纳税人缴税的二级分支机构可否享受小型微利企业优惠政策？**

《中华人民共和国企业所得税法》第五十条第二款规定："居民企业在中国境内设立不具有法人资格的营业机构的，应当汇总计算并缴纳企业所得税。"也就是说，如无特殊规定，总分机构企业所得税应该是汇总纳税，且属于法律规定，不具备选择性。

同时，总局对该政策做过进一步解读：现行企业所得税实行法人税制，企业应以法人为主体，计算并缴纳企业所得税。由于分支机构不具有法人资格，其经营情况应并入企业总机构，由企业总机构汇总计算应纳税款，并享受相关优惠政策。

1.2 公司创立，筹划先行——善用税收洼地

为了吸引企业入驻、扩充本地税收来源、促进本地经济的发展，政府部门在特定的行政区域、税收管辖区制定实施一系列税收优惠、地方留存返还等政策，在该区域税收征管范围内注册成立或运营的企业，可以充分利用这些税收优惠政策，从而大幅度减轻税负，这类区域就称之为"税收洼地"。

一 我国的主要税收洼地 ●●●

1. 西部地区

在我国，最明显的税收洼地是西部大开发地区。具体包括内蒙古自治区、广西壮族自治区、重庆市、四川省、贵州省、云南省、西藏自治区、陕西省、甘肃省、青海省、宁夏回族自治区、新疆维吾尔自治区和新疆生产建设兵团。湖南省湘西土家族苗族自治州、湖北省恩施土家族苗族自治州、吉林省延边朝鲜族自治州和江西省赣州市，可以比照西部地区的企业所得税政策执行。

根据《财政部　税务总局　国家发展改革委关于延续西部大开发企业所得税政策的公告》（财政部　税务总局　国家发展改革委公告 2020 年第 23 号）规定，自 2021 年 1 月 1 日至 2030 年 12 月 31 日，对设在西部地区的鼓励类产业企业减按 15% 的税率征收企业所得税。本条所称鼓励类产业企业是指以《西部地区鼓励类产业目录》中规定的产业项目为主营业务，且其主营业务收入占企业收入总额 60% 以上的企业。

2. 海南自由贸易港

（1）个人所得税。根据《财政部　税务总局关于海南自由贸易港高端紧缺人才个人所得税政策的通知》（财税〔2020〕32号）规定，对在海南自由贸易港工作的高端人才和紧缺人才，其个人所得税实际税负超过15%的部分，予以免征。享受上述优惠政策的所得包括来源于海南自由贸易港的综合所得（包括工资薪金、劳务报酬、稿酬、特许权使用费四项所得）、经营所得以及经海南省认定的人才补贴性所得。

（2）企业所得税。根据《财政部　税务总局关于海南自由贸易港企业所得税优惠政策的通知》（财税〔2020〕31号）规定，为支持海南自由贸易港建设，自2020年1月1日起执行至2024年12月31日，实施以下企业所得税优惠政策：

①对注册在海南自由贸易港并实质性运营的鼓励类产业企业，减按15%的税率征收企业所得税。

鼓励类产业企业，是指以《海南自由贸易港鼓励类产业目录（2020年本）》中规定的产业项目为主营业务，且其主营业务收入占企业收入总额60%以上的企业。

实质性运营，是指企业的实际管理机构设在海南自由贸易港，并对企业生产经营、人员、账务、财产等实施实质性全面管理和控制。不符合实质性运营的企业，不得享受优惠。

《海南自由贸易港鼓励类产业目录（2020年本）》包括《产业结构调整指导目录（2019年本）》《鼓励外商投资产业目录（2019年版）》和"海南自由贸易港新增鼓励类产业目录"。上述目录在财税〔2020〕31号通知执行期限内修订的，自修订版实施之日起按新版本执行。

对总机构设在海南自由贸易港的符合条件的企业，仅就其设在海南自由贸易港的总机构和分支机构的所得，适用15%税率；对总机构设在海南自由贸易港以外的企业，仅就其设在海南自由贸易港内的符合条件的分支机构的所得，适用15%税率。具体征管办法按照税务总局有关规定执行。

②对在海南自由贸易港设立的旅游业、现代服务业、高新技术产业企业新增境外直接投资取得的所得，免征企业所得税。

本条所称新增境外直接投资所得应当符合以下条件：

a. 从境外新设分支机构取得的营业利润；或从持股比例超过20%（含）的境外子公司分回的，与新增境外直接投资相对应的股息所得。

b. 被投资国（地区）的企业所得税法定税率不低于5%。

本条所称旅游业、现代服务业、高新技术产业，按照《海南自由贸易港鼓励类产业目录（2020 年本）》执行。

③对在海南自由贸易港设立的企业，新购置（含自建、自行开发）固定资产或无形资产，单位价值不超过 500 万元（含）的，允许一次性计入当期成本费用在计算应纳税所得额时扣除，不再分年度计算折旧和摊销；新购置（含自建、自行开发）固定资产或无形资产，单位价值超过 500 万元的，可以缩短折旧、摊销年限或采取加速折旧、摊销的方法。

本条所称固定资产，是指除房屋、建筑物以外的固定资产。

3. 新疆喀什、霍尔果斯两个特殊经济开发区

根据《财政部　税务总局关于新疆困难地区及喀什、霍尔果斯两个特殊经济开发区新办企业所得税优惠政策的通知》（财税〔2021〕27 号）规定，为推动新疆发展，对新疆困难地区以及喀什、霍尔果斯两个特殊经济开发区给予以下优惠政策：

（1）2021 年 1 月 1 日至 2030 年 12 月 31 日，对在新疆困难地区新办的属于《新疆困难地区重点鼓励发展产业企业所得税优惠目录》（以下简称《目录》）范围内的企业，自取得第一笔生产经营收入所属纳税年度起，第一年至第二年免征企业所得税，第三年至第五年减半征收企业所得税。

享受上述企业所得税定期减免税政策的企业，在减半期内，按照企业所得税 25% 的法定税率计算的应纳税额减半征税。

新疆困难地区包括南疆三地州、其他脱贫县（原国家扶贫开发重点县）和边境县市。

（2）2021 年 1 月 1 日至 2030 年 12 月 31 日，对在新疆喀什、霍尔果斯两个特殊经济开发区内新办的属于《目录》范围内的企业，自取得第一笔生产经营收入所属纳税年度起，五年内免征企业所得税。

（3）属于《目录》范围内的企业是指以《目录》中规定的产业项目为主营业务，其主营业务收入占企业收入总额 60% 以上的企业。

（4）第一笔生产经营收入，是指产业项目已建成并投入运营后所取得的第一笔收入。

二　如何利用税收洼地筹划 ● ● ●

在公司的创立之初，可以咨询专业人士，充分考虑和利用税收洼地的优势，结合企业的经营业务、运营模式获取最大的税收利益。常用的筹划方法有：

1. 利用税收洼地的低税率优惠

享受优惠的方式多种多样。例如：企业入驻税收洼地，直接享受优惠；企业设立新公司，将原公司的业务分包给在税收洼地注册的新公司以实现节税；在税收洼地办理分公司，以业务分流的形式享受优惠政策。

2. 利用税收地方留成返现

有些地方为了招商引资，会利用税收地方留成返现吸引企业入驻，即地方财政都会把地方留成税收资金拿出来对企业进行税收返还，从而形成税收洼地。

3. 利用征管便利实现节税

例如，利用税收管理上的"核定征收"方式降低税负。

三 利用税收洼地筹划的注意事项 ●●●

合理利用税收洼地的税收优惠，需要注意以下事项：

1. 详细调查

对税收洼地的税收优惠、税款返还、行业鼓励和限制政策等进行详尽调查和了解，确保企业符合要求；充分了解税收优惠及税款返还政策的稳定性、持续性；详细了解税收洼地的退出要求和限制，提前规划好退出机制，防范"进去容易、退出难"的情况。

2. 合理规划

选聘具备专业水平的税收筹划机构进行筹划；加强税务日常管理，确保企业符合税收洼地行业要求和经营规模以及其他资质要求；搭建企业框架，在税收洼地成立的企业必须有实质经营活动、形成经营创收，具备实际办公场所、有专职职员供职，且与税收洼地之外关联企业搭建合理交易框架，保证交易的合理性和公允性。

1.3 纳税人身份的异同——增值税一般纳税人和小规模纳税人

在企业注册成立以后，就会面临纳税人身份的选择：选择一般纳税人还是小规模纳税人？

那么，一般纳税人和小规模纳税人有哪些区别呢？

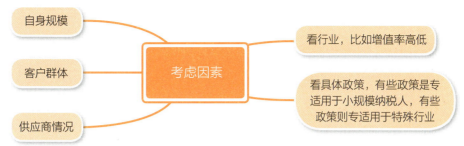

图 1-1　纳税人身份选择的考虑因素

一　一般纳税人与小规模纳税人认定标准的区别 ●●●

增值税一般纳税人的判定标准有两个，一个是年应税销售额，另一个是会计核算是否健全。满足其中一个条件即可。

（1）根据《财政部　税务总局关于统一增值税小规模纳税人标准的通知》（财税〔2018〕33 号）的规定，增值税小规模纳税人标准为年应征增值税销售额 500 万元及以下。增值税纳税人年应税销售额超过财政部、国家税务总局规定的小规模纳税人标准的，除另有规定外，应当向主管税务机关办理一般纳税人登记。

年应税销售额，是指纳税人在连续不超过 12 个月或四个季度的经营期内累计应征增值税销售额，包括纳税申报销售额、稽查查补销售额、纳税评估调整销售额、税务机关代开发票销售额和免税销售额。

（2）年应税销售额未超过规定标准的纳税人，会计核算健全，能够提供准确税务资料的，可以向主管税务机关办理一般纳税人登记。会计核算健全，是指能够按照国家统一的会计制度规定设置账簿，根据合法、有效凭证进行核算。

表 1-6　增值税一般纳税人的判定标准

判定标准	小规模纳税人	一般纳税人
年应税销售额	≤500 万元（不含增值税）	>500 万元（不含增值税）
会计核算是否健全	否	是

注：新成立的企业如果没有申请登记为增值税一般纳税人，就属于小规模纳税人；如果年应税销售额超过小规模纳税人标准，就需要办理一般纳税人登记。

二 一般纳税人与小规模纳税人计税方法的区别 • • •

一般纳税人与小规模纳税人在计税方法上具有区别。一般纳税人计税方法主要为一般计税，特殊情形下可以选择简易计税；小规模纳税人计税方法为简易计税。

1. 一般计税方式

一般纳税人主要采用一般计税方式：当期应纳税额＝当期销项税额－当期进项税额＋当期进项税额转出－当期期初留抵税额

2. 简易计税方式

小规模纳税人采用简易计税方式：当期应纳税额＝含税销售额÷（1＋征收率）×征收率

另外，一般纳税人在特殊情形下也可选择采用简易计税。

3. 一般纳税人适用简易计税的情形

一般纳税人销售、提供或者发生财政部和国家税务总局规定的特定的货物、应税劳务、应税行为的，可以选择适用简易计税方法计税，不得抵扣进项税额。具体包括：

（1）县级及县级以下小型水力发电单位生产的电力。

（2）建筑用和生产建筑材料所用的砂、土、石料。

（3）以自己采掘的砂、土、石料或其他矿物连续生产的砖、瓦、石灰（不含黏土实心砖、瓦）。

（4）用微生物、微生物代谢产物、动物毒素、人或动物的血液或组织制成的生物制品。

（5）自来水。

（6）自来水公司销售自来水。

（7）商品混凝土（仅限于以水泥为原料生产的水泥混凝土）。

（8）单采血浆站销售非临床用人体血液。

（9）寄售商店代销寄售物品（包括居民个人寄售的物品在内）。

（10）典当业销售死当物品。

（11）药品经营企业销售生物制品。

（12）公共交通运输服务（包括轮客渡、公交客运、地铁、城市轻轨、出租车、长途客运、班车）。

（13）经认定的动漫企业为开发动漫产品提供的有关动漫服务。

（14）电影放映服务、仓储服务、装卸搬运服务、收派服务和文化体育服务。

（15）以"营改增"试点前取得的有形动产为标的物提供的经营租赁服务。

（16）在"营改增"试点前签订的尚未执行完毕的有形动产租赁合同。

（17）以清包工方式提供的建筑服务。

（18）为甲供工程提供的建筑服务。

（19）销售或出租 2016 年 4 月 30 日前取得的不动产。

（20）房地产开发企业销售自行开发的房地产老项目。

（21）提供非学历教育服务。

（22）一般纳税人收取试点前开工的一级公路、二级公路、桥、闸通行费。

（23）提供人力资源外包服务。

（24）2016 年 4 月 30 日前签订的不动产融资租赁合同，或以 2016 年 4 月 30 日前取得的不动产提供的融资租赁服务。

（25）转让 2016 年 4 月 30 日前取得的土地使用权。

（26）提供劳务派遣服务选择差额纳税的。

提示： 一般纳税人选择简易办法计算缴纳增值税后，36 个月内不得变更。

三 一般纳税人与小规模纳税人增值税税率/征收率的区别

一般纳税人税率共有四档：13%，9%，6%，0。

小规模纳税人及一般纳税人适用简易计税的，其征收率主要有 5% 和 3% 两档；另有三项减征规定，分别是：5% 减按 1.5% 征收，3% 减按 2% 征收，3% 减按 1% 征收（阶段性减免）。

四 一般纳税人与小规模纳税人发票使用的区别

一般纳税人和小规模纳税人都可以同时使用增值税专用发票和普通发票。

国家税务总局关于实施第二批便民办税缴费新举措的通知

税总函〔2019〕243 号

一、全面推行小规模纳税人自行开具增值税专用发票。税务总局进一步扩大小规模纳税人自行开具增值税专用发票范围，小规模纳税人（其他个人除外）发生增值税应税行为、需要开具增值税专用发票的，可以自愿使用增值税发票管理系统自行开具。

五 如何选择增值税纳税人身份 ●●●

如何选择纳税人身份对企业最有利？这就需要分析测算增值率（毛利率）。

【案例 1-1】快学商贸公司主要从事礼品批发业务，年含税销售额 300 万元，请问快学商贸公司选择一般纳税人还是小规模纳税人比较合适？

【分析】

如果企业适用 13% 税率，那么一般纳税人与小规模纳税人的税负平衡点如下：

含税销售额 ÷1.13× 增值率 ×13% ＝含税销售额 ÷1.03×3%

计算过程：设增值率（毛利率）为 A，300÷1.13×A×13% ＝ 300÷1.03×3%

A ＝ 25.32%，即为税负平衡点。

又因为：增值率（毛利率）＝（销售额—成本）÷销售额

【结论】处于 25.32% 平衡点时，选择一般纳税人和小规模纳税人的税负是一样的。增值率超过 25.32%，选择小规模纳税人比较合适；增值率小于 25.32%，则选择一般纳税人比较合适。进销差价越大，增值率越高，选择小规模纳税人更为合适。

六 增值税小规模纳税人相关优惠政策 ●●●

1. 增值税优惠

根据《财政部　税务总局关于明确增值税小规模纳税人免征增值税政策的公告》（财政部　税务总局公告 2021 年第 11 号）文件及相关规定，自 2021 年 4 月 1 日至 2022 年 12 月 31 日，对月销售额 15 万元以下（含本数）的增值税小规模纳税人，免征增值税。

小规模纳税人发生增值税应税销售行为，合计月销售额超过 15 万元，但扣除本期发生的销售不动产的销售额后未超过 15 万元的，其销售货物、劳务、服务、无形资产取得的销售额免征增值税。

适用增值税差额征税政策的小规模纳税人，以差额后的销售额确定是否可以享受免征增值税政策。

2. 其他相关税费优惠

（1）教育费附加、地方教育附加、水利建设基金优惠。

根据《财政部 国家税务总局关于扩大有关政府性基金免征范围的通知》（财税〔2016〕12 号）规定，自 2016 年 2 月 1 日起，按月纳税的月销售额或营业额不超过 10 万元（按季度纳税的季度销售额或营业额不超过 30 万元）的缴纳义务人，免征教育费附加、地方教育附加、水利建设基金。

备注：按月纳税的月销售额或营业额不超过 10 万元（按季度纳税的季度销售额或营业额不超过 30 万元）的，均可享受相关优惠政策，与缴纳义务人的属性、缴纳税种类型无关。也就是说，上述政策增值税小规模纳税人、一般纳税人符合条件均可享受。

（2）六税两费优惠。

2019 年 1 月 1 日至 2021 年 12 月 31 日期间，由省、自治区、直辖市人民政府根据本地区实际情况，以及宏观调控需要确定，对增值税小规模纳税人可以在 50% 的税额幅度内减征资源税、城市维护建设税、房产税、城镇土地使用税、印花税（不含证券交易印花税）、耕地占用税和教育费附加、地方教育附加。

七 增值税一般纳税人相关优惠政策 ●··

1. 国内旅客运输服务抵扣进项税额

纳税人购进国内旅客运输服务，其进项税额允许从销项税额中抵扣。

2. 进项税加计抵减

自 2019 年 4 月 1 日至 2021 年 12 月 31 日，允许生产、生活性服务业纳税人按照当期可抵扣进项税额加计 10%，抵减应纳税额。生产、生活性服务业纳税人，是指提供邮政服务、电信服务、现代服务、生活服务（以下称四项服务）取得的销售额占全部销售额的比重超过 50% 的纳税人。四项服务的具体范围按照《销售服务、无形资产、不动产注释》（财税〔2016〕36 号印发）执行。

2019 年 10 月 1 日至 2021 年 12 月 31 日，允许生活性服务业纳税人按照当期可抵扣进项税额加计 15%，抵减应纳税额。生活性服务业纳税人，是指提供生活服务取得的销售额占全部销售额的比重超过 50% 的纳税人。生活服务，是指为满足城乡居民日常生活需求提供的各类服务活动。包括文化体育服务、教育医疗服务、旅游娱乐服务、餐饮住宿服务、居民日常服务和其他生活服务。

3. 增量留抵税额退还

自 2019 年 4 月 1 日起，符合相关条件的纳税人，可以向主管税务机关申请退还增量留抵税额。

1.4 征收方式的差异——查账征收和核定征收

对于增值税来说，计税方法分为一般计税和简易计税两种。对于企业所得税来说，征收方式包括查账征收和核定征收，其中查账征收是税务管理追求的方向。

一 查账征收 ●●●

（一）什么是查账征收

查账征收适用于财务会计核算规范的企业。查账征收是由纳税人依据账簿记载，先自行计算缴纳，事后经税务机关查账核实，如有不符时，可多退少补的一种征收方式。

（二）查账征收企业如何申报

企业所得税按年计征，分月或者分季预缴，年终汇算清缴，多退少补。

分月或者分季预缴企业所得税时，应当按照月度或者季度的实际利润额预缴；按照月度或者季度的实际利润额预缴有困难的，可以按照上一纳税年度应纳税所得额的月度或者季度平均额预缴，或者按照经税务机关认可的其他方法预缴。预缴方法一经确定，该纳税年度内不得随意变更。

企业应当自月份或者季度终了之日起十五日内，向税务机关报送预缴企业所得税纳税申报表，预缴税款。应当自年度终了之日起五个月内，向税务机关报送年度企业所得税纳税申报表，并汇算清缴，结清应缴应退税款。

二 核定征收 ●●●

（一）什么是核定征收

根据《企业所得税核定征收办法（试行）》（国税发〔2008〕30号印发）第三条规定，纳税人具有下列情形之一的，核定征收企业所得税：

（1）依照法律、行政法规的规定可以不设置账簿的；

（2）依照法律、行政法规的规定应当设置但未设置账簿的；

（3）擅自销毁账簿或者拒不提供纳税资料的；

（4）虽设置账簿，但账目混乱或成本资料、收入凭证、费用凭证残缺不全，难以查账的；

（5）发生纳税义务，未按照规定的期限办理纳税申报，经税务机关责令限期申报，逾期仍不申报的；

（6）申报的计税依据明显偏低，又无正当理由的。

（二）税务机关如何进行核定

税务机关应根据纳税人具体情况，对核定征收企业所得税的纳税人，核定应税所得率或者核定应纳所得税额。具有下列情形之一的，核定其应税所得率：

（1）能正确核算（查实）收入总额，但不能正确核算（查实）成本费用总额的；

（2）能正确核算（查实）成本费用总额，但不能正确核算（查实）收入总额的；

（3）通过合理方法，能计算和推定纳税人收入总额或成本费用总额的。

纳税人不属于以上情形的，核定其应纳所得税额。

税务机关采用下列方法核定征收企业所得税：

（1）参照当地同类行业或者类似行业中经营规模和收入水平相近的纳税人的税负水平核定；

（2）按照应税收入额或成本费用支出额定率核定；

（3）按照耗用的原材料、燃料、动力等推算或测算核定；

（4）按照其他合理方法核定。

采用前款所列一种方法不足以正确核定应纳税所得额或应纳税额的，可以同时采用两种以上的方法核定。采用两种以上方法测算的应纳税额不一致时，可按测算的应纳税额从高核定。

（三）核定征收的计算公式

采用应税所得率方式核定征收企业所得税的，应纳所得税额计算公式如下：

应纳所得税额＝应纳税所得额 × 适用税率

应纳税所得额＝应税收入额 × 应税所得率

或：应纳税所得额＝成本（费用）支出额 ÷（1－应税所得率）× 应税所得率

实行应税所得率方式核定征收企业所得税的纳税人，经营多业的，无论其经营项目是否单独核算，均由税务机关根据其主营项目确定适用的应税所得率。

主营项目应为纳税人所有经营项目中，收入总额或者成本（费用）支出额或者耗用原材料、燃料、动力数量所占比重最大的项目。

应税所得率按表1–7规定的幅度标准确定。

表1–7　企业所得税应税所得率表

行业	应税所得率（%）
农、林、牧、渔业	3—10
制造业	5—15
批发和零售贸易业	4—15
交通运输业	7—15
建筑业	8—20
饮食业	8—25
娱乐业	15—30
其他行业	10—30

纳税人的生产经营范围、主营业务发生重大变化，应纳税所得额或应纳税额增减变化达到20%的，应及时向税务机关申报调整已确定的应纳税额或应税所得率。

（四）核定征收企业如何申报

1. 纳税人实行核定应税所得率方式的，按下列规定申报纳税

（1）主管税务机关根据纳税人应纳税额的大小确定纳税人按月或者按季预缴，年终汇算清缴。预缴方法一经确定，一个纳税年度内不得改变。

（2）纳税人应依照确定的应税所得率计算纳税期间实际应缴纳的税额，进行预缴。按实际数额预缴有困难的，经主管税务机关同意，可按上一年度应纳税额的1/12或1/4预缴，或者按经主管税务机关认可的其他方法预缴。

（3）纳税人预缴税款或年终进行汇算清缴时，应按规定填写《中华人民共和国企业所得税月（季）度预缴纳税申报表（B类）》，在规定的纳税申报时限内报送主管税务机关。

2. 纳税人实行核定应纳所得税额方式的，按下列规定申报纳税

（1）纳税人在应纳所得税额尚未确定之前，可暂按上年度应纳所得税额的1/12或1/4预缴，或者按经主管税务机关认可的其他方法，按月或按季分期预缴。

（2）在应纳所得税额确定以后，减除当年已预缴的所得税额，余额按剩余月份或季度均分，以此确定以后各月或各季的应纳税额，由纳税人按月或按季填写《中华人民共和国企业所得税月（季）度预缴纳税申报表（B类）》，在规定的纳税申报期限内进行纳税申报。

（3）纳税人年度终了后，在规定的时限内按照实际经营额或实际应纳税额向税务机关申报纳税。申报额超过核定经营额或应纳税额的，按申报额缴纳税款；申报额低于核定经营额或应纳税额的，按核定经营额或应纳税额缴纳税款。

1.5 老板必知财税要点——注册资本须知

根据《中华人民共和国公司法》规定，自 2014 年 3 月 1 日起，公司的注册资本由实缴登记制改为认缴登记制。同时，《公司法》进一步放宽了企业注册资本登记条件，除法律、行政法规以及国务院决定对特定行业注册资本最低限额另有规定的外，取消有限责任公司最低注册资本 3 万元、一人有限责任公司最低注册资本 10 万元、股份有限公司最低注册资本 500 万元的限制。

注册资本认缴登记制是我国工商登记制度的一项改革措施，注册资本改为认缴制后，对于企业有哪些影响？公司注册资金与缴税有关吗？下面我们就结合注册资本实缴登记制改为认缴登记制，聊一聊注册资本与企业税务处理的那些事儿。

一 哪些企业适用认缴登记制 ●●●

根据《中华人民共和国公司法》规定，公司是企业法人，有独立的法人财产，享有法人财产权。公司以其全部财产对公司的债务承担责任。有限责任公司的股东以其认缴的出资额为限对公司承担责任；股份有限公司的股东以其认购的股份为限对公司承担责任。

同时，《中华人民共和国公司法》规定，有限责任公司的注册资本为在公司登记机关登记的全体股东认缴的出资额。法律、行政法规以及国务院决定对有限责任公司注册资本实缴、注册资本最低限额另有规定的，从其规定。股份有限公司采取发起设立方式设立的，注册资本为在公司登记机关登记的全体发起人认购的股本总额。在发起人认购的股份缴足前，不得向他人募集股份。股份有限公司采取募集方式设立的，注册资本为在公司登记机关登记的实收股本总额。法律、行政法规以及国务院决定对股份有限公司注册资本实缴、注册资本最低限额另有规定的，从其规定。

不过，注册资本的认缴制并不能排除特殊行业对注册资本实际缴纳的要求，例如银行、证券、融资租赁、建筑施工、典当、外商投资、劳务派遣等行业暂不实行注册资本认缴登记制，注册资本仍需实际缴纳。

表 1–8　暂不实行注册资本认缴登记制的行业

序号	名称	依据
1	采取募集方式设立的股份有限公司	《中华人民共和国公司法》
2	商业银行	《中华人民共和国商业银行法》
3	外资银行	《中华人民共和国外资银行管理条例》
4	金融资产管理公司	《金融资产管理公司条例》
5	信托公司	《中华人民共和国银行业监督管理法》
6	财务公司	《中华人民共和国银行业监督管理法》
7	金融租赁公司	《中华人民共和国银行业监督管理法》
8	汽车金融公司	《中华人民共和国银行业监督管理法》
9	消费金融公司	《中华人民共和国银行业监督管理法》
10	货币经纪公司	《中华人民共和国银行业监督管理法》
11	村镇银行	《中华人民共和国银行业监督管理法》
12	贷款公司	《中华人民共和国银行业监督管理法》
13	农村信用合作联社	《中华人民共和国银行业监督管理法》
14	农村资金互助社	《中华人民共和国银行业监督管理法》
15	证券公司	《中华人民共和国证券法》
16	期货公司	《期货交易管理条例》
17	基金管理公司	《中华人民共和国证券投资基金法》
18	保险公司	《中华人民共和国保险法》
19	保险专业代理机构、保险经纪人	《中华人民共和国保险法》
20	外资保险公司	《中华人民共和国外资保险公司管理条例》
21	直销企业	《直销管理条例》
22	对外劳务合作企业	《对外劳务合作管理条例》
23	融资性担保公司	《融资性担保公司管理暂行办法》
24	劳务派遣企业	2013 年 10 月 25 日国务院第 28 次常务会议决定
25	典当行	2013 年 10 月 25 日国务院第 28 次常务会议决定
26	保险资产管理公司	2013 年 10 月 25 日国务院第 28 次常务会议决定
27	小额贷款公司	2013 年 10 月 25 日国务院第 28 次常务会议决定

认缴登记制下股东的出资责任

1. 股东应当按期足额缴纳公司章程中规定的各自所认缴的出资额

股东以货币出资的，应当将货币出资足额存入有限责任公司在银行开设的账户；以非货币财产出资的，应当依法办理其财产权的转移手续。

股东不按照规定缴纳出资的，除应当向公司足额缴纳外，还应当向已按期足额缴纳出资的股东承担违约责任。

有限责任公司成立后，发现作为设立公司出资的非货币财产的实际价额显著低于公司章程所定价额的，应当由交付该出资的股东补足其差额；公司设立时的其他股东承担连带责任。

股份有限公司成立后，发起人未按照公司章程的规定缴足出资的，应当补缴；其他发起人承担连带责任。股份有限公司成立后，发现作为设立公司出资的非货币财产的实际价额显著低于公司章程所定价额的，应当由交付该出资的发起人补足其差额；其他发起人承担连带责任。

2. 公司解散时，股东尚未缴纳的出资均应作为清算财产

根据《最高人民法院关于适用〈中华人民共和国公司法〉若干问题的规定（二）》（法释〔2008〕6号）第二十二条规定，公司解散时，股东尚未缴纳的出资均应作为清算财产。股东尚未缴纳的出资，包括到期应缴未缴的出资，以及依照《公司法》第二十六条和第八十条的规定分期缴纳尚未届满缴纳期限的出资。公司财产不足以清偿债务时，债权人主张未缴出资股东，以及公司设立时的其他股东或者发起人在未缴出资范围内对公司债务承担连带清偿责任的，人民法院应依法予以支持。

三 对账务处理的影响 •••

按《企业会计准则——应用指南》附录《会计科目和主要账务处理》中的"4001实收资本"科目核算企业接受投资者投入的实收资本。在股东采用认缴制的情况下，由于实际上股东并没有出资，公司并未收到实际出资，会计上公司资产并没有产生变化，此时按规定对于认缴而尚未实缴的部分，不进行账务处理。在企业实际收到投资的时候，会计上计入实收资本。注册资本实缴登记制改为认缴登记制后，实收资本和注册资本不一定相等。

四 对企业所得税的影响 •••

《国家税务总局关于企业投资者投资未到位而发生的利息支出企业所得税前扣除问题的批复》（国税函〔2009〕312号）规定，关于企业由于投资者投资未到位而发生的利息支出扣除问题，根据《中华人民共和国企业所得税法实施条例》第二十七条的规定，凡企业投资者在规定期限内未缴足其应缴资本额的，企业对外借款所发生

的利息，相当于投资者实缴资本额与在规定期限内应缴资本额的差额应计付的利息，其不属于企业合理的支出，应由企业投资者负担，不得在计算企业应纳税所得额时扣除。

五 对印花税的影响 ●●●

企业注册资本未认缴，是否需要缴纳印花税？

根据《中华人民共和国印花税暂行条例》（国务院令第 11 号）和《国家税务总局关于资金账簿印花税问题的通知》（国税发〔1994〕25号）的规定，对记载资金的账簿，应按实收资本和资本公积的合计金额万分之五贴花。

根据《财政部 税务总局关于对营业账簿减免印花税的通知》（财税〔2018〕50 号）的规定，为减轻企业负担，鼓励投资创业，自 2018 年 5 月 1 日起，对按万分之五税率贴花的资金账簿减半征收印花税，对按件贴花五元的其他账簿免征印花税。如企业并未实际认缴出资，会计账簿上按照会计准则的规定处理，不确认和记载实收资本和资本公积的金额，暂不缴纳印花税，在实际收到出资时缴纳印花税。

需要注意的是，根据《财政部 税务总局关于实施小微企业普惠性税收减免政策的通知》（财税〔2019〕13 号）第三条的规定，省、自治区、直辖市人民政府根据本地区实际情况，以及宏观调控需要确定，对增值税小规模纳税人可以在 50% 的税额幅度内减征资源税、城市维护建设税、房产税、城镇土地使用税、印花税（不含证券交易印花税）、耕地占用税和教育费附加、地方教育附加。增值税小规模纳税人已依法享受资源税、城市维护建设税、房产税、城镇土地使用税、印花税、耕地占用税、教育费附加、地方教育附加其他优惠政策的，可叠加享受该通知第三条规定的优惠政策。因此我们在关注印花税优惠的同时，需要关注一下当地的政策。

备注：《中华人民共和国印花税法》自 2022 年 7 月 1 日起施行。该法规定：应税营业账簿的计税依据，为账簿记载的实收资本（股本）、资本公积合计金额。营业账簿，税率为实收资本（股本）、资本公积合计金额的万分之二点五。已缴纳印花税的营业账簿，以后年度记载的实收资本（股本）、资本公积合计金额比已缴纳印花税的实收资本（股本）、资本公积合计金额增加的，按照增加部分计算应纳税额。大家需要关注该税率的变化。

【案例 1-2】快学商贸公司营业执照注册资本 100 万元，假设该公司股东在公司成立之初先期投入了 50 万元，请问公司应如何记账和缴纳印花税？

【分析】

做法一：

借：银行存款 50

其他应收款 50

贷：实收资本 100

做法二：

借：银行存款 50

贷：实收资本 50

思考：印花税如何缴纳？

一般纳税人：应缴纳的印花税 = 500 000 × 0.05% × 50% = 125（元）

小规模纳税人：已经享受财税〔2018〕50号文件规定的资金账簿减半征收印花税的优惠后，还可以叠加享受财税〔2019〕13号文件规定的印花税优惠政策，即应缴纳的印花税 = 500 000 × 0.05% × 50% × 50% = 62.5（元）。

【案例1-3】2020年1月1日，快学商贸公司向非金融机构B公司借款2 800万元，约定年利率为7%（小于金融机构利率）。按照公司章程规定，快学商贸公司股东张某应于4月1日出资400万元，张某7月1日投入400万元。快学商贸公司2020年列支借款利息支出196万元，不考虑其他调整事项。请问企业所得税可税前扣除的利息支出是多少？

【分析】

企业2020年4—6月不得扣除的借款利息 = （2 800 × 7% ÷ 12 × 3）× 400 ÷ 2 800 = 7（万元）

企业2020年可税前扣除利息支出 = 2 800 × 7% － 7 = 189（万元）

1.6 老板必知财税要点——工商年报不能忘

一 什么是企业工商年报

我们常说的企业工商年报，是指由工商行政管理部门组织开展的企业年度报告公示制度。市场主体年度报告制度是贯彻落实党中央、国务院关于进一步减轻企业负担、降低制度性交易成本、强化信用监管、优化营商环境的重要举措。通过工商年报，可以让社会公众与合作伙伴了解企业的经营情况，保障交易安全；

企业通过工商年报，可向外界展现企业的实力与诚信经营的形象，利于企业的长远发展。

工商年报公示是《企业信息公示暂行条例》规定的企业的法定义务。企业应当于每年1月1日到6月30日，通过国家企业信用信息公示系统向工商行政管理部门报送上一年度年度报告，并向社会公示。当年设立登记的企业，自下一年起报送并公示年度报告。

图1-2　国家企业信用信息公示系统界面

二　哪些主体需要进行年报公示 •••

通过市场监督管理部门进行注册登记的市场主体（包括企业、个体工商户、农民专业合作社）均应向市场监督管理部门报送企业年度报告（已注销及被吊销营业执照除外）。主要包括：

（1）有限责任公司、股份有限公司、非公司企业法人、合伙企业、私营企业、个人独资企业及以上企业分支机构、在中国境内从事生产经营活动的外国（地区）企业以及其他经营单位；

（2）个体工商户；

（3）农民专业合作社及其分支机构。

三　工商年报的报告时间 •••

1. 一般企业的工商年报报告时间

企业应当于每年1月1日到6月30日，通过国家企业信用信息公示系统向工商行政管理部门报送上一年度年度报告，并向社会公示。

2. 试点地区企业的工商年报报告时间

2018 年 12 月 24 日，市场监管总局下发《市场监管总局办公厅关于试点开展滚动年报工作的通知》（市监信〔2018〕90 号）文件，文件授权吉林省辽源市、浙江省衢州市、湖南省岳阳市、广东省深圳市、广东省珠海市市场监管部门开展滚动年报试点工作。市场主体应当在每个自然年度中的该市场主体成立周年之日起两个月内，提交上一自然年度的年度报告；在该自然年度设立登记的市场主体，自下一年度起提交年度报告。

如何来理解滚动年报呢？举个例子：A 公司是 2020 年 5 月 20 日成立的，那它报送 2020 年年报的时间就是 2021 年 5 月 20 日至 2021 年 7 月 19 日期间。如果超出该时段报送年报，就属于逾期。

四 工商年报的报告内容 ● ● ●

1. 基本内容

一般企业年度报告内容包括：

（1）企业通信地址、邮政编码、联系电话、电子邮箱等信息；

（2）企业开业、歇业、清算等存续状态信息；

（3）企业投资设立企业、购买股权信息；

（4）企业为有限责任公司或者股份有限公司的，其股东或者发起人认缴和实缴的出资额、出资时间、出资方式等信息；

（5）有限责任公司股东股权转让等股权变更信息；

（6）企业网站以及从事网络经营的网店的名称、网址等信息；

（7）企业从业人数、资产总额、负债总额、对外提供保证担保、所有者权益合计、营业总收入、主营业务收入、利润总额、净利润、纳税总额信息。

第（1）项至第（6）项规定的信息应当向社会公示，第（7）项规定的信息由企业选择是否向社会公示。

经企业同意，公民、法人或者其他组织可以查询企业选择不公示的信息。

2. 新增内容

为贯彻落实《保障中小企业款项支付条例》（国务院令第 728 号），"大型企业应当将逾期尚未支付中小企业款项的合同数量、金额等信息纳入企业年度报告，通过企业信用信息公示系统向社会公示"。自 2020 年度年报开始，大型企业要将上述情况通过国家企业信用信息公示系统填报并公示。大型企业新增年度事项主要是：

（1）是否存在《保障中小企业款项支付条例》（国务院令第728号）规定的逾期尚未支付中小企业款项的情形；

（2）逾期尚未支付中小企业款项的合同数量；

（3）逾期尚未支付中小企业款项的合同金额。

3. 填报时需要准备的参考资料

在我们通过国家企业信用信息公示系统填报年度报告时，一般需要准备好以下相关材料，以供填报参考：

（1）法人身份证复印件；

（2）股东身份证复印件及出资比例文件；

（3）企业法人营业执照；

（4）企业年度资产负债表、利润表、所有者权益表等财务报表；

（5）联络人手机号码；

（6）企业章程复印件；

（7）接收验证码的联系人的姓名/电话号码/身份证号码；

（8）非新设立企业，需要获取上一年度年检时的用户名和密码。

【注意】如股东变更或出资信息变更的，请提供新旧股东的身份证复印件及变更前后的章程和股权转让明细。

五 不及时报送工商年报有哪些后果 • • •

对于未按时报送年报的市场主体，市场监管部门将依法列入经营异常名录，并通过国家企业信用信息公示系统向社会公示。同时，政府部门将继续对失信市场主体实施信用约束和联合惩戒。具体风险及危害主要有：

（1）载入经营异常名录记录将伴随"终生"。

不按期公示年报的企业、个体户将从商事登记簿中移出，载入经营异常名录，并向社会公开。只要被载入经营异常名录就将向社会进行公示，接受全社会的监督，即使恢复记载于商事登记簿，曾经的经营异常痕迹也将伴随"终生"。

（2）企业进入异常名单后，无法办理变更、注销等事项。

（3）政府部门实施信用联合惩戒。

不按期报送年报被列入经营异常名录的企业、个体户在申请办理工商登记备案事项、行政许可审批事项和资质审核、从业任职资格等有关事项时，行政管理部门将予以审慎审查。

同时，根据《企业信息公示暂行条例》的相关规定，各政府部门将在政府采购、工程招投标、国有土地出让、授予荣誉称号等工作中，对被载入经营异常名录或者名称的企业依法予以限制或者禁入。

（4）企业对外合作时，会被质疑企业信用问题。

（5）载入异常名录满三年后，企业将会被列入严重违法企业名单。

（6）企业责任人任职将受限。

被列入严重违法企业名单的企业、个体户的法定代表人（负责人）、董事、监事、高管相关信息将纳入信用监管体系，任职资格相关事项受到限制，三年内不得担任其他商事主体的董事、监事及包括经理、副经理、财务负责人、上市公司董事会秘书等在内的高级管理人员。

六 工商年报的操作指南 ●●●

工商年报的填报步骤如下：

第一步：登录 http://www.gsxt.gov.cn，进入国家企业信用信息公示系统首页。点击"企业信息填报"，并选择企业所在省份后，进入企业信息填报页面。

第二步：填写工商联络员信息并登录，或根据系统要求采用 CA 证书登录或电子营业执照登录。

第三步：点击"年度报告填写"，填报相关内容。如果以前存在没有参加年报的年度，需要先将以前年度补报后才可申报本年度的。

第四步：填写信息完整后，预览确认无误，点击"提交公示"，即可完成年公示流程。

【注意】提交并公示后，如发现有部分内容填写错误的，在 6 月 30 日前可以登录年报系统页面进行修改。若发生修改，务必在修改后再次点击"提交并公示"，否则系统将显示为未完成年报状态。

【工商年报实操】

扫描二维码，会计学堂带你直击模拟企业工商年报操作，一站式覆盖工商年报全流程。

1.7 老板必知财税要点——公私账户须知

对公账户是相对私人账户而言的，又称单位银行结算账户，是指以公司名义在银行开立的账户。一般来说，对公账户是个概括性词语，对公账户按用途分为基本存款账户、一般存款账户、专用存款账户、临时存款账户。对公账户的开立有助于企业资金的结算，可以为企业以后的业务开展提供便利。

一 什么是对公账户 ● ● ●

对公账户分为四类：基本存款账户、一般存款账户、专用存款账户、临时存款账户。每类账户的作用各有不同。

1. 基本存款账户

日常所说的基本账户一般就是指基本存款账户。基本存款账户是在公司设立时即开立的银行账户。基本存款账户是存款人因办理日常转账结算和现金收付需要开立的银行结算账户。一个企事业单位只能在一家银行开立一个基本存款账户。企业日常经营活动的资金收付以及工资、奖金和现金的支取均可通过该账户办理。

2. 一般存款账户

一般存款账户是存款人因借款或其他结算需要，在基本存款账户开户银行以外的银行营业机构开立的银行结算账户。该账户可以办理转账结算和现金缴存，但不得办理现金支取。

3. 专用存款账户

专用存款账户是存款人按照法律、行政法规和规章，对其特定用途资金进行专项管理和使用而开立的银行结算账户。专用存款账户用于办理各项专用资金的收付，允许支取现金的专用存款账户，须经中国人民银行当地分支行批准同意。基本建设资金，更新改造资金，财政预算外资金，粮、棉、油收购资金，单位银行卡备用金，证券交易结算资金，期货交易保证金，金融机构存放同业资金，收入汇缴资金和业务支出资金，党、团、工会设在单位的组织机构经费及其他按规定需要专项管理和使用的资金可以申请开立专用存款账户。

4. 临时存款账户

临时存款账户是存款人因临时需要并在规定期限内使用而开立的银行结算账户。

用于办理临时机构以及存款人临时经营活动发生的资金收付。临时存款账户支取现金，应按照国家现金管理的规定办理。开立临时存款账户的范围包括：设立临时机构、异地临时经营活动、注册验资。

二 对公账户有哪些管理规定 ● ● ●

1. 对账户大额交易的监管

为了规范金融机构大额交易和可疑交易报告行为，中国人民银行发布了《金融机构大额交易和可疑交易报告管理办法》（中国人民银行令〔2016〕第3号）文件，文件规定：金融机构应当履行大额交易和可疑交易报告义务，向中国反洗钱监测分析中心报送大额交易和可疑交易报告，接受中国人民银行及其分支机构的监督、检查。这一文件进一步加大了对洗钱、恐怖融资及腐败、偷逃税等犯罪活动的监测和打击力度。

根据上述文件规定，金融机构应当报告的大额交易包括：

（1）当日单笔或者累计交易人民币5万元以上（含5万元）、外币等值1万美元以上（含1万美元）的现金缴存、现金支取、现金结售汇、现钞兑换、现金汇款、现金票据解付及其他形式的现金收支。

（2）非自然人客户银行账户与其他的银行账户发生当日单笔或者累计交易人民币200万元以上（含200万元）、外币等值20万美元以上（含20万美元）的款项划转。

（3）自然人客户银行账户与其他的银行账户发生当日单笔或者累计交易人民币50万元以上（含50万元）、外币等值10万美元以上（含10万美元）的境内款项划转。

（4）自然人客户银行账户与其他的银行账户发生当日单笔或者累计交易人民币20万元以上（含20万元）、外币等值1万美元以上（含1万美元）的跨境款项划转。

累计交易金额以客户为单位，按资金收入或者支出单边累计计算并报告。

2. 对大额现金的监管

为了补齐大额现金流通使用管理领域监管短板，加强大额现金流通使用情况分析和信息共享，规范大额现金使用，建立覆盖全社会的大额现金交易监测网络，优化现金流通环境，节约社会资源，遏制利用大额现金进行违法犯罪，维护经济金融秩序，中国人民银行发布了《中国人民银行关于开展大额现金管理试点的通知》（银发〔2020〕105号）文件，决定在河北省、浙江省和深圳市开展大额现金管理试点。

表 1-9 大额现金管理试点

试点地区	试点时间（2年）	监管金额标准（对公）	监管金额标准（对私）	监管情形
河北省	自 2020 年 7 月起	现金存取 50 万元以上（含个体工商户对公账户）	10 万元以上	管理业务情形以有现金实物交接的柜面业务为主，包含通过大额高速存取款设备自助存取款情形，并须针对拆分、现金隐匿过账等规避监管、"伪大额现金交易"情形制定防范措施，既监测单笔超过起点金额的交易，也监测多笔累计超过起点金额的交易
浙江省	自 2020 年 10 月起		30 万元以上	
深圳市			20 万元以上	

三 公户转私户合理的情形

在了解了对公账户的相关监管规定后，很多财税人员比较疑惑：到底哪些业务可以"公转私"，哪些属于合理情形呢？实际上，日常业务有很多，合规情形我们也无法一一列举，下面我们就通过一些具体案例为大家简要介绍一下常见的合理情形。一般来说，下列的公户转私户可以视为合理情形：

（1）甲有限公司将对公账户上的 60 万元，在每月的工资发放日通过银行代发到每个员工的个人账户上，甲有限公司已经依法履行了代扣个税的义务。

（2）甲公司属于一家个人独资企业，定期会将扣除费用、缴纳完经营所得个人所得税后的利润通过对公账户转给个人独资企业的负责人。

（3）甲有限公司将对公账户上的 1 万元转给业务员，用于出差的备用金，出差回来后实报实销、多退少补。

（4）甲有限公司将对公账户上的 10 万元转给股东个人，这 10 万元已经按照股息红利所得计算并代扣代缴了个人所得税。

（5）甲有限公司通过对公账户支付授课老师的讲课费 1 万元，转入老师个人卡中，这 1 万元已经按照劳务报酬所得代扣代缴了个人所得税。

（6）甲有限公司向个人采购一批物品，金额 20 万元，取得了自然人在税务部门代开的增值税发票，甲有限公司通过对公账户把 20 万元货款转入自然人的个人卡中。

（7）甲有限公司通过对公账户把 10 万元转入刘总个人卡中，这 10 万元是偿还之前公司向刘总个人的借款。

（8）甲有限公司通过对公账户把 8 万元转入王某个人卡中，这 8 万元是公司支付给王某的违约金、赔偿金。

（9）股东从公司的合理取款。例如：

①从入职公司取得的工资；

②领取的备用金，取得与经营有关的费用报销；

③直接报销与公司经营相关的费用；

④公司使用股东的资产所支付的使用费。

1.8 老板必知财税要点——合同风险须知

在企业的生产经营过程中，经常会涉及各类合同的签署，例如采购合同、销售合同、服务合同等。《中华人民共和国民法典》第四百六十四条规定，合同是民事主体之间设立、变更、终止民事法律关系的协议。依法成立的合同，受法律保护。但是在实务中我们发现，由于很多企业对于合同的法律风险未能充分重视，导致事后自己的财务利益或产权利益受损，甚至对企业的正常经营产生重大影响。所以，我们提醒大家一定要注意合同风险。

完整的合同风险防控应该贯穿合同的签约前、签约中、履行中等整个合同"生命周期"的各个环节当中。我们为大家梳理了日常经营过程中需要注意的合同风险，以供大家参考。

一 订立合同时需要注意的风险 ● ● ●

1. 防范交易环节未订立合同的风险

完备的书面合同对于保证交易安全乃至维系与客户之间的长久关系十分重要。实务中存在少数企业利用企业之间合同手续上的欠缺或者瑕疵，不履约或者逃避履约责任的例子；因此在交易前要注意订立书面合同，保障自身利益。

2. 加强公章管理，防范公章不当使用

建立和完善有关公章保管、使用的制度，杜绝盗盖、偷盖等可能严重危及企业利益的行为。在签署多页合同时，加盖骑缝章并紧邻合同书最末一行文字签字盖章，防止少数缺乏商业道德的客户采取换页、添加等方法改变合同内容侵害公司权益。

3. 加强授权文书管理，防范授权不当

企业业务人员对外签约时需要授权。建议在有关介绍信、授权委托书、合同等文件上尽可能明确详细地列举授权范围，以避免不必要的争议。在业务完成后，需要尽快收回尚未使用的介绍信、授权委托书、合同等文件。

4. 防范冒名顶替订立合同风险

若关键员工离职，应及时通知相关客户。企业可以在业务人员离开企业、与其办理交接手续的同时，向该业务人员负责联系的客户发送书面通知，告知客户业务人员离职情况。

二 合同审核时需要注意的风险 ● ● ●

1. 定金条款的风险

在签订合同时，为了确保合同履行，如果要求对方交付定金，请务必在合同条款中注明"定金"字样。由于定金具有特定法律含义，如果使用了"订金""保证金"等字样，并且在合同中没有明确说明"一旦对方违约将不予返还、一旦己方违约将双倍返还"等内容，存在法院将无法将其作为定金看待的风险。

2. 保证条款的风险

如果约定的业务需要对方提供保证担保的，在与相关客户签署保证合同时务必表述由保证人为债务的履行提供保证担保的明确意思，避免使用由对方"负责解决""负责协调"等含义模糊的表述，否则法院将无法认定保证条款成立。

3. 合同价格及相关税务条款的风险

在营改增后，企业合同管理的规范性将会直接影响到企业税负水平。企业在合同条款方面需要谨慎操作，最大程度防范税务风险、获得税收利益。

（1）明确合同价格条款。增值税为价外税，应当在合同中就合同价款是否包含增值税税金作出明确约定，避免后期产生争议。合同价款需明确合同含税总价、合同价（不含税部分）及税款金额，需要明确发票类型（增值税专用发票或增值税普通发票）。

（2）明确有关税务信息条款。在合同中，应当详细约定或明确双方的基本信息、纳税主体身份及计税方式、适用税率等内容，确保合同主体信息与发票记载信息一致，从而避免履约过程中产生争议，实现合法合规进项税额抵扣。

三 合同履行过程中需要注意的风险 ● ● ●

1. 企业人员变动不影响合同的履行

一些企业在合同履行中会存在法定代表人、业务负责人等变更的情形，少数企业会以此拒绝继续履约或者延迟履约。需要注意的是，企业和客户之间订立的合同如果不存在违反法律、行政法规的强制性规定或损害社会公共利益等情形，即为受法律保护的有效合同，双方有义务严格遵循约定，全面履行合同。无论是单位改变名称、企业股权易手，还是法定代表人、负责人、经办人变更，都不能成为不履行合同的理由。

2. 采取可靠的付款方式

企业之间的交易，在确定付款方式时，无论自己是付款方还是收款方，除了金额较小的交易外，都需要通过银行结算。小额的或者特殊情形下的现金结算需要相关经办人书面签收，避免资金收付过程产生争议。

3. 验收异议及时提出

企业日常经营过程中不可避免会采购相关服务或者货物，如果在采购验收环节，发现供应商提供的服务或者货物不符合合同约定的，务必在合同约定的期限内尽快以书面方式向对方明确提出异议。一定要避免拖延耽搁，防范拖延导致的索赔权丧失风险。

4. 保护交易方的商业秘密

在商业交易以及合同的磋商、履行过程中，经常不可避免地接触到交易方的商业信息甚至是商业秘密，需要建立保护商业伙伴商业秘密的制度，防范相关人员在磋商、履行合同乃至履行完毕后泄露或者使用相关商业信息或秘密信息，防范企业由此可能承担的法律责任。

5. 合理行使不安抗辩权

在合同履行过程中，如果有确切证据证明对方经营状况严重恶化、转移财产或者抽逃资金以逃避债务、丧失商业信誉、有丧失或者可能丧失履行债务能力的其他情形的，可以及时通知对方中止履行您依照合同约定应当先履行的义务，等待对方提供适当担保。中止履行后，对方在合理期限内未恢复履行能力并且未提供适当担保的，可以解除合同。不可直接解除合同或拒绝履行，否则将承担违约责任。

6. 解除异议及时提

如果客户通知企业解除合同但企业对此存在异议，假如合同中约定了异议期限，企业应在约定期限内向对方以书面方式提出。如果在约定期限届满后才提出异议并向法院起诉的，可能存在法院不支持企业诉求的风险。

7. 做好合同违约止损

如果客户违约，应及时采取措施，防止损失扩大。需要注意的是，在客户违约的情况下，由此产生的合理费用将由违约方承担。如果消极对待、放任损失的扩大，对于扩大的损失法院将无法予以保护或者要求对方赔偿。

8. 需要注意诉讼时效

在企业销售过程中，经常会存在客户拖欠货款的现象。需要注意的是，向法院请求保护民事权利的诉讼时效期间一般为三年，超过诉讼时效一般不会获得法律支持。如果企业不想起诉拖欠货款客户，可以在诉讼时效期间届满前，以向对方发送信件或者数据电文等可以证明主张权利的有效方式进行处理。信件中务必要有催请尽快支付拖欠货款的内容。

四 保管合同时需要注意的事项 ●●●

对合同签署或者履行过程中的资料进行留痕管理。妥善保管对于证明双方之间合同具体内容具有证明力的下述资料：与合同签订和履行相关的发票、送货凭证、汇款凭证、验收记录、在磋商和履行过程中形成的电子邮件、传真、信函等资料。在合同履行过程中双方变更合作约定，包括数量、价款、交货、付款期限的，也要留下书面凭证。

【真实合同模板】

购销合同、租赁合同、专利合同、房屋买卖合同、债务抵偿协议、解除合同等真实合同模板，扫码即可快速查看。

1.9 老板必知财税要点——快速读懂财务报表

财务报表是对企业财务状况、经营成果和现金流量的结构性表述。财务报表包括资产负债表、利润表、现金流量表、所有者权益（或股东权益）变动表以及附注。财务报表所提供的会计信息具有重要作用，它有助于经营管理人员了解企业各项任务指标的完成情况，评价管理人员的经营业绩，及时发现问题，调整经营方向，制定措施改善经营管理水平，提高企业效益，同时还能为经济预测和决策提供依据。因此，作为老板一定要具备读懂财务报表的能力。

那么，如何读财务报表？通过读财务报表可以获取那些有价值的信息呢？通俗地说，我们通过分析资产负债表可以了解企业的经营状况，通过分析利润表可以掌握企业的盈亏状况，通过分析现金流量表可以观察企业的资金流动情况。分析和解读财务报表中的这些信息，其实不难。下面我们就带领大家快速读懂财务报表。

一 快速读懂资产负债表 ●●●

（一）什么是资产负债表

资产负债表是反映企业在某一特定日期全部资产、负债和所有者权益情况的会计报表。它根据"资产＝负债＋所有者权益"这一平衡公式，依照一定的分类标准和一定的次序，将某一特定日期的资产、负债、所有者权益的具体项目予以适当的排列编制而成。它表明企业在某一特定日期所拥有或控制的经济资源、所承担的现有义务和所有者对净资产的要求权。

（二）资产负债表可以提供哪些信息

（1）可以提供某一日期资产的总额及其结构，表明企业拥有或控制的资源及其分布情况，使用者可以一目了然地从资产负债表上了解企业在某一特定日期所拥有的资产总量及其结构。

（2）可以提供某一日期的负债总额及其结构，表明企业未来需要用多少资产或劳务清偿债务以及清偿时间。

（3）可以反映所有者所拥有的权益，据以判断资本保值、增值的情况以及对负债的保障程度。

此外，资产负债表还可以提供进行财务分析的基本资料，如将流动资产与流动负债进行比较，计算出流动比率；将速动资产与流动负债进行比较，计算出速动比率；可以表明企业的变现能力、偿债能力和资金周转能力，从而有助于报表使用者作出经济决策。

（三）如何分析解读资产负债表

分析和解读资产负债表，最重要的一项工作就是了解和分析企业的债务安全性及偿债能力。企业的债务按照到期时间可分为短期债务和长期债务。因此，企业的债务安全性分析也需要从短期偿债能力和长期偿债能力两个维度来看。

1. 短期偿债能力评价

企业短期偿债能力的分析指标主要有营运资本、流动比率、速动比率、现金比率等。

（1）营运资本。

营运资本＝流动资产－流动负债

一般来说，营运资本越多，偿债越有保障，财务状况越稳定。

（2）流动比率。

流动比率＝流动资产÷流动负债×100%

流动比率表明每1元的流动负债有多少流动资产作为保障。比例越大，说明企业短期偿债能力相对越强。一般生产企业合理的最低流动比率为2。

（3）速动比率。

速动比率＝速动资产÷流动负债×100%

货币资金、交易性金融资产和各种应收款项等，在短期内可以变现，被称为速动资产。速动比率假设速动资产是可偿债资产，它表明企业的每1元流动负债有多少速动资产作为偿债的保障。速动比率越大，说明企业的偿债能力越强；速动比率过低，企业的短期偿债风险较大。传统经验认为，速动比率维持在1较为正常。但是在实务中，该比率往往在不同行业中差别非常大。

（4）现金比率。

现金比率＝（货币资金＋交易性金融资产）÷流动负债×100%

速动资产中，流动性最强、可直接用于偿债的资产称为现金资产。现金资产包括货币资金、交易性金融资产等。现金比率剔除了应收账款的影响，最能反映企业的短期偿债能力，一般认为0.2就可以接受。

2. 长期偿债能力评价

企业长期偿债能力的分析指标主要有资产负债率、产权比率、权益乘数等。

（1）资产负债率。

资产负债率＝负债总额÷资产总额×100%

资产负债率反映总资产中有多大比例是通过负债取得的，可以衡量企业清算时资产对债权人权益的保障程度。资产负债率越低，表明企业资产对负债的保障能力越高，企业的长期偿债能力越强。

资产负债率还代表企业的举债能力。一个企业的资产负债率越低，举债越容易。如果资产负债率高到一定程度，可能就很难取得贷款了。

（2）产权比率。

产权比率＝负债总额÷所有者权益×100%

产权比率反映债权人与股东提供的资本的相对比例，反映企业的资本结构是否合理、稳定。一般来说，产权比率越高，说明企业偿还长期债务的能力越弱；产权比率越低，说明企业偿还长期债务的能力越强。

（3）权益乘数。

权益乘数＝总资产÷股东权益

权益乘数反映了企业财务杠杆的大小。权益乘数越大，说明企业的负债程度越高；反之，权益乘数越小，表明企业的负债程度越低，债权人权益受保护的程度越高。

▤ 快速读懂利润表 ● ● ●

（一）什么是利润表

利润表是反映企业一定会计期间（如月度、季度、半年度或年度）

生产经营成果的会计报表。它全面揭示了企业在某一特定时期实现的各种收入、发生的各种费用、成本或支出，以及企业实现的利润或发生的亏损情况。可以为财务报表使用者全面了解企业的经营成果、分析企业的获利能力及盈利增长趋势、作出经济决策提供依据。

（二）利润表可以提供哪些信息

从财务分析的不同角度看，利润表可提供的信息主要有：

（1）提供反映企业财务成果的信息。利润表系统明确地提供了企业不同业务的财务成果信息，对于分析评价各方面的经营业绩，以及与同类企业的同类业务对比，都很有价值。

（2）提供反映企业盈利能力的信息。企业盈利能力是企业投资者和经营者都非常关心的问题。它不仅可用于评价企业的经营业绩，而且是投资者、经营者决策的重要依据。盈利能力通常体现了财务成果与其相关的一些指标之间的比率关系。利润表不仅提供了财务成果的信息，也提供了盈利能力分析所需要的收入信息和成本费用信息，这对于评价企业盈利能力是十分重要的。其他反映盈利能力的指标的计算，也离不开利润表提供的数据。

（3）提供反映企业营业收入、成本费用状况的信息。企业营业收入和成本费用状况是企业生产经营状况的直接和具体体现。因此对营业收入的分析往往成为经营分析中的重点问题。通过营业收入和成本费用的分析，可找出企业生产经营过程中存在的问题和不足，这对于评价企业业绩和规划企业未来都有重要作用。

（4）提供了企业经营业绩结构的信息。在利润表中，经营业绩的来源被划分为经常性的营业利润和非经常性的营业外收支；在营业利润中，又区分为营业收入、投资收益和公允价值变动三项。比较不同业绩衡量之间的差异，能够提供经营业绩的结构，对于分析企业经营业绩的质量和未来的持续性，都提供了必要的信息。

（三）如何分析解读利润表

在阅读和了解利润表主要项目后，我们可以利润表为对象，从多个角度分析企业的盈利状况和经营成果，了解公司的盈利状况和获利能力，并通过收入、成本费用的分析，具体判断公司获利能力的高低。常见的主要分析指标有以下几项：

1. 营运能力分析

（1）应收账款周转率。

应收账款周转率（次数）＝营业收入 ÷ 应收账款平均余额

应收账款周转天数＝360÷应收账款周转率

一般情况下，应收账款周转率（次数）越高、周转天数越短，表明应收账款管理效率越高。

（2）存货周转率。

存货周转率（次数）＝营业成本÷存货平均余额

存货周转天数＝360÷存货周转率

存货周转率（次数）是衡量和评价企业购入存货、投入生产、销售收回等各环节管理效率的综合性指标。一般来讲，存货周转速度越快，存货的占用水平越低，流动性越强，存货转换为现金或应收账款的速度越快。因此，提高存货周转率可以提高企业的变现能力。

2. 盈利能力分析

（1）营业毛利率。

营业毛利率＝营业毛利÷营业收入×100%

营业毛利＝营业收入－营业成本

营业毛利率反映产品每1元营业收入所包含的毛利润是多少，即营业收入扣除营业成本后还有多少剩余可用于弥补各期费用和形成利润。营业毛利率越高，表明产品的盈利能力越强。

（2）营业净利率。

营业净利率＝净利润÷营业收入×100%

营业净利率反映每1元营业收入最终赚取了多少利润，用于反映产品最终的盈利能力。营业净利率比率越高，说明企业的获利能力越强。

（3）总资产净利率。

总资产净利率＝净利润÷平均总资产×100%

总资产净利率衡量企业资产的盈利能力。总资产净利率越高，表明公司投入产出水平越高，资产运营越有效，成本费用的控制水平越高。体现出企业管理水平的高低。

（4）净资产收益率。

净资产收益率＝净利润÷平均所有者权益×100%

净资产收益率越高，说明投资带来的收益越高。该指标体现了自有资本获得净收益的能力。

3. 发展能力分析

企业的发展能力很重要。企业的发展能力，也称企业的成长性，它是企业通过自身的生产经营活动，不断扩大积累而形成的发展潜能。企业发展能力分析指标主要有：

营业收入增长率＝（本年营业收入－上年营业收入）÷上年营业收入 ×100%

总资产增长率＝（年末资产总额－年初资产总额）÷年初资产总额 ×100%

营业利润增长率＝（本年营业利润－上年营业利润）÷上年营业利润 ×100%

资本保值增值率＝期末所有者权益 ÷期初所有者权益 ×100%

所有者权益增长率＝（年末所有者权益－年初所有者权益）÷年初所有者权益 ×100%

三 快速读懂现金流量表 ● ● ●

（一）什么是现金流量表

现金流量就是企业的血液。现金流量表是反映一定时期内（如月度、季度或年度）企业经营活动、投资活动和筹资活动对其现金及现金等价物所产生影响的财务报表。它反映一家公司在一定时期现金流入和现金流出动态状况。

（二）现金流量表可以提供哪些信息

现金流量表提供了一家公司经营是否健康的证据。现金流量表为财务报表使用者提供企业一定会计期间内现金和现金等价物流入和流出的信息，以便于财务报表使用者了解和评价企业获取现金和现金等价物的能力，并据以预测企业未来现金流量。现金流量表有助于我们：

（1）评价企业支付能力、偿债能力和周转能力；

（2）预测企业未来现金流量；

（3）分析企业收益质量及影响现金净流量的因素，掌握企业经营活动、投资活动和筹资活动的现金流量，可以从现金流量的角度了解净利润的质量，为分析和判断企业的财务前景提供信息。

（三）如何分析解读现金流量表

1. 分析现金流量表主要从三方面进行

第一，分析现金净流量的增减变化，了解企业短期偿债能力。

如果本期现金净流量增加，表明公司短期偿债能力增强，财务状况得到改善；反之，则表明企业财务状况比较困难。但也并不是现金净流量越大越好。如果公司的现金净流量过大，表明公司未能有效利用这部分资金，这就属于资源浪费。

第二，分析现金流入量的结构，了解企业生产经营的长期稳定性。

经营活动是企业的主营业务，其提供的现金流量可以不断用于投资，再生出新的现金流。来自主营业务的现金流量越多，表明企业发展的稳定性越强。投资活动是为闲置资金寻找投资场所。筹资活动则是为经营活动筹集资金。这两种活动所发生的现金流量，都是服务于主营业务的辅助活动。如果这部分现金流量过大，表明企业财务状况不稳定。

第三，分析投资、筹资活动的现金流量，了解企业未来发展前景。

分析投资活动时，要特别注意区分对内投资和对外投资。对内投资的现金流出量增加，意味着固定资产、无形资产等的增加，说明企业正处经营扩张期，成长性较好。对外投资的现金流入量大幅增加，则意味着企业现有经营资金不足，正在从外部引入资金以满足生产经营的需要。如果对外投资的现金流出量大幅增加，说明企业资金富余，正在通过转让资产使用权来获取额外收益。

2. 分析现金流量表的主要指标

（1）企业偿债能力指标。

①现金流动负债比率。

现金流动负债比率＝经营现金净流量 ÷ 流动负债 ×100%

该指标说明经营活动中获取的现金净额偿还短期债务的能力。一般该指标大于1，表示企业流动负债的偿还有可靠保证。该指标越大，表明企业经营活动产生的现金净流量越多，越能保障企业按期偿还到期债务，但也并不是越大越好，该指标过大则表明企业流动资金利用不充分，盈利能力不强。

②现金流量利息保障倍数。

现金流量利息保障倍数＝经营现金净流量 ÷ 利息费用

该比率表明1元的利息费用有多少倍的经营现金净流量作保障。它是衡量企业支付负债利息能力的指标。企业生产经营所获得的息税前利润与利息费用相比，倍数越大，说明企业支付利息费用的能力越强。

（2）企业投资回报能力指标。

①全部资产现金回收率。

全部资产现金回收率＝经营活动现金净流量 ÷ 平均资产总额 ×100%

平均资产总额＝（资产总额年初数＋资产总额年末数）÷2

全部资产现金回收率反映企业全部资产产生现金的能力。该指标越大，说明企业资产产生现金的效率越高，如果将现金流比作血液，则表明企业自身的造血能力较强，可以采取激进的经营策略。

②营业现金比率。

营业现金比率＝经营活动现金流量净额 ÷ 营业收入

该比率反映每1元营业收入得到的现金流量净额，其数值越大越好，表明企业的收入质量越好，资金利用效果越好。

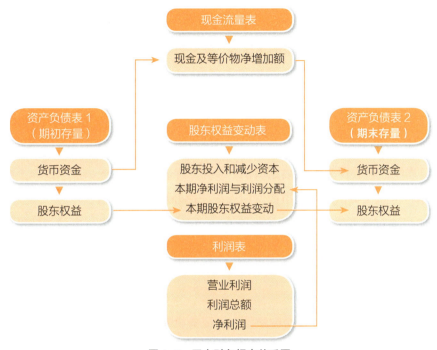

图1-3 四大财务报表关系图

1.10 老板必知财税要点——企业纳税信用等级

古语言："人而无信，不知其可也。"随着我国信用体系建设不断推进，企业的信用状况已在招投标、融资等领域得到广泛利用，成为企业参与市场竞争的必要条件，纳税信用已成为企业参与市场竞争的重要资产。同时，税务部门将纳税信用信息"推出去""连起来"，不断对接社会信用信息，让守信企业在税收服务、融资授信、项目管理、进出口等领域享受更多优惠和便利。所以，维护好企业的纳税信用等级，擦亮企业的"信用"招牌，对我们企业的经营具有重要作用。

一 什么是纳税信用等级 ●●●

纳税信用等级评价是税务机关根据采集的纳税人纳税信用信息，按照《纳税信用管理办法（试行）》（国家税务总局公告2014年第40号）和《纳税信用评价指标和评价方式（试行）》（国家税务总局公告2014年第48号）等相关规定，就纳税人在一定周期内的纳税信用状况所进行的评价，评价结果分A、B、C、D、M五级。

纳税信用等级对企业的影响 ●●●

税务机关按照守信激励、失信惩戒的原则，对不同信用级别的纳税人实施分类服务和管理。

1. 对纳税信用评价为 A 级的纳税人，税务机关予以下列激励措施

（1）主动向社会公告年度 A 级纳税人名单；

（2）一般纳税人可单次领取 3 个月的增值税发票用量，需要调整增值税发票用量时即时办理；

（3）普通发票按需领用；

（4）连续 3 年被评为 A 级信用级别（简称 3 连 A）的纳税人，除享受以上措施外，还可以由税务机关提供绿色通道或专门人员帮助办理涉税事项；

（5）可通过税务机关开展的"银税互动"工作，向有关银行申请"纳税信用贷"等纳税信用类贷款；

（6）税务机关与相关部门实施的联合激励措施，以及结合当地实际情况采取的其他激励措施。

2. 对纳税信用评价为 D 级的纳税人，税务机关采取以下措施

（1）公开 D 级纳税人及其直接责任人员名单，对直接责任人员注册登记或者负责经营的其他纳税人纳税信用直接判为 D 级；

（2）增值税专用发票领用按辅导期一般纳税人政策办理，普通发票的领用实行交（验）旧供新、严格限量供应；

（3）加强出口退税审核；

（4）加强纳税评估，严格审核其报送的各种资料；

（5）列入重点监控对象，提高监督检查频次，发现税收违法违规行为的，不得适用规定处罚幅度内的最低标准；

（6）将纳税信用评价结果通报相关部门，建议在经营、投融资、取得政府供应土地、进出口、出入境、注册新公司、工程招投标、政府采购、获得荣誉、安全许可、生产许可、从业任职资格、资质审核等方面予以限制或禁止；

（7）税务机关与相关部门实施的联合惩戒措施，以及结合实际情况依法采取的其他严格管理措施。

哪些企业会被纳入纳税信用评价范围 ●●●

根据文件规定，纳税信用评价范围如下：

（1）已办理税务登记（含"三证合一、一照一码"、临时登记），从事生产、经营并适用查账征收的独立核算企业、个人独资企业和个人合伙企业。个体工商户和其他类型纳税人的纳税信用管理办法由省税务机关制定。

（2）自 2018 年 4 月 1 日起，新增下列企业参与纳税信用评价：

①从首次在税务机关办理涉税事宜之日起时间不满一个评价年度的企业。

②评价年度内无生产经营业务收入的企业。

③适用企业所得税核定征收办法的企业。

（3）自 2020 年 11 月 1 日起，非独立核算分支机构可以根据自身情况，自愿参与纳税信用评价。

四　纳税信用是怎样评价的 ● ● ●

（一）纳税信用评价时间

纳税信用级别一个纳税年度评价一次。

税务机关每年 1 月启动评价工作，4 月发布评价结果。

（二）纳税信用评价的依据

纳税信用评价的依据是纳税信用信息。纳税信用信息采集工作由国家税务总局和省税务机关组织实施，按月采集。纳税信用信息包括纳税人信用历史信息、税务内部信息、外部信息。

（1）纳税人信用历史信息包括基本信息和评价年度之前的纳税信用记录，以及相关部门评定的优良信用记录和不良信用记录。

（2）税务内部信息包括经常性指标信息和非经常性指标信息。经常性指标信息是指涉税申报信息、税（费）款缴纳信息、发票与税控器具信息、登记与账簿信息等纳税人在评价年度内经常产生的指标信息；非经常性指标信息是指税务检查信息等纳税人在评价年度内不经常产生的指标信息。

（3）外部信息包括外部参考信息和外部评价信息。外部参考信息包括评价年度相关部门评定的优良信用记录和不良信用记录；外部评价信息是指从相关部门取得的影响纳税人纳税信用评价的指标信息。

（三）纳税信用评价指标与方式

根据《纳税信用评价指标和评价方式（试行）》的规定，纳税信用年度评价指标得分采取扣分方式，依据法律法规的相关规定，针对纳税人涉税行为是否诚信、发生失信行为的态度和程度，设置不同的扣分标准。涉及处罚金额的，采取按百分比数值递进方式计算扣分值。

评价指标中纳税人信用历史信息和外部参考信息仅记录，不扣分，不影响年度纳税信用评价结果。影响纳税信用评价的主要是税务内部信息和外部评价信息，采取年度评价指标得分和直接判级方式确定。

影响信用评定结果的关键指标主要有：

（1）未按规定期限缴纳已申报或批准延期申报的应纳税（费）款（按次计算，每次扣5分）；

（2）未按规定期限填报财务报表（按次计算，每次扣3分）；

（3）未按规定期限办理纳税申报或未按规定期限代扣代缴（按税种按次计算，每次扣5分）；

（4）被评价年度内增值税连续3个月或者累计6个月同时零申报、负申报的（扣11分，不能评A）；

（5）有非正常户记录的纳税人或非正常户直接责任人员注册登记或者负责经营的（直接判D级）。

（四）纳税信用等级的划分

根据《纳税信用管理办法（试行）》，纳税信用等级评价采取年度评价指标得分和直接判级方式。目前纳税信用级别共有A、B、C、D、M五类。

（1）A级：年度评价指标得分90分以上的。以下情况不能评A：

①实际生产经营期不满3年的；

②上一评价年度纳税信用评价结果为D级的；

③非正常原因一个评价年度内增值税或营业税连续3个月或者累计6个月零申报、负申报的；

④不能按照国家统一的会计制度规定设置账簿，并根据合法、有效凭证核算，向税务机关提供准确税务资料的。

（2）B级：年度评价指标得分70分以上不满90分的。

（3）C级：年度评价指标得分40分以上不满70分的。

（4）D级：年度评价指标得分不满40分或者直接判级确定的。

（5）M级：未发生《纳税信用管理办法（试行）》第二十条所列失信行为的下列企业适用M级纳税信用：

①新设立企业。

②评价年度内无生产经营业务收入且年度评价指标得分70分以上的企业。

第二章

懂"财"税，不"踩"雷

90% 以上的中小民营企业普遍缺少税务和法务部门，"财务不懂法务，法务不懂税务，税务不懂财务"是中小民营企业财税管控所面临的通病。作为企业的财务人员，只懂"财"是远远不够的，要将企业的"财"和"税"结合起来，为企业管理提供新的思路，化解企业经营决策和财务管理的矛盾。

2.1　筹建期之开办费财税处理

筹建期也叫筹办期，一个新企业的设立运营，一般都会经历筹建、设立、建设、生产运营等阶段。企业筹建期需要注意的问题很多，其中财税问题尤为需要关注。那么，筹建期会涉及哪些财税问题？需要注意哪些事项？下面我们对企业筹建期的确定、筹建期间相关费用的会计处理、税务处理进行梳理。

一　企业筹建期如何确定 ●●●

目前执行的《中华人民共和国企业所得税法》及其实施条例、企业所得税相关规范性文件中对"筹建期"均没有明确的定义。已经废止的《中华人民共和国企业所得税暂行条例实施细则》（财法字〔1994〕第3号）第三十四条规定：筹建期，是指从企业被批准筹建之日起至开始生产、经营（包括试生产、试营业）之日的期间。不过该文件已经作废，在实务中参考意义不大。

对于筹建期如何确定，由于税法一直未明确，实践中存在争议，各地政策执行口径不一。目前实务中对于筹建期结束时点的界定，主要有三种观点，分别是：领取营业执照之日、开始投入生产经营之日、取得第一笔收入之日。

以领取营业执照之日作为筹建期结束之日。例如，《辽宁省地方税务局关于做好2010年度企业所得税汇算清缴工作的通知》（辽地税发〔2011〕16号）就2010年度企业所得税汇算清缴"企业筹办期的结束以什么作为标志问题"曾明确：以纳税人正式取得的工商营业执照上标明的设立日期为企业筹办期结束。

以开始投入生产经营之日作为筹建期结束之日。《国家税务总局关于贯彻落实企业所得税法若干税收问题的通知》（国税函〔2010〕79号）规定："七、企业筹办期间不计算为亏损年度问题。企业自开始生产经营的年度，为开始计算企业损益的年度。企业从事生产经营之前进行筹办活动期间发生筹办费用支出，不得计算为当期的亏损，应按照《国家税务总局关于企业所得税若干税务事项衔接问题的通知》（国税函〔2009〕98号）第九条规定执行。"有观点认为，上述文件中"企业从事生产经营之前进行筹办活动期间"这一表述说明，企业筹办期指"企业从事生产经营之前"，因此应该以开始投入生产经营之日作为筹建期结束之日。

此外，还有部分专业机构认为，应该以"取得第一笔收入之日"作为筹建期结束的标志。还有一些地方税务机关延续之前旧企业所得税条例相关政策下的做法，也

采取了以"取得第一笔收入之日"判定企业开始了生产经营、筹建期结束。

由于税法定义的模糊性，考虑到不同地区税收征管口径的不同，关于实际筹建期的确定，建议咨询当地主管税务机关，避免涉税风险。

二 筹建期开办费的核算范围

（一）企业筹建期间发生的以下支出可以计入开办费的费用

（1）筹办人员开支的费用。如：员工的工资、福利、保险、公积金、差旅费等。

（2）企业登记、公证的费用。如：工商登记费用、验资费用、评估费用、税务登记费用等。

（3）筹资的费用。如：筹集资金发生的手续费以及不计入固定资产和无形资产的汇兑损益和利息等。

（4）人员的培训费。如：筹办期间员工外出学习的费用，或者专家到单位技术指导和培训的费用等。

（5）企业资产的摊销、报废和毁损。

（6）其他的费用。如：办公费、业务招待费、广告费、印花税、车船税、通行费等。

（二）企业筹建期间发生的以下支出不得计入开办费的费用

（1）取得资产发生的费用。如：购买固定资产和无形资产所发生的运输费、安装费、保险费和购建时发生的职工薪酬。

（2）为培训职工而购建的固定资产、无形资产等支出不得列作开办费。

（3）投资方因投入资本自行筹措款项所支付的利息，不能计入开办费，应由出资方自行负担。

（4）以外币现金存入银行而支付的手续费，该费用应由投资者负担。

三 筹建期开办费的会计处理

（1）如果执行《企业会计准则》，根据《企业会计准则——应用指南》附录《会计科目和主要账务处理》中"6602管理费用—开办费的主要账务处理"的规定，企业在筹建期间内发生的开办费，包括人员工资、办公费、培训费、差旅费、印刷费、注册登记费以及不计入固定资产成本的借款费用等在实际发生时，借记本科目（开办费），贷记"银行存款"等科目。具体分录为：

借：管理费用—开办费

　　贷：银行存款

（2）如果执行《企业会计制度》，则企业筹建期除购建固定资产以外，所有筹建期间所发生的费用，先在长期待摊费用中归集，待企业开始生产经营当月起一次计入开始生产经营当月的损益。具体分录为：

发生时：

借：长期待摊费用—开办费

　　贷：银行存款

开始生产经营当月：

借：管理费用—开办费

　　贷：长期待摊费用—开办费

（3）《小企业会计准则》中，则将开办费列入"管理费用"科目中，不再作为"长期待摊费用"，直接将其费用化，统一在"管理费用"会计科目核算，账务处理与《企业会计准则》一样。

四 筹建期开办费的税务处理 ● ● ● ●

1. 企业筹建期是否需要进行所得税汇算清缴

根据《企业所得税法》第五十四条规定，企业应当自年度终了之日起 5 个月内，向税务机关报送年度企业所得税纳税申报表，并汇算清缴，结清应缴应退税款。《企业所得税法实施条例》第一百二十九条规定，企业在纳税年度内无论盈利或者亏损，都应当依照《企业所得税法》第五十四条规定的期限，向税务机关报送年度企业所得税纳税申报表、财务会计报告和税务机关规定应当报送的其他有关资料。

根据上述规定，企业筹建期应进行企业所得税年度汇算清缴。

2. 开办期是否计入亏损弥补期

根据《国家税务总局关于贯彻落实企业所得税法若干税收问题的通知》（国税函〔2010〕79 号）规定："七、企业筹办期间不计算为亏损年度问题。企业自开始生产经营的年度，为开始计算企业损益的年度。企业从事生产经营之前进行筹办活动期间发生筹办费用支出，不得计算为当期的亏损，应按照《国家税务总局关于企业所得税若干税务事项衔接问题的通知》（国税函〔2009〕98 号）第九条规定执行。"即：新税法中开（筹）办费未明确列作长期待摊费用，企业可以在开始经营之日的当年一次性扣除，也可以按照新税法有关长期待摊费用的处理规定处理，但一经选定，不得改变。企业在新税法实施以前年度的未摊销完的开办费，也可根据上述规定处理。

根据《企业所得税法实施条例》第七十条规定，《企业所得税法》第十三条第（四）项所称其他应当作为长期待摊费用的支出，自支出发生月份的次月起，分期摊销，摊销年限不得低于3年。

3. 汇算清缴如何填表

企业发生的开办费，应该填写在表2-1《A105080资产折旧、摊销及纳税调整明细表》的"长期待摊费用"项目中的"（四）开办费"行相应的栏次。

表2-1　A105080 资产折旧、摊销及纳税调整明细表

行次	项目	账载金额			税收金额					纳税调整金额
		资产原值	本年折旧、摊销额	累计折旧、摊销额	资产计税基础	税收折旧、摊销额	享受加速折旧政策的资产按税收一般规定计算的折旧、摊销额	加速折旧、摊销统计额	累计折旧、摊销额	
		1	2	3	4	5	6	7（5-6）	8	9（2-5）
28	四、长期待摊费用（29+30+31+32+33）	—	—	—	—	—	*	*	—	—
29	（一）已足额提取折旧的固定资产的改建支出						*	*		—
30	（二）租入固定资产的改建支出						*	*		—
31	（三）固定资产的大修理支出						*	*		—
32	（四）开办费						*	*		—
33	（五）其他						*	*		—

【案例2-1】快学商贸公司2020年1月开始筹建，2020年12月底尚未完成筹建，2020年发生办公费、筹建人员工资等费用100万元。

借：管理费用—开办费—工资、办公费等 　　　　　　　　　　　　　100

　　贷：银行存款 　　　　　　　　　　　　　　　　　　　　　　　　100

2020 年底利润表如表 2-2 所示。

表 2-2　利润表

单位：万元

项目	利润表
营业收入	—
营业成本	—
期间费用	100.00
利润总额	-100.00

快学商贸公司在进行 2020 年企业所得税汇算清缴时，应把开办费填报在表 2-3《A104000 期间费用明细表》中的第 25 行"其他"项目相应的栏次，然后申报系统会生成主表如表 2-4 所示。

表 2-3　A104000 期间费用明细表

行次	项目	销售费用	其中：境外支付	管理费用	其中：境外支付	财务费用	其中：境外支付
		1	2	3	4	5	6
22	二十二、汇总差额	*	*	*	*		
23	二十三、现金折扣	*	*	*	*		*
24	二十四、党组织工作经费	*	*		*	*	*
25	二十五、其他			1 000 000.00			
26	合计（1+2+3+…+25）			1 000 000.00			

表 2-4　A100000 中华人民共和国企业所得税年度纳税申报表（A 类）

行次	类别	项目	金额
5		减：管理费用（填写 A104000）	1 000 000.00
6		减：财务费用（填写 A104000）	
7		减：资产减值损失	
8		加：公允价值变动收益	
9	利润总额计算	加：投资收益	
10		二、营业利润（1-2-3-4-5-6-7+8+9）	-1 000 000.00
11		加：营业外收入（填写 A101010\101020\103000）	
12		减：营业外支出（填写 A102010\102020\103000）	
13		三、利润总额（10+11-12）	-1 000 000.00

续表

行次	类别	项目	金额
14		减：境外所得（填写 A108010）	
15		加：纳税调整增加额（填写 A105000）	
16	应纳税所得额计算	减：纳税调整减少额（填写 A105000）	
17		减：免税、减计收入及加计扣除（填写 A107010）	
18		加：境外应税所得抵减境内亏损（填写 A108000）	
19		四、纳税调整后所得（13-14+15-16-17+18）	-1 000 000.00
20		减：所得减免（填写 A107020）	

实际工作中可能会有财务人员是如案例 2-1 这样申报企业所得税的，结果申报完成后就形成所得税亏损了。如果企业筹建期长达三五年，且经营期前两年一般很难盈利，又亏损，而企业所得税亏损弥补一般只有 5 年，5 年内无法得到弥补，那这些费用岂不是就白白浪费了？因此，这样填写申报表，对企业是不利的。

《国家税务总局关于贯彻落实企业所得税法若干税收问题的通知》（国税函〔2010〕79 号）对"企业筹办期间不计算为亏损年度问题"作了明确规定：企业自开始生产经营的年度，为开始计算企业损益的年度。企业从事生产经营之前进行筹办活动期间发生筹办费用支出，不得计算为当期的亏损，应按照《国家税务总局关于企业所得税若干税务事项衔接问题的通知》（国税函〔2009〕98 号）第九条规定执行。

也就是说，政策上企业的筹建期是不计算当期亏损的，在企业所得税申报表上不体现为当期亏损。那么该如何进行所得税汇算清缴申报呢？

以案例 2-1 为例，只需要在表 2-5《A105000 纳税调整项目明细表》中的第 30 行"其他"项目相应的栏次，做纳税调增即可。调增后，企业的当年汇算清缴就没有亏损了（见表 2-6）。

表 2-5　A105000 纳税调整项目明细表

行次	项目	账载金额 1	税收金额 2	调增金额 3	调减金额 4
27	（十四）与取得收入无关的支出		*		*
28	（十五）境外所得分摊的共同支出	*	*		*
29	（十六）党组织工作经费				
30	（十七）其他	1 000 000.00		1 000 000.00	

表 2-6　A100000 中华人民共和国企业所得税年度纳税申报表（A 类）

行次	类别	项目	金额
5		减：管理费用（填写 A104000）	1 000 000.00
6		减：财务费用（填写 A104000）	
7		减：资产减值损失	
8		加：公允价值变动收益	
9	利润总额计算	加：投资收益	
10		二、营业利润（1-2-3-4-5-6-7+8+9）	-1 000 000.00
11		加：营业外收入（填写 A101010\101020\103000）	
12		减：营业外支出（填写 A102010\102020\103000）	
13		三、利润总额（10+11-12）	-1 000 000.00
14		减：境外所得（填写 A108010）	
15		加：纳税调整增加额（填写 A105000）	1 000 000.00
16		减：纳税调整减少额（填写 A105000）	
19	应纳税所得额	四、纳税调整后所得（13-14+15-16-17+18）	
20	计算	减：所得减免（填写 A107020）	
21		减：弥补以前年度亏损（填写 A106000）	
22		减：抵扣应纳税所得额（填写 A107030）	
23		五、应纳税所得额（19-20-21-22）	

那么开办费什么时候进行申报扣除？

税法中开（筹）办费未明确列作长期待摊费用，企业可以在开始经营之日的当年一次性扣除，也可以按照新税法有关长期待摊费用的处理规定处理，但一经选定，不得改变。

所以，实际操作中在开始经营年度选择扣除，然后调减回来就行了。

【案例 2-2】接上例，快学商贸公司 2021 年 1 月就开始生产了，假设当年收入 1 000 万元，成本 600 万元，期间费用 100 万元，利润总额 300 万元。利润表如表 2-7 所示。

表 2-7　利润表

单位：万元

项目	利润表
营业收入	1 000.00
营业成本	600.00
期间费用	100.00
利润总额	300.00

2021 年汇算清缴如何填表？假如选择开办费在经营当期一次性扣除，那么需要把前面未做税前扣除的 100 万元在当期一次性调整回来（见表 2-8）。

表 2-8　A105000 纳税调整项目明细表

行次	项目	账载金额	税收金额	调增金额	调减金额
		1	2	3	4
27	（十四）与取得收入无关的支出		*		*
28	（十五）境外所得分摊的共同支出	*	*		*
29	（十六）党组织工作经费				
30	（十七）其他			1 000 000.00	1 000 000.00

如果没有其他调整事项，主表如下表 2-9 所示。

表 2-9　A100000 中华人民共和国企业所得税年度纳税申报表（A 类）

行次	类别	项目	金额
1		一、营业收入（填写 A101010\101020\103000）	10 000 000.00
2		减：营业成本（填写 A102010\102020\103000）	6 000 000.00
3		减：税金及附加	
4		减：销售费用（填写 A104000）	1 000 000.00
5	利润总额计	减：管理费用（填写 A104000）	
6	算	减：财务费用（填写 A104000）	
10		二、营业利润（1-2-3-4-5-6-7+8+9）	3 000 000.00
11		加：营业外收入（填写 A101010\101020\103000）	
12		减：营业外支出（填写 A102010\102020\103000）	
13		三、利润总额（10+11-12）	3 000 000.00
14		减：境外所得（填写 A108010）	
15		加：纳税调整增加额（填写 A105000）	
16		减：纳税调整减少额（填写 A105000）	1 000 000.00
19	应纳税所得	四、纳税调整后所得（13-14+15-16-17+18）	2 000 000.00
20	额计算	减：所得减免（填写 A107020）	
21		减：弥补以前年度亏损（填写 A106000）	
22		减：抵扣应纳税所得额（填写 A107030）	
23		五、应纳税所得额（19-20-21-22）	2 000 000.00

原本经营当期利润总额是 300 万元，前期开办费在当期一次性扣除，调减 100 万元，应纳税所得额就变成 200 万元，享受了税前扣除。

五 筹建期业务招待费的税务处理

《国家税务总局关于企业所得税应纳税所得额若干税务处理问题的公告》（国家税务总局公告 2012 年第 15 号）规定，企业在筹建期间，发生的与筹办活动有关的业务招待费支出，可按实际发生额的 60% 计入企业筹办费，并按有关规定在税前扣除。需要注意的是，虽然《中华人民共和国企业所得税法实施条例》第四十三条规定了"企业发生的与生产经营活动有关的业务招待费支出，按照发生额的 60% 扣除，但最高不得超过当年销售（营业）收入的 5‰"，但是，企业在筹建期间发生的与筹办活动有关的业务招待费支出，并不受"不得超过当年销售（营业）收入的 5‰"这一条件的限制。

【案例 2-3】快学商贸公司 2020 年 1 月开始筹建，2020 年 12 月底尚未完成筹建，2020 年发生办公费、筹建人员工资等费用 100 万元，其中有 10 万元是业务招待费。

借：管理费用—开办费—工资、办公室等项目　　　　　　　　　　90

　　管理费用—开办费—业务招待费　　　　　　　　　　　　　　10

　　贷：银行存款　　　　　　　　　　　　　　　　　　　　　　100

对于上述开办费，企业选择在开始经营之日的当年一次性扣除，则 2020 年汇算清缴的相关报表填报如表 2-10 至表 2-12 所示。

表 2-10　A104000 期间费用明细表

行次	项目	销售费用	其中：境外支付	管理费用	其中：境外支付	财务费用	其中：境外支付
		1	2	3	4	5	6
25	二十五、其他			1 000 000.00			
26	合计（1+2+3+…+25）			1 000 000.00			

表 2-11　A105000 纳税调整项目明细表

行次	项目	账载金额	税收金额	调增金额	调减金额
		1	2	3	4
27	（十四）与取得收入无关的支出	*		*	
28	（十五）境外所得分摊的共同支出	*		*	
29	（十六）党组织工作经费				
30	（十七）其他	1 000 000.00		1 000 000.00	

表 2-12　A100000 中华人民共和国企业所得税年度纳税申报表（A 类）

行次	类别	项目	金额
5		减：管理费用（填写 A104000）	1 000 000.00
6		减：财务费用（填写 A104000）	
7		减：资产减值损失	
8		加：公允价值变动收益	
9	利润总额计算	加：投资收益	
10		二、营业利润（1-2-3-4-5-6-7+8+9）	-1 000 000.00
11		加：营业外收入（填写 A101010\101020\103000）	
12		减：营业外支出（填写 A102010\102020\103000）	
13		三、利润总额（10+11-12）	-1 000 000.00
14		减：境外所得（填写 A108010）	
15		加：纳税调整增加额（填写 A105000）	1 000 000.00
16		减：纳税调整减少额（填写 A105000）	
19	应纳税所得额	四、纳税调整后所得（13-14+15-16-17+18）	
20	计算	减：所得减免（填写 A107020）	
21		减：弥补以前年度亏损（填写 A106000）	
22		减：抵扣应纳税所得额（填写 A107030）	
23		五、应纳税所得额（19-20-21-22）	

在 2020 年汇算清缴时，2020 年纳税调增的 100 万元开办费中有 10 万元的业务招待费，而业务招待费中的 40%，也就是 4 万元是不得税前扣除的，属于永久性差异，所以开办费的计税基础（也就是未来可以扣除）应该是 96（100 — 4）万元。

【案例 2-4】接上例，快学商贸公司 2021 年 1 月就开始生产了，假设当年收入 1 000 万元，成本 600 万元，期间费用 100 万元，利润总额 300 万元。利润表如表 2-13 所示。

表 2-13　利润表

单位：万元

项目	利润表
营业收入	1 000.00
营业成本	600.00
期间费用	100.00
利润总额	300.00

在2021年汇算清缴时，应对2020年筹建期发生的开办费一次性扣除，2021年可以税前扣除的金额是96（100－4）万元，当年实际账载金额为0，应做纳税调减96万元。相关报表填报如表2-14及表2-15所示。

表2-14　A105000 纳税调整项目明细表

行次	项目	账载金额	税收金额	调增金额	调减金额
		1	2	3	4
27	（十四）与取得收入无关的支出		*		*
28	（十五）境外所得分摊的共同支出	*	*		*
29	（十六）党组织工作经费				
30	（十七）其他		960 000.00		960 000.00

表2-15　A100000 中华人民共和国企业所得税年度纳税申报表（A类）

行次	类别	项目	金额
1		一、营业收入（填写A101010\101020\103000）	10 000 000.00
2		减：营业成本（填写A102010\102020\103000）	6 000 000.00
3		减：税金及附加	
4		减：销售费用（填写A104000）	
5	利润总额计算	减：管理费用（填写A104000）	1 000 000.00
6		减：财务费用（填写A104000）	
10		二、营业利润（1-2-3-4-5-6-7+8+9）	3 000 000.00
11		加：营业外收入（填写A101010\101020\103000）	
12		减：营业外支出（填写A102010\102020\103000）	
13		三、利润总额（10+11-12）	3 000 000.00
14		减：境外所得（填写A108010）	
15		加：纳税调整增加额（填写A105000）	
16		减：纳税调整减少额（填写A105000）	960 000.00
17		减：免税、减计收入及加计扣除（填写A107010）	
18	应纳税所得额计算	加：境外应税所得抵减境内亏损（填写A108000）	
19		四、纳税调整后所得（13-14+15-16-17+18）	2 040 000.00
20		减：所得减免（填写A107020）	
21		减：弥补以前年度亏损（填写A106000）	
22		减：抵扣应纳税所得额（填写A107030）	
23		五、应纳税所得额（19-20-21-22）	2 040 000.00

六 筹建期广告费和业务宣传费的税务处理 ●••

《国家税务总局关于企业所得税应纳税所得额若干税务处理问题的公告》（国家税务总局公告 2012 年第 15 号）第五条规定，企业筹建期发生的广告费和业务宣传费按实际发生额计入开办费。对于广告费和业务宣传费，在开办费结转摊销年度，按国税函〔2009〕98 号第九条关于筹办费的处理规定，企业可以在开始经营之日的当年一次性扣除，也可以按照税法有关长期待摊费用的处理规定处理，一经选定，不得改变。

七 筹建期间试运行收入的财税处理 ●••

《企业会计准则》规定，工程达到预定可使用状态前因进行试运转所发生的净支出，计入工程成本。企业在建工程项目达到预定可使用状态前所取得的试运转过程中形成的、能够对外销售的产品，其发生的成本，计入在建工程成本，销售时按实际销售收入冲减工程成本。

而税法认为，在建工程试运行过程中产生的销售商品收入，应作为销售商品，计征增值税和消费税，试运行收入应并入总收入计征企业所得税，不能直接冲减在建工程成本。

会计上是按会计的规定冲减在建工程成本，在计算企业所得税时需要按税法的规定确认收入，这里存在税会差异，需要进行纳税调整。

【案例 2-5】快学水利发电站发生试运行取得收入 100 万元，发生成本 50 万元。

会计处理：

借：在建工程　　　　　　　　　　　　　　　　　　　　　50
　　贷：银行存款、原材料等　　　　　　　　　　　　　　　50
借：银行存款　　　　　　　　　　　　　　　　　　　　113
　　贷：在建工程　　　　　　　　　　　　　　　　　　　100
　　　　应交税费—应交增值税（销项税额）　　　　　　　　13

在计算企业所得税时，应调增收入 100 万元，调增成本 50 万元，调增应纳税所得额 50 万元。由此，固定资产计税基础与会计确认的固定资产原值之间会产生差异 50 万元，这需要在以后年度企业所得税申报时进行纳税调整。

八 开办期间取得增值税专用发票的抵扣问题 ●••

根据《国家税务总局关于纳税人认定或登记为一般纳税人前进项税额抵扣问题

的公告》（国家税务总局公告 2015 年第 59 号）的规定，纳税人自办理税务登记至认定或登记为一般纳税人期间，未取得生产经营收入，未按照销售额和征收率简易计算应纳税额申报缴纳增值税的，其在此期间取得的增值税扣税凭证，可以在认定或登记为一般纳税人后抵扣进项税额。

增值税扣税凭证按照现行规定无法办理认证或者稽核比对的，按照以下规定处理：

（1）购买方纳税人取得的增值税专用发票，按照《国家税务总局关于推行增值税发票系统升级版有关问题的公告》（国家税务总局公告 2014 年第 73 号）规定的程序，由销售方纳税人开具红字增值税专用发票后重新开具蓝字增值税专用发票。

购买方纳税人按照国家税务总局公告 2014 年第 73 号规定填开《开具红字增值税专用发票信息表》或《开具红字货物运输业增值税专用发票信息表》时，选择"所购货物或劳务、服务不属于增值税扣税项目范围"或"所购服务不属于增值税扣税项目范围"。

（2）纳税人取得的海关进口增值税专用缴款书，按照《国家税务总局关于逾期增值税扣税凭证抵扣问题的公告》（国家税务总局公告 2011 年第 50 号）规定的程序，经国家税务总局稽核比对相符后抵扣进项税额。

2.2 发票问题知多少

发票是指在购销商品、提供或者接受服务以及从事其他经营活动中，开具、收取的收付款凭证，它是确定经济收支行为发生的法定凭证，是会计核算的原始依据。对于企业财务管理来说，发票一直是财务的重点，也是企业税务管理的难点和痛点。随着金税四期的上线，有了大数据的支持，更多的企业数据将被税局掌握，税务监管也更加全方位、立体化。在这种形势下，如何做好发票的管理？如何更好防范发票的风险？接下来，我们就为大家细数一下增值税发票相关知识以及实务操作中的热点难点，让增值税发票风险无处遁形。

■ 发票基本知识要知道 •••

（一）增值税发票的种类

增值税发票包括增值税专用发票、增值税普通发票、机动车销售统一发票、二手车销售统一发票、增值税电子专用发票和普通发票等。

（二）增值税发票的联次

增值税专用发票由基本联次或者基本联次附加其他联次构成，分为三联版和六联版两种。基本联次为三联：第一联为记账联，是销售方记账凭证；第二联为抵扣联，是购买方扣税凭证；第三联为发票联，是购买方记账凭证。其他联次用途，由纳税人自行确定。纳税人办理产权过户手续需要使用发票的，可以使用增值税专用发票第六联。

增值税普通发票（折叠票）由基本联次或者基本联次附加其他联次构成，分为两联版和五联版两种。基本联次为两联：第一联为记账联，是销售方记账凭证；第二联为发票联，是购买方记账凭证。其他联次用途，由纳税人自行确定。纳税人办理产权过户手续需要使用发票的，可以使用增值税普通发票第三联。

（三）增值税发票的开具要求

销售商品、提供服务以及从事其他经营活动的单位和个人，对外发生经营业务收取款项，收款方应当向付款方开具发票；特殊情况下，由付款方向收款方开具发票。

下列特殊情况下，由付款方向收款方开具发票：

（1）收购单位和扣缴义务人支付个人款项时；

（2）国家税务总局认为其他需要由付款方向收款方开具发票的。

1. 发票开具的编码选择要求

税务总局编写了《商品和服务税收分类与编码（试行）》，并在增值税发票开票软件中增加了商品和服务税收分类与编码相关功能。纳税人应选择相应的商品和服务税收分类与编码开具增值税发票。

销售方开具增值税发票时，发票内容应按照实际销售情况如实开具，不得根据购买方要求填开与实际交易不符的内容。购货方取得发票时，不得要求变更品名和金额。

2. 增值税发票的填写要求

单位和个人在开具发票时，必须做到按照号码顺序填开，填写项目齐全，内容真实，字迹清楚，全部联次一次打印，内容完全一致，并在发票联和抵扣联加盖发票专用章。

（四）增值税发票的查验

取得增值税发票的单位和个人，可登陆全国增值税发票查验平台（https://inv-veri.chinatax.gov.cn），对新系统开具的增值税专用发票、增值税普通发票、机动车销售统一发票和增值税电子专用发票或普通发票的发票信息进行查验。

需要注意的是，增值税一般纳税人取得的 2017 年 1 月 1 日及以后开具的增值税专用发票、海关进口增值税专用缴款书、机动车销售统一发票、收费公路通行费增值税电子普通发票，已经取消了认证确认、稽核比对、申报抵扣的期限。纳税人在进行增值税纳税申报时，应当通过本省（自治区、直辖市和计划单列市）增值税发票综合服务平台对上述扣税凭证信息进行用途勾选确认。

（五）增值税发票的作废与冲红

1. 增值税专用发票的作废

纳税人在开具增值税专用发票当月，发生销货退回、开票有误等情形，收到退回的发票联、抵扣联符合作废条件的，按作废处理；开具时发现有误的，可即时作废。

作废增值税专用发票须在增值税发票开票软件中将相应的数据电文按"作废"处理，在纸质增值税专用发票（含未打印的增值税专用发票）各联次上注明"作废"字样，全联次留存。

符合作废条件，是指同时具有以下情形：

（1）收到退回的发票联、抵扣联，且时间未超过销售方开票当月；

（2）销售方未抄税且未记账；

（3）购买方未勾选认证，或者认证结果为"纳税人识别号认证不符""增值税专用发票代码、号码认证不符"。

2. 增值税专用发票的冲红

纳税人开具增值税专用发票后，发生销货退回、开票有误、应税服务中止等情形但不符合发票作废条件，或者因销货部分退回及发生销售折让，需要开具红字增值税专用发票的，按《国家税务总局关于红字增值税发票开具有关问题的公告》规定的方法处理。

政策链接

《国家税务总局关于红字增值税发票开具有关问题的公告》

（国家税务总局公告 2016 年第 47 号）

3. 增值税普通发票的作废与冲红

纳税人开具增值税普通发票后，如发生销货退回、开票有误、应税服务中止等情形但不符合发票作废条件，或者因销货部分退回及发生销售折让，需要开具红字发票的，应收回原发票并注明"作废"字样或取得对方有效证明。

纳税人需要开具红字增值税普通发票的，可以在所对应的蓝字发票金额范围内开具多份红字发票。红字机动车销售统一发票需与原蓝字机动车销售统一发票一一对应。

（六）增值税专用发票丢失的处理

1. 发票联和抵扣联全部丢失

纳税人同时丢失已开具增值税专用发票或机动车销售统一发票的发票联和抵扣联，可凭加盖销售方发票专用章的相应发票记账联复印件，作为增值税进项税额的抵扣凭证、退税凭证或记账凭证。

2. 发票联或抵扣联丢失

纳税人丢失已开具增值税专用发票或机动车销售统一发票的抵扣联，可凭相应发票的发票联复印件，作为增值税进项税额的抵扣凭证或退税凭证。

纳税人丢失已开具增值税专用发票或机动车销售统一发票的发票联，可凭相应发票的抵扣联复印件，作为记账凭证。

备注：根据《国家税务总局关于公布取消一批税务证明事项以及废止和修改部分规章规范性文件的决定》（国家税务总局令第48号）规定，丢失发票无须取得《丢失增值税专用发票已报税证明单》。

（七）代开发票的基本规定

1. 税务机关代开增值税发票的范围

（1）已办理税务登记的小规模纳税人（包括个体工商户）以及国家税务总局确定的其他可予代开增值税专用发票的纳税人，发生增值税应税行为，可以申请代开增值税专用发票。

（2）有下列情形之一的，可以向税务机关申请代开增值税普通发票：

①被税务机关依法收缴发票或者停止发售发票的纳税人，取得经营收入需要开具增值税普通发票的；

②正在申请办理税务登记的单位和个人，对其自领取营业执照之日起至取得税务登记证件期间发生的业务收入需要开具增值税普通发票的；

③应办理税务登记而未办理的单位和个人，主管税务机关应当依法予以处理，并在补办税务登记手续后，对其自领取营业执照之日起至取得税务登记证件期间发生的业务收入需要开具增值税普通发票的；

④依法不需要办理税务登记的单位和个人，临时取得收入，需要开具增值税普通发票的。

2. 代开发票税款征收和代开发票作废

（1）代开发票应当缴纳税款的，应先征收税款，再代开发票。自然人申请代开增值税普通发票，每（日）次销售额未达到 500 元的，免征增值税。

（2）因开具错误、销货退回、销售折让、服务中止等原因，纳税人需作废已代开增值税发票的，可凭已代开发票在代开当月向原代开税务机关提出作废申请；不符合作废条件的，可以通过开具红字发票处理；纳税人需要退回已征收税款的，可以向税务机关申请退税。

（3）小规模纳税人月销售额未超过 15 万元（按季 45 万元）的，当期因开具增值税专用发票已经缴纳的税款，在增值税专用发票全部联次追回或者按规定开具红字专用发票后，可以向主管税务机关申请退还。

需要了解的几个发票注意点

1. 免征项目的发票开具

纳税人对免征增值税项目开具增值税普通发票、机动车销售统一发票时，应在税率栏次填写"免税"字样。

税务机关代开增值税普通发票时，对免征增值税的，"税率"栏自动打印"***"。

月销售额未超过 15 万元（按季 45 万元）的小规模纳税人自行开具或向税务机关申请代开的增值税专用发票，税率栏次显示为适用的征收率；向税务机关申请代开增值税普通发票，月代开发票金额合计未超过 15 万元，税率栏次显示"***"。

2. 差额征收的发票开具

纳税人或者税务机关通过增值税发票开票软件中差额征税开票功能开具增值税发票时，录入含税销售额（或含税评估额）和扣除额，系统自动计算税额和不含税金额，备注栏自动打印"差额征税"字样，发票开具不应与其他应税行为混开。

3. 不征收增值税项目的发票开具

商品和服务税收分类与编码的"6 未发生销售行为的不征税项目"，用于纳税人收取款项但未发生销售货物、应税劳务、服务、无形资产或不动产的情形。截至目前，不征税编码项目主要有 16 项（见表 2-16）。

表 2-16　不征税编码项目表

编码	项目名称
601	预付卡销售和充值
602	销售自行开发的房地产项目预收款
603	已申报缴纳营业税未开票补开票
604	代收印花税
605	代收车船税
606	融资性售后回租业务中承租方出售资产
607	资产重组涉及的房屋等不动产
608	资产重组涉及的土地使用权
609	代理进口免税货物货款
610	有奖发票奖金支付
611	不征税自来水
612	建筑服务预收款
613	代收民航发展基金
614	拍卖行受托拍卖文物艺术品代收货款
615	与销售行为不挂钩的财政补贴收入
616	资产重组涉及的货物

使用"未发生销售行为的不征税项目"编码，发票税率栏应填写"不征税"，不得开具增值税专用发票。

4. 开具原适用税率发票

营改增以来，增值税税率分别在 2018 年 5 月 1 日、2019 年 4 月 1 日调整过两次。对于纳税义务发生时间在税率调整前的业务，如果后期企业需要补开发票的话，需要按照纳税义务发生时的适用税率开具。

根据《国家税务总局关于国内旅客运输服务进项税抵扣等增值税征管问题的公告》（国家税务总局公告 2019 年第 31 号）第十三条规定，自 2019 年 9 月 20 日起，纳税人需要通过增值税发票开票软件开具 17%、16%、11%、10% 税率蓝字发票的，应向主管税务机关提交《开具原适用税率发票承诺书》，办理临时开票权限。临时开票权限有效期限为 24 小时，纳税人应在获取临时开票权限的规定期限内开具原适用税率发票。

纳税人办理临时开票权限，应保留交易合同、红字发票、收讫款项证明等相关材料，以备查验。纳税人未按照规定开具原适用税率发票的，主管税务机关应按照现行有关规定进行处理。

5. 发票备注栏的填写要求

根据增值税相关文件规定，部分业务或开票项目需要在备注栏填写备注信息。必须在备注栏填写备注信息的业务主要如表2-17所示。

表2-17 开具发票应填写备注栏信息情况总结

序号	业务类型	备注栏信息	文件依据
1	货物运输服务	填写起运地、到达地、车种车号以及运输货物信息	国家税务总局公告2015年第99号
2	铁路运输企业提供货物运输服务	铁路运输企业受托代征的印花税款信息	国家税务总局公告2015年第99号
3	建筑服务	注明建筑服务发生地县（市、区）名称及项目名称	国家税务总局公告2016年第23号
4	销售、出租不动产	注明不动产的详细地址	国家税务总局公告2016年第23号
5	差额征税开票	自动打印"差额征税"字样	国家税务总局公告2016年第23号
6	销售预付卡	注明"收到预付卡结算款"	国家税务总局公告2016年第53号
7	保险机构代收车船税	注明代收车船税税款信息。具体包括：保险单号、税款所属期（详细至月）、代收车船税金额、滞纳金金额、金额合计等	国家税务总局公告2016第51号
8	个人保险代理人汇总代开增值税发票	注明"个人保险代理人汇总代开"字样	国家税务总局公告2016年第45号
9	生产企业向综服企业开具的增值税专用发票	注明"代办退税专用"	国家税务总局公告2017年第35号

三 增值税发票的风险

（一）虚开发票的风险

1. 什么是虚开发票

虚开发票的行为包括：

（1）为他人、为自己开具与实际经营业务情况不符的发票；

（2）让他人为自己开具与实际经营业务情况不符的发票；

（3）介绍他人开具与实际经营业务情况不符的发票。

图2-1 虚开发票的行为

其中"与实际经营业务情况不符"具体包括以下几种情况：

（1）没有真实交易；

（2）有真实交易，但开具数量或金额不符；

（3）进行了实际交易，但让他人代开发票。

2. 虚开发票的法律后果

（1）行政处罚。

《中华人民共和国发票管理办法》第三十七条规定，违反该办法第二十二条第二款的规定虚开发票的，由税务机关没收违法所得；虚开金额在1万元以下的，可以并处5万元以下的罚款；虚开金额超过1万元的，并处5万元以上50万元以下的罚款；构成犯罪的，依法追究刑事责任。

（2）联合惩戒。

《关于对重大税收违法案件当事人实施联合惩戒措施的合作备忘录（2016版）》（发改财金〔2016〕2798号）文件将"包括虚开在内的重大税收违法案件信息中所列明的当事人"列入了惩戒对象，并规定了28项联合惩戒措施。

（3）刑事责任。

《中华人民共和国刑法》第二百零五条规定，虚开增值税专用发票或者虚开用于骗取出口退税、抵扣税款的其他发票的，处三年以下有期徒刑或者拘役，并处二万元以上二十万元以下罚金；虚开的税款数额较大或者有其他严重情节的，处三年以上十年以下有期徒刑，并处五万元以上五十万元以下罚金；虚开的税款数额巨大或者有其他特别严重情节的，处十年以上有期徒刑或者无期徒刑，并处五万元以上五十万元以下罚金或者没收财产。

单位犯本条规定之罪的，对单位判处罚金，并对其直接负责的主管人员和其他直接责任人员，处三年以下有期徒刑或者拘役；虚开的税款数额较大或者有其他严重情节的，处三年以上十年以下有期徒刑；虚开的税款数额巨大或者有其他特别严重情节的，处十年以上有期徒刑或者无期徒刑。

3. 如何应对虚开风险

（1）做好报销管理。

不符合规定的发票，不得作为财务报销凭证，任何单位和个人有权拒收。

（2）做好开票管理。

填开发票的单位和个人，必须在发生经营业务、确认营业收入时开具发票，未发生经营业务一律不准开具发票。

（3）做好交易环节管理。

交易前：在交易前对交易对方做必要的了解，通过对交易对方经营范围、经营规模、企业资质等相关情况的考察，评估相应的风险。

交易中：在交易中尽量通过银行账户将货款划拨到交易对方的银行账户内，在这个过程中，财务部门可再次对购进业务进行监督审查，如果对方提供的银行账户与发票上注明的信息不符，就应当引起警惕，暂缓付款，对购货业务进行进一步审查。

收票时：仔细比对发票信息。审查税务登记证、合同、出库单、开具的发票、银行账户上的企业名称是否一致；通过相关资质、资料等审查购进的货物是否是对方购进或生产的货物。如果对取得的发票存在疑问，应当暂缓付款和申报抵扣有关进项税金，及时向税务机关求助查证。

交易后：企业在购进货物时要重视取得和保存有关的证据，一旦对方故意隐瞒有关销售和开票的真实情况，恶意提供增值税专用发票，给自身造成了经济损失，可以依法向对方追偿由于提供虚开发票而带来的经济损失。

（二）对开、环开发票的风险

随着社会经济的不断发展，出现了很多新型虚开行为。例如为虚增营业额、扩大销售收入或者制造虚假繁荣，相互对开、环开增值税专用发票的行为。

1. 对开

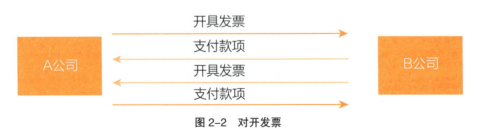

图 2-2　对开发票

2. 环开

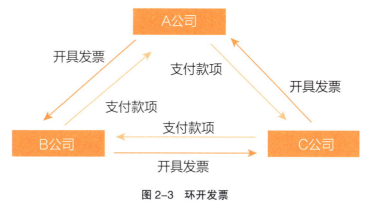

图 2-3　环开发票

对开、环开发票虽然属于闭环抵扣，未少缴税款，也未给国家造成损失，但是，其是基于没有真实业务的情况下开具的发票，同样属于虚开发票，开票方会面临相应的处罚。对接受虚开发票的一方，也会采取进项税额转出、调增企业所得税应纳税所得额、加收滞纳金、处以罚款、移送公安机关进一步处理等措施。

（三）"三流不一致"发票的风险

"三流一致"是指资金流（银行的收付款凭证）、票流（发票的开票人和收票人）和物流（劳务流）一致。《国家税务总局关于加强增值税征收管理若干问题的通知》（国税发〔1995〕192 号）第一条第（三）项规定："纳税人购进货物或应税劳务，支付运输费用，所支付款项的单位，必须与开具抵扣凭证的销货单位、提供劳务的单位一致，才能够申报抵扣进项税额，否则不予抵扣。"

税务机关在发票管理实务中，经常会加上合同流，要求合同与发票一致。如果在经济交易过程中，不能保证资金流、票流、物流、合同流相互统一，就可能存在被税务机关认定为不合规发票的风险。

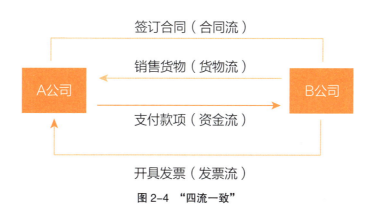

图 2-4　"四流一致"

不过，实务中很多地方税务机关并没有机械地要求"三流一致"。有地方税务机关就是按照实质重于形式的原则明确，发票应开具给货物的实际购买方或者服务的实际接受方，与货款的支付方式没有直接关系。在实务中我们可以咨询当地税务机关的政策口径。

（四）失控发票的风险

1. 什么是失控发票

失控发票是个通俗的说法，规范的叫法是"异常凭证"。根据《关于异常增值税扣税凭证管理等有关事项的公告》（国家税务总局公告 2019 年第 38 号）文件规定，符合下列情形之一的增值税专用发票，列入异常凭证范围：

（1）纳税人丢失、被盗税控专用设备中未开具或已开具未上传的增值税专用发票；

（2）非正常户纳税人未向税务机关申报或未按规定缴纳税款的增值税专用发票；

（3）增值税发票管理系统稽核比对发现"比对不符""缺联""作废"的增值税专用发票；

（4）经税务总局、省税务局大数据分析发现，纳税人开具的增值税专用发票存在涉嫌虚开、未按规定缴纳消费税等情形的；

（5）属于《国家税务总局关于走逃（失联）企业开具增值税专用发票认定处理有关问题的公告》（国家税务总局公告 2016 年第 76 号）第二条第（一）项规定情形的增值税专用发票。即，走逃（失联）企业存续经营期间发生下列情形之一的，所对应属期开具的增值税专用发票列入异常增值税扣税凭证范围：

①商贸企业购进、销售货物名称严重背离的；生产企业无实际生产加工能力且无委托加工，或生产能耗与销售情况严重不符，或购进货物并不能直接生产其销售的货物且无委托加工的。

②直接走逃失踪不纳税申报，或虽然申报但通过填列增值税纳税申报表相关栏次，规避税务机关审核比对，进行虚假申报的。

2. 取得失控发票的后果

（1）受票方开具的发票被认定为异常凭证。

根据规定，增值税一般纳税人申报抵扣异常凭证，同时符合下列情形的，其对应开具的增值税专用发票列入异常凭证范围：

①异常凭证进项税额累计占同期全部增值税专用发票进项税额 70%（含）以上的；

②异常凭证进项税额累计超过 5 万元的。

（2）抵扣或退税受到限制。

如果增值税一般纳税人取得的增值税专用发票被列入异常凭证范围：

①尚未申报抵扣增值税进项税额的，暂不允许抵扣。已经申报抵扣增值税进项税额的，除另有规定外，一律作进项税额转出处理。

②尚未申报出口退税或者已申报但尚未办理出口退税的，除另有规定外，暂不允许办理出口退税。适用增值税免抵退税办法的纳税人已经办理出口退税的，应根据列入异常凭证范围的增值税专用发票上注明的增值税额作进项税额转出处理；适用增值税免退税办法的纳税人已经办理出口退税的，税务机关应按照现行规定对列入异常凭证范围的增值税专用发票对应的已退税款追回。

3. 如何防范失控发票风险

（1）要注意业务真实性，不购买发票，不虚假抵扣，发票内容与真实业务要相匹配，证明业务真实性的票证、合同、付款单据、物流信息等材料保存好备查。

（2）按照合同规定，和谁发生采购关系，就从谁的手里取得发票，不收来路不明的发票。

（3）单位建立内控制度，会计人员负起责任，严格进项票据审核，加强发票查验，保证合同、发票、物流、资金支付等流程一致。

2.3 发票问题知多少——电子专用发票

增值税电子普通发票大家已经很熟悉了，现在增值税电子专用发票也来了！根据《国家税务总局关于在新办纳税人中实行增值税专用发票电子化有关事项的公告》（国家税务总局公告 2020 年第 22 号）的规定，自 2020 年 12 月 21 日起，分两步在全国新设立登记的纳税人中实行专票电子化。

增值税电子专用发票具有样式简洁、领用快捷、远程交付便利、财务管理高效、存储保管经济等优点，但是作为一种新型的发票载体，增值税电子专用发票对财务管理也提出了新的挑战，如何规范使用增值税电子专用发票、防范可能产生的新的涉税风险，需要财务人员尤为关注。

一 增值税电子专用发票的使用范围 ●●●

表 2-18 专票电子化的推行时间与区域

推行时间	地区
自 2020 年 12 月 21 日起	在天津、河北、上海、江苏、浙江、安徽、广东、重庆、四川、宁波和深圳等 11 个地区的新办纳税人中实行专票电子化，受票方范围为全国
自 2021 年 1 月 21 日起	在北京、山西、内蒙古、辽宁、吉林、黑龙江、福建、江西、山东、河南、湖北、湖南、广西、海南、贵州、云南、西藏、陕西、甘肃、青海、宁夏、新疆、大连、厦门和青岛等 25 个地区的新办纳税人中实行专票电子化，受票方范围为全国

二 增值税电子专用发票长什么样 ●●●

增值税电子专用发票的票样如图 2-5 所示：

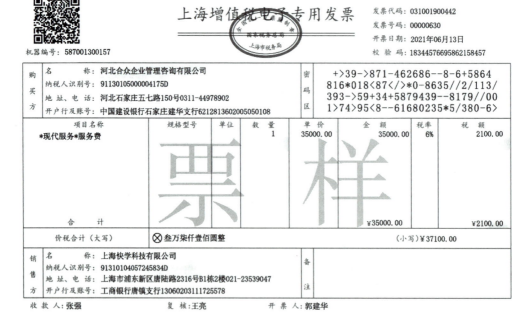

图 2-5 增值税电子专用发票票样

增值税电子专用发票进一步简化发票票面样式，采用电子签名代替原发票专用章，将"货物或应税劳务、服务名称"栏次名称简化为"项目名称"，取消了原"销售方：（章）"栏次。

三 增值税电子专用发票如何开具 ●●●

试点纳税人在完成增值税电子专用发票票种核定、增值税专用发票最高开票限额审批、免费领取税务 UKey 后，登陆国家税务总局全国增值税发票查验平台（https://inv-veri.chinatax.gov.cn），下载并安装增值税发票开票软件（税务 UKey 版），即可开具增值税电子专用发票。

使用税务 UKey 除了可以开具增值税电子专用发票外，还支持开具纸质增值税专用发票、纸质增值税普通发票、增值税电子普通发票、机动车销售统一发票、二手车销售统一发票。实行增值税专用发票电子化的新办纳税人开具增值税专用发票时，既可以开具电子专票，也可以开具纸质专票。受票方索取纸质专票的，开票方应当开具纸质专票。

四 增值税电子专用发票如何查验 ●●●

纳税人可通过全国增值税发票查验平台（https://inv-veri.chinatax.gov.cn）对增值税电子专用发票信息进行查验。

五 增值税电子专用发票常见问题 ●●●

1. 增值税电子专用发票的法律效力如何

增值税电子专用发票属于增值税专用发票，其法律效力、基本用途、基本使用规定等与增值税纸质专用发票相同。来源合法、真实的电子专票作为电子会计凭证与纸质会计凭证具有同等的法律效力，且可作为电子档案进行保存归档。

2. 增值税电子专用发票开具错误后是否可以作废

增值税电子专用发票开具错误以后，不能作废。

纳税人发生开票有误的情形，可以按照《国家税务总局关于在新办纳税人中实行增值税专用发票电子化有关事项的公告》（国家税务总局公告 2020 年第 22 号）第七条的规定，先开具红字电子专票进行处理，红冲后再按照正确的金额重新开具蓝字电子专票。

3. 增值税电子专用发票如何开具红字

实行增值税专用发票电子化的新办纳税人开具增值税电子专用发票（以下简称"电子专票"）后，发生销货退回、开票有误、应税服务中止、销售折让等情形，需要开具红字电子专票的，按照以下规定执行：

（1）购买方已将电子专票用于申报抵扣的，由购买方在增值税发票管理系统（以下简称"发票管理系统"）中填开并上传《开具红字增值税专用发票信息表》（以下简称《信息表》），填开《信息表》时不填写相对应的蓝字电子专票信息。

购买方未将电子专票用于申报抵扣的，由销售方在发票管理系统中填开并上传《信息表》，填开《信息表》时应填写相对应的蓝字电子专票信息。

（2）税务机关通过网络接收纳税人上传的《信息表》，系统自动校验通过后，生成带有"红字发票信息表编号"的《信息表》，并将信息同步至纳税人端系统中。

（3）销售方凭税务机关系统校验通过的《信息表》开具红字电子专票，在发票管理系统中以销项负数开具。红字电子专票应与《信息表》一一对应。

（4）购买方已将电子专票用于申报抵扣的，应当暂依《信息表》所列增值税税额从当期进项税额中转出，待取得销售方开具的红字电子专票后，与《信息表》一并作为记账凭证。

需要注意的是，相较于红字增值税纸质专用发票开具流程，纳税人在开具红字增值税电子专用发票时，无须追回已经开具的蓝字增值税电子专用发票。

2.4 不同营销方式的财税处理——购物返券的财税处理

购物返券一般是指企业在顾客购买或消费一定金额的商品服务后，给予顾客购物代金券/消费代金券，允许顾客在指定期间和指定商品/服务范围内，使用代金券购买商品/服务的行为。这是商业企业和服务企业常见的一种促销方式。

购物返券的特点是：达标返券，限期使用、过期作废，指定商品或服务，剩余不退，超额另付。常见的表现形式有：消费满额送购物券、消费满额送代金券、消费满额送优惠券、消费满额送返利券等。还有一种特殊的形式，就是购物积分，积分兑换购物券或者代金券，兑换的购物券或者代金券可以在未来某段时间内抵减购物金额。这与购物返券的本质是一样的。

【案例2-6】甲商场为庆祝2020年元旦，举行全场"买200返50"的购物券活动。顾客购买200元商品后，商场返50元购物券给顾客，顾客可利用购物券再次购买商品。若某件商品价格为40元，顾客使用50元购物券即可得到商品，对于多余的10（50-40）元，商场不会用现金找给顾客；若某件商品价格为55元，则顾客除使用50元购物券外还需另支付5元现金才能买到这件商品。

一 常见会计处理模式 ●●●

购物返券业务，常见的会计处理模式有两种：

第一种是按照商业折扣处理。这种处理模式认为，购物返券是企业为促进商品销售而在商品标价上给予的价格扣除。因此，企业在顾客消费并赠送购物券时，按照实际收到的价款开具发票和确认收入；客户再次进行消费使用购物券时，根据产品或者服务的售价减去购物券抵减的金额后的实收价款确认收入。

第二种是认为购物券是给予了顾客一项无条件收取合同对价的权利，顾客有选择使用购物券和不使用购物券的选择权。应按照"附有客户额外购买选择权的销售合同"处理，即合理估计顾客行使购物券使用权的可能性，将交易价格在商品 / 服务与券之间按照合理的原则进行分摊。

二 不同处理模式的风险分析 ●●●

从业务模式上来看，第一种模式实际上是在会计上采用了税法上的规定，是规则的混同混用。购物返券，与普通的商业折扣明显不同。具体来说，普通的商业折扣一般是在顾客消费时直接给予价格减让，购物券则是给予了顾客一种预期或者未来享受折扣的权利，具有一定的延时性，并且顾客是否使用具有不确定性。这与商业折扣具有本质上的不同。会计记账应该依据会计的规则，而采用第一种模式进行会计处理，则无法反映该业务的实质内涵，会造成主营业务收入的虚增以及会计计量的不准确，是不恰当的。

根据企业会计准则新收入准则及其应用指南的规定来看，企业向客户授予的额外购买选择权的形式包括销售激励、客户奖励积分、未来购买商品的折扣券以及合同续约选择权等。购物返券业务，相当于是赋予客户未来购买商品的折扣券，属于"附有客户额外购买选择权的销售"。采用第二种模式处理较为恰当。

三 正确的会计处理方法 ●●●

对于购物返券业务，依据《企业会计准则第 14 号——收入》第三十五条及《〈企业会计准则第 14 号——收入〉应用指南（2018）》之规定，按照"附有客户额外购买选择权的销售合同"进行会计处理，是较为恰当的。具体如何来进行会计处理呢？

根据《企业会计准则第 14 号——收入》第三十五条及《〈企业会计准则第 14 号——收入〉应用指南（2018）》之规定，对于附有客户额外购买选择权的销售，企业应当评估该选择权是否向客户提供了一项重大权利。如果客户只有在订立了一项合同的前提下才取得了额外购买选择权，并且客户行使该选择权购买额外商品时，能够享受到超过该地区或该市场中其他同类客户所能够享有的折扣，则通常认为该选择权向客户提供了一项重大权利。该选择权向客户提供重大权利的，应当作为单项履约义务。在这种情况下，客户在该合同下支付的价款实际上购买了两项单独的商品：

（1）客户在该合同下原本购买的商品；

（2）客户可以免费或者以折扣价格购买额外商品的权利。

企业应当将交易价格在这两项商品之间进行分摊，其中，分摊至后者的交易价格与未来的商品相关，因此，企业应当在客户未来行使该选择权取得相关商品的控制权时，或者在该选择权失效时确认为收入。

企业提供的额外购买选择权构成单项履约义务的，企业应当按照交易价格分摊的相关原则，将交易价格分摊至该履约义务。客户额外购买选择权的单独售价无法直接观察的，企业应当综合考虑客户行使和不行使该选择权所能获得的折扣的差异以及客户行使该选择权的可能性等全部相关信息后，予以合理估计。

四 增值税的处理与风险 ● ● ●

（一）国家税务总局层面的规定

《国家税务总局关于折扣额抵减增值税应税销售额问题通知》（国税函〔2010〕56号）规定，《国家税务总局关于印发〈增值税若干具体问题的规定〉的通知》（国税发〔1993〕154号）第二条第（二）项规定"纳税人采取折扣方式销售货物，如果销售额和折扣额在同一张发票上分别注明的，可按折扣后的销售额征收增值税"。

（二）地方税务机关的规定

对于购物返券促销行为的增值税处理，税务总局层面没有明确说明，但有部分地方税务机关对此作出过明确规定。例如，《四川省国家税务局关于买赠行为增值税处理问题的公告》（四川省国家税务局公告2011年第6号）明确规定："纳税人采取'购物返券'方式销售货物，所返购物券在购买货物时应在发票上注明货物名称、数量及金额，并标注'返券购买'，对价格超过购物券金额部分的，应计入销售收入申报缴纳增值税。"《江西省国家税务局关于修改〈江西省百货零售企业增值税管理办法〉的公告》（江西省国家税务局公告2013年第12号）规定："以购物返券、购物返积分等方式销售货物的，销售货物时按其实际收取的价款确认销售额。

购买者使用上述返券（积分）抵顶部分或全部价款购买货物时，应在销售发票上注明货物名称、数量及原价和返券（积分）抵顶金额，按其实际收取的价款确认销售额；未按上述规定在销售发票上注明的，对使用返券（积分）兑换的货物，按视同销售确定销售额。"

（三）应采取的增值税处理方法及风险注意

购物返券实质上是为了促使顾客更多消费而给予的折扣优惠。在增值税上应按照商业折扣处理。结合总局层面的文件精神与地方税务机关的规定，在进行税务处理时，按照以下方法处理较为恰当：

在顾客首次消费时，以实际取得的销售金额作为收入进行纳税申报和开具发票，对赠送的券不计入增值税收入。在此后顾客实际使用购物券消费时，仅对价格超过购物券金额部分计入销售收入申报缴纳增值税。

需要注意的税务风险是：

（1）所返购物券在使用时，销售额和抵减的折扣额要在同一张发票上的"金额"栏分别注明，才可按折扣后的销售额征收增值税。未在同一张发票"金额"栏注明折扣额，而仅在发票的"备注"栏注明折扣额的，折扣额不得从销售额中减除。

（2）购物返券不需要视同销售处理。购物返券在增值税上应按照商业折扣处理，而不应该视同销售。对此，有地方税务机关［《安徽国税明确若干增值税政策的执行和管理问题》（皖国税函〔2008〕10号）］曾明确规定，关于商业企业促销返券的征税问题——商业企业在顾客购买一定金额的商品后，给予顾客一定数额的代金券，允许顾客在指定时间和指定商品范围内，使用代金券购买商品的行为，不属于无偿赠送商品的行为，不应按视同销售征收增值税。

五 企业所得税的处理与风险 ●●●

关于购物返券的企业所得税处理，目前企业所得税法并无明确规定。一种意见认为，应按照《中华人民共和国企业所得税年度纳税申报表（A类，2017年版）》表单及填报说明（2018年修订）中规定的精神，按照会计准则规定的方法确认企业所得税应税收入。另一种观点则认为，税收应秉持确定性原则，会计确认的合同负债仍应调整确认为企业所得税收入。

根据《国家税务总局关于确认企业所得税收入若干问题的通知》（国税函〔2008〕875号）第一条规定，除企业所得税法及实施条例另有规定外，企业销售收入的确认，必须遵循权责发生制原则和实质重于形式原则。企业销售商品同时满足下列条件的，应确认收入的实现：

（1）商品销售合同已经签订，企业已将商品所有权相关的主要风险和报酬转移给购货方；

（2）企业对已售出的商品既没有保留通常与所有权相联系的继续管理权，也没有实施有效控制；

（3）收入的金额能够可靠地计量；

（4）已发生或将发生的销售方的成本能够可靠地核算。

同时根据《国家税务总局关于确认企业所得税收入若干问题的通知》（国税函〔2008〕875号）第一条第（五）项规定：企业为促进商品销售而在商品价格上给予的价格扣除属于商业折扣，商品销售涉及商业折扣的，应当按照扣除商业折扣后的金额确定销售商品收入金额。

由上述规定可见，对于购物送券业务，商品/服务销售完成在前，购物券使用（即发生商业折扣）在后。假定年末购物券未完全使用，从税务风险规避的角度，在企业送出购物券时，按实际收到的价款确认企业所得税收入，不在商品/服务销售与购物券之间进行分配，而在年度企业所得税汇算清缴时，再对会计上确认的"合同负债"调增为收入。这一方面保障了企业所得税与增值税收入一致，另一方面也保障了企业所得税与发票的一致。

六 个人所得税处理规定 ●●●

《财政部 国家税务总局关于企业促销展业赠送礼品有关个人所得税问题的通知》（财税〔2011〕50号）规定，根据《中华人民共和国个人所得税法》及其实施条例有关规定，对企业和单位（包括企业、事业单位、社会团体、个人独资企业、合伙企业和个体工商户等，以下简称企业）在营销活动中以折扣折让、赠品、抽奖等方式，向个人赠送现金、消费券、物品、服务等（以下简称礼品）有关个人所得税问题规定如下：

企业在销售商品（产品）和提供服务过程中向个人赠送礼品，属于下列情形之一的，不征收个人所得税：企业通过价格折扣、折让方式向个人销售商品（产品）和提供服务。

《国家税务总局关于加强网络红包个人所得税征收管理的通知》（税总函〔2015〕409号）规定：对个人取得企业派发的且用于购买该企业商品（产品）或服务才能使用的非现金网络红包，包括各种消费券、代金券、抵用券、优惠券等，以及个人因购买该企业商品或服务达到一定额度而取得企业返还的现金网络红包，属于企业销售商品（产品）或提供服务的价格折扣、折让，不征收个人所得税。

因此，对于购物送券，属于企业销售商品（产品）或提供服务的价格折扣、折让，不征收个人所得税。

【案例 2-7】2021 年 10 月，某饭店开展"满 100 送 100"的促销活动。活动规则：消费者消费满 100 元时，赠送 100 元现金抵扣券，不足部分不送；当消费者下次来店消费时可以作为现金抵菜品消费金额（不包含烟酒和饮料等）；现金抵扣券不找零，不兑换现金，不兑换礼物；现金抵扣券有效期至 2022 年 3 月 31 日。

2021 年 10 月期间，该饭店实现含税收入 212 万元，赠送现金抵扣券面值 200 万元。根据以往经验估计，该饭店预计现金抵扣券使用率为 80%。

截至 2021 年 12 月 31 日，消费者进店消费使用现金抵扣券面值 140 万元，还有 60 万元现金抵扣券未使用。该饭店仍然预计顾客现金抵扣券使用率为 80%，即剩下的 60 万元抵扣券预计还有 48 万元会在失效前到店消费使用。

假定该饭店为增值税一般纳税人，适用增值税税率为 6%。企业所得税查账征收。请问该饭店如何进行会计与税务处理？

【分析】

1. 会计处理

饭店授予顾客现金抵扣券是一项重大权利，应当作为一项单独的履约义务。顾客消费单独售价 212 万元（含税）；考虑到现金抵扣券使用率（80%），饭店估计现金抵扣券单独售价为 160 万元（200 万元 ×80%，含税价）。饭店应当按照服务（消费）和现金抵扣券单独售价的相对比例对交易价格进行分摊：

分摊至服务（消费）的交易价格 = 212÷（212 + 160）×212 = 120.82（万元）

分摊至现金抵扣券的交易价格 = 160÷（212 + 160）×212 = 91.18（万元）

（1）发放现金抵扣券的会计分录：

借：银行存款　　　　　　　　　　　　　　　　　　　　　　212

　　贷：主营业务收入　　　　　　　　　　　113.98（120.82÷1.06）

　　　　合同负债　　　　　　　　　　　　　　86.02（91.18÷1.06）

　　　　应交税费—应交增值税—销项税额　　　　　　　　　　12

（2）截至 2021 年 12 月 31 日现金抵扣券使用抵扣了 140 万，因此应按照消费者使用率占预期将抵扣使用的现金券的比例为基础确认收入。

使用的 140 万现金券应当确认的收入 = 140÷160×91.18 = 79.78（万元）

剩余的未使用的现金券 = 91.18 − 79.78 = 11.4（万元），仍然作为负债。

借：合同负债   79.78

    贷：主营业务收入   79.78

2. 税务处理

（1）增值税处理。

在收讫销售价款时，按照销售价款计征增值税，即 12（212÷1.06×6%）万元。

在后续消费者使用现金抵扣券、饭店回收现金抵扣券时，直接在销售发票上列示"折扣"，仅对现金销售部分确认销售收入。

（2）企业所得税处理。

会计截至年底确认的"合同负债"余额为 11.4 万元，在企业所得税纳税申报时应纳税调增为收入。该饭店 2020 年度企业所得税填报如下。

第一步：填写表 2-19《A105010 视同销售和房地产开发企业特定业务纳税调整明细表》。

表 2-19　A105010 视同销售和房地产开发企业特定业务纳税调整明细表

单位：万元

行次	项目	税收金额	纳税调整金额
		1	2
1	一、视同销售（营业）收入（2+3+4+5+6+7+8+9+10）	11.4	11.4
10	（九）其他	11.4	11.4
11	二、视同销售（营业）成本（12+13+14+15+16+17+18+19+20）		

第二步：填写表 2-20《A105000 纳税调整项目明细表》。

表 2-20　A105000 纳税调整项目明细表

单位：万元

行次	项目	账载金额	税收金额	调增金额	调减金额
		1	2	3	4
1	一、收入类调整项目（2+3+…8+10+11）	*	*	11.4	
2	（一）视同销售收入（填写 A105010）	*	11.4	11.4	*
3	（二）未按权责发生制原则确认的收入（填写 A105020）				
4	（三）投资收益（填写 A105030）				

2.5 不同营销方式的财税处理——积分送礼的财税处理

来店有礼一般是指企业对进入店铺的顾客无偿赠送样品、试用装、礼品等。在电商领域的表现主要为注册送礼、咨询有礼等，对注册用户或网络咨询的潜在客户无偿赠送相关产品。需要注意的是：来店有礼促销获得有一个显著特点，就是针对不特定顾客或者客户。

积分送礼、积分抽奖一般的表现形式是企业针对积分客户无偿赠送相关产品或者服务。该种营销方式的特点是：针对特定顾客或者客户。

来店有礼、积分送礼、积分抽奖虽然针对或者面对的客户群体不同，但是具有相同的经济性质，即都是无偿对客户的赠送、且赠送的产品或者服务属于"非随同销售方式赠送"。因此，这三种营销方式在税务处理与会计处理上是一致的。

一 会计处理与风险 ● ● ●

来店有礼、积分送礼、积分抽奖这类促销活动与通常状况下的捆绑销售、买一赠一类的促销活动有显著不同：一是该赠送与主产品的销售无关，并不构成捆绑销售；二是该赠送更多的是一种客户关系维系性质；三是赠品成本的付出不能为企业带来对应的经济利益流入，这个行为也不能为企业带来直接的以货币金额准确计量的经济利益。所以，在会计上是不符合收入确认条件的，不应确认收入和结转成本，应按照费用来确认，即应该按照赠品的成本和增值税视同销售的销项税额确认为销售费用。具体分录为：

借：销售费用

　　贷：库存商品

　　　　应交税费—应交增值税—销项税额

此处需要注意的风险点为：来店有礼的赠品在会计上虽然不作为销售，但是在增值税上需要视同销售处理，计算增值税销项税额。确认的销售费用应该是：赠品的成本＋销项税额。

二 增值税处理与风险 ● ● ●

1. 国家税务总局层面政策规定

（1）《中华人民共和国增值税暂行条例实施细则》第四条规定，将自产、委托加工或购买的货物无偿赠送他人，视同销售货物。

（2）《中华人民共和国增值税暂行条例实施细则》第十六条规定，纳税人有条例第七条所称价格明显偏低并无正当理由或者有本细则第四条所列视同销售货物行为而无销售额者，按下列顺序确定销售额：

①按纳税人最近时期同类货物的平均销售价格确定。

②按其他纳税人最近时期同类货物的平均销售价格确定。

③按组成计税价格确定。组成计税价格的公式为：组成计税价格＝成本×（1＋成本利润率）。属于应征消费税的货物，其组成计税价格中应加计消费税额。

公式中的成本是指：销售自产货物的为实际生产成本，销售外购货物的为实际采购成本。公式中的成本利润率由国家税务总局确定，一般情况下为10%。

2. 地方税务机关的规定

（1）《四川省国家税务局关于买赠行为增值税处理问题的公告》（四川省国家税务局公告2011年第6号）第三条规定，纳税人采取"来店有礼""积分送礼""积分抽奖"等方式赠送货物，应按无偿赠送的相关规定计算并申报缴纳增值税。

（2）《江西省百货零售企业增值税管理办法》（江西省国家税务局公告2013年第12号）第十二条第（十）项规定，以来店有礼、进店即送、积分送礼等非随同销售方式赠送的货物，一律按视同销售确定销售额。

（3）《贵州省国家税务局关于促销行为增值税处理有关问题的公告》（贵州省国家税务局公告2012年第12号）第三条规定，购物抽奖、积分送礼、进店有礼以及其他不符合该公告第一款、第二款方式所赠送的货物，应视同销售按有关规定计算缴纳增值税。

（4）《河北省国家税务局关于企业若干销售行为征收增值税问题的通知》（冀国税函〔2009〕247号）第三条规定，对于企业采取进店有礼等活动无偿赠送的礼品，应按《中华人民共和国增值税暂行条例实施细则》第四条的规定，视同销售货物，缴纳增值税。

对于来店有礼、积分送礼、积分抽奖营销方式，增值税上主要的风险点是：以来店有礼、积分送礼、积分抽奖方式赠送的货物或者服务，未按照视同销售确定销售额。

链接稽查案例： **样品免费赠送客户未视同销售，稽查补税29万元**

近期，大连市国税局第三稽查局对大连A开关公司实施税收检查，查实该企业为促销新产品，免费向海外用户提供产品样品使用，但未按规定确认销售收入，少

缴企业所得税和增值税。该局依法对 A 开关公司作出补缴税款并加收滞纳金共计
29.33 万元的处理决定。

检查人员经过调查了解到，大连 A 开关公司 2020 年开发投产了某新型开关器。
为了拓展新开关产品海外市场，该企业采取了免费赠送新产品样品给国外用户使用
的销售策略。由于开关器体积小、重量轻，为了节省运输时间和成本，A 开关公司采
用国际快递的方式邮寄开关器给海外用户，由快递公司负责海关报关事务，该企业
支付国际邮递费用。

在检查该公司的账目处理情况时，检查人员发现，A 开关公司将开关器结转成本
61 万元计入了销售费用，将开关器的国际邮递费用 1.4 万元也计入销售费用，但是却
没有将邮寄给国外用户使用的样品计入销售收入，未申报缴纳相关企业所得税和增
值税。

对于企业存在的问题，检查人员向企业负责人指出，根据税法规定，企业将自
产、委托加工或者购进的货物作为样品用途无偿赠送其他单位或者个人使用，其行
为按规定应视同产品销售行为确认收入，并申报缴纳税款。经过检查人员税法辅导，
企业负责人承认企业在国外用户样品试用的账目处理上存在问题，遵照税务机关的
处理决定，补记产品销售收入 70 万元，补缴增值税、企业所得税和滞纳金共 29.33
万元。

三 企业所得税处理与风险 ● ● ● ●

《中华人民共和国企业所得税法实施条例》第二十五条规定，企业发生非货币
性资产交换，以及将货物、财产、劳务用于捐赠、偿债、赞助、集资、广告、样品、
职工福利或者利润分配等用途的，应当视同销售货物、转让财产或者提供劳务，但
国务院财政、税务主管部门另有规定的除外。

因此，对来店有礼、积分送礼、积分抽奖赠送的货物或者服务，应视同销售征
收企业所得税。

企业所得税处理的主要风险点：企业所得税未作视同销售处理。

> **链接稽查案例：** 某公司来店赠送未视同销售，被稽查查补税款

某科技有限公司主要从事电子产品的生产和销售。某地国税稽查局在对该公司
2017 年的纳税情况进行检查时发现，该公司参加当年交易展览会时，采取来店有礼
的方式，在交易会现场对进入该公司展厅参观的客户无偿赠送公司产品，无偿赠送

的 562 套产品、108 套试用产品，均未视同销售申报纳税。

最终，稽查认定，该公司参加交易会无偿赠送的 562 套产品、108 套试用产品，应视同销售，按同类产品平均销售价格确定销售额为 19.23 万元，应补缴增值税 3.07 万元。应调增应纳税所得额 19.23 万元，应补缴 2020 年度企业所得税 4.81 万元。同时根据《中华人民共和国税收征收管理法》第三十二条规定，欠缴税款从税款滞纳之日起，按日加收滞纳税款万分之五的滞纳金。

四 个人所得税的处理与风险 ●●●

《财政部 税务总局关于个人取得有关收入适用个人所得税应税所得项目的公告》（财政部 税务总局公告 2019 年第 74 号）第三条规定：

企业在业务宣传、广告等活动中，随机向本单位以外的个人赠送礼品（包括网络红包，下同），以及企业在年会、座谈会、庆典以及其他活动中向本单位以外的个人赠送礼品，个人取得的礼品收入，按照"偶然所得"项目计算缴纳个人所得税，但企业赠送的具有价格折扣或折让性质的消费券、代金券、抵用券、优惠券等礼品除外。

前款所称礼品收入的应纳税所得额按照《财政部 国家税务总局关于企业促销展业赠送礼品有关个人所得税问题的通知》（财税〔2011〕50 号）第三条规定计算。

《财政部 国家税务总局关于企业促销展业赠送礼品有关个人所得税问题的通知》（财税〔2011〕50 号）第三条规定："企业赠送的礼品是自产产品（服务）的，按该产品（服务）的市场销售价格确定个人的应税所得；是外购商品（服务）的，按该商品（服务）的实际购置价格确定个人的应税所得。"

因此，对来店有礼、积分送礼、积分抽奖向客户赠送的货物或者服务，应按照"偶然所得"项目，根据产品（服务）的市场销售价格 / 实际购置价格为基数计算、代扣代缴个人所得税。但需要注意的是，企业赠送的具有价格折扣或折让性质的消费券、代金券、抵用券、优惠券等礼品是不需要代扣代缴计算个人所得税的。

个人所得税的处理的主要风险点：对来店有礼、积分送礼、积分抽奖赠送的货物或者服务，个人所得税未作代扣代缴。

链接稽查案例：深圳某公司赠送客户礼品未代扣代缴个税被稽查罚款 24 万元

近日，深圳税务局在检查中发现深圳某软件公司 2020、2021 年度均向客户赠送了大量的礼品，却未按规定代扣代缴个人所得税，最终依法对其作出补代扣代缴个人所得税 48 万元及罚款 24 万元的处理处罚决定。

稽查人员前往该公司办公现场调取了账册资料，在查阅科目余额表的过程中，发现该公司2020、2021年度在"管理费用—其他"科目合计列支了240万元的费用，该公司财务人员对此无法给出明确的解释，也不能够提供该费用的原始凭证。稽查人员约谈了该公司财务负责人，通过细致的税收政策宣讲打消了他的顾虑，该负责人告知稽查人员，这笔费用主要用于给客户赠送礼品，由于费用性质特殊，客户不愿提供身份证缴纳个税，他们就没有为客户代扣代缴个人所得税。至此，涉税问题已经水落石出，该局依法追缴并作出相应的处理。

【注意】

《中华人民共和国个人所得税法》第九条规定："个人所得税以所得人为纳税人，以支付所得的单位或者个人为扣缴义务人。"

按照《财政部　税务总局关于个人取得有关收入适用个人所得税应税所得项目的公告》（财政部　税务总局公告2019年第74号）的规定，企业在年会、座谈会、庆典以及其他活动中向本单位以外的个人赠送礼品，对个人取得的礼品所得，按照"偶然所得"项目计算缴纳个人所得税。

在此提醒大家，不要忽视代扣代缴义务，公司向客户送礼也需要代扣代缴个人所得税。

2.6 买一赠一的财税处理

一 什么是买一赠一 ●●●

买一赠一是企业常见的一种促销方式。一般是指购货方购买指定商品后，销货方赠送给购货方某种商品的一种销售行为。常见的有：买衣服送皮带、买大包装食用油送酱油等。那么，对于这种销售方式，会计账务怎么处理？发票怎么开？增值税、企业所得税如何计算？我们结合实务案例来一起了解学习一下。

二 买一赠一的会计与税务处理分析 ●●●

1. 会计处理分析

对于买一赠一的会计处理，在实务中比较常见的观点有两种：

第一种，是按售价确认主商品的收入、结转主商品的成本，所赠商品成本确认为销售费用。会计处理为：借记"销售费用"科目，同时贷记"库存商品""应交税费—

应交增值税（销项税额）"科目。

第二种，是将总的销售金额按照各项商品的公允价值比例分摊确认各商品的收入，同时结转相应商品的销售成本。

【分析】具体应该采用哪一种处理方法呢？从会计准则角度来说，买一赠一的会计处理目前并不是特别明确，日常处理的方法也各有不同。目前对此业务的处理，说得较为清楚且比较权威的有《企业会计准则讲解》（2010），还可以参考的就是注册会计师协会审计专家观点。以下我们结合这两方面的解释、解读来进行分析。

（1）《企业会计准则讲解》（2010）。

①《企业会计准则讲解》（2010）明确，"商业折扣，是指企业为促进商品销售而在商品标价上给予的价格扣除。企业销售商品涉及商业折扣的，应当按照扣除商业折扣后的金额确定销售商品收入金额。"

②《企业会计准则讲解》（2010）规定，"企业采购用于广告营销活动的特定商品，向客户预付货款未取得商品时，应作为预付账款进行会计处理，待取得相关商品时计入当期损益（销售费用）。"

（2）注册会计师协会专家观点。

北京注册会计师协会《北京注册会计师协会专家委员会专家提示〔2014〕第7号——零售及消费品行业收入审计的考虑》的观点如下。

"捆绑销售"：购买10块肥皂赠送1块肥皂。由于赠品与卖品属同类商品，这种赠送以销售为前提和条件，属有偿赠送，虽然单价降低了，但销售收入中已经涵盖了赠品的销售收入。实务中，按实收金额记录收入和销项税金，按赠品与卖品总量结转销售成本。

另外，需要注意的是与"捆绑销售"存在本质差异的"单独赠送"。单独赠送，是把货物作为纪念品、宣传品、样品单独赠送给客户，带有一定促销和增进联系之功利目的。实务中，货物无论是购入取得还是自制取得，领用时均按成本价计入销售费用。典型的案例包括：消费满200元赠送布艺玩偶1只；向储值卡内预存1 000元赠送折叠自行车1辆；买10瓶饮料送1把雨伞等。

综上来看，在实务中，对买一赠一这种销售行为，需要根据其具体的"赠送目的"来进行分类处理。

如果买一赠一过程中，附赠商品的目的为宣传、广告、客户联系之用，则应计入销售费用。例如买衣服赠送商场台历、买化妆品赠送新品小样、买啤酒赠送品牌开瓶器等。

如果买一赠一过程中，附赠商品本质上与主商品构成捆绑销售、折扣销售，则应将总的销售金额按照各项商品的公允价值比例分摊确认各商品的收入，同时结转相应商品的销售成本。例如买一双鞋送一双鞋、买指定款西装送衬衫、买电饭煲送铁锅等。

2. 增值税处理的分析

根据《中华人民共和国增值税暂行条例实施细则》（中华人民共和国财政部 国家税务总局令第65号）第四条规定，将自产、委托加工或购进的货物无偿赠送其他单位或者个人，视同销售货物。

同时，国家税务总局网站也对"买一赠一的增值税计算"问题作出过答复，明确：企业将自产、委托加工或者购进的货物无偿赠送给他人应视同销售缴纳增值税，按《中华人民共和国增值税暂行条例实施细则》第十六条的顺序确定销售额，缴纳增值税。

因此，对于买一赠一，增值税上应视同销售处理。

在发票开具方面，《国家税务总局关于印发〈增值税若干具体问题的规定〉的通知》（国税发〔1993〕154号）规定："纳税人采取折扣方式销售货物，如果销售额和折扣额在同一张发票上分别注明的，可按折扣后的销售额征收增值税。"因此，在买一赠一销售下，销售额和折扣额应在同一张发票上分别注明。

未在同一张发票"金额"栏注明折扣额，而仅在发票的"备注"栏注明折扣额的，折扣额不得从销售额中减除。

3. 企业所得税处理分析

根据《国家税务总局关于确认企业所得税收入若干问题的通知》（国税函〔2008〕875号）第三条规定，企业以买一赠一等方式组合销售本企业商品的，不属于捐赠，应将总的销售金额按各项商品的公允价值的比例来分摊确认各项的销售收入。也就是说，企业所得税上，根据国税函〔2008〕875号文件规定，实质就是将企业的销售金额分解成商品销售的收入和赠送的商品销售的收入两部分，各自对应相应的成本来计算应缴纳的企业所得税。

三 实务案例

【案例2-8：计入收入】甲公司主营业务为家用生活电器销售，其为增值税一般纳税人。2020年10月开展国庆促销活动，买彩电赠送智能音箱。彩电对外含税售价为4 294元、成本3 300元，智能音箱对外含税售价339元、成本270元。当月销售彩电 100 台，赠送智能音箱 100 个，收到销售价款 429 400 元。请问对于甲公司"买彩电送智能音箱"活动应如何进行会计与税务处理？

【分析】

1. 会计处理

2020 年 10 月收到销售价款 429 400 元，不含税收入为 380 000 [429 400÷（1＋13%）] 元。

彩电的公允价值＝4 294÷（1＋13%）×100＝380 000（元）

智能音箱的公允价值＝339÷（1＋13%）×100＝30 000（元）

应确认彩电收入＝380 000×380 000÷（380 000＋30 000）＝352 195.12（元）

应确认智能音箱收入＝380 000×30 000÷（380 000＋30 000）＝27 804.88（元）

会计处理如下：

（1）销售收到价款

借：库存现金/银行存款　　　　　　　　　　　　　　　429 400

　　贷：主营业务收入—彩电　　　　　　　　　　　　　352 195.12

　　　　　　　　　　—智能音箱　　　　　　　　　　　27 804.88

　　　　应交税费—应交增值税—销项税额 49 400 [429 400÷（1＋13%）×13%]

（2）结转成本

借：主营业务成本—彩电　　　　　　　　　　　　　　330 000

　　　　　　　　—智能音箱　　　　　　　　　　　　 27 000

　　贷：库存商品—彩电　　　　　　　　　　　　　　　330 000

　　　　　　　　—智能音箱　　　　　　　　　　　　　27 000

2. 税务处理

（1）发票开具。

买一赠一情况下，实务中发票的开具方法一般有两种：一种是在发票的金额栏按各个商品的公允价值分别填列，将赠品价值合计作为折扣额单独填列在金额栏。另一种是在发票的金额栏按各个商品的公允价值分别填列，将总的折扣额按各项商品的公允价值的比例来分摊，分别确认各项商品的折扣额。假定该案例中我们开具的是增值税专用发票，则开具方法如图 2-6 和图 2-7 所示。

图 2-6　增值税专用发票开具方法 1

图 2-7　增值税专用发票开具方法 2

虽然在增值税上，对买一赠一发票具体如何开具并无明确规定，以上两种开具方法并无不妥，或者说两种都是可以的；但是考虑到国税函〔2008〕875 号第三条规定"企业以买一赠一等方式组合销售本企业商品的，不属于捐赠，应将总的销售金额按各项商品的公允价值的比例来分摊确认各项的销售收入"，则：

【建议】按照"图 2-7 增值税专用发票开具方法 2"开具更为恰当，更贴合企业所得税的处理规定。

（2）申报表填报表 2-21 和表 2-22。

表2-21 增值税纳税申报表附列资料（一）

（本期销售情况明细）

税款所属时间： 年 月 日至 年 月 日

纳税人名称：（公章）

金额单位：元至角分

项目及栏次		开具增值税专用发票		开具其他发票		未开具发票		纳税检查调整		合计			服务、不动产和无形资产扣除项目本期实际扣除金额	扣除后	
		销售额	销项（应纳）税额	销售额	销项（应纳）税额	销售额	销项（应纳）税额	销售额	销项（应纳）税额	销售额	销项（应纳）税额	价税合计		含税（免税）销售额	销项（应纳）税额
		1	2	3	4	5	6	7	8	9=1+3+5+7	10=2+4+6+8	11=9+10	12	13=11−12	$14 = 13 \div (100\% + 税率或征收率) \times 税率或征收率$
一般计税方法计税 全部征税项目	13%税率的货物及加工修理修配劳务 1	380 000	49 400							380 000	49 400	—	—	—	—
	13%税率的服务、不动产和无形资产 2														
	9%税率的货物及加工修理修配劳务 3														
	9%税率的服务、不动产和无形资产 4														
	6%税率 5														

表2-22 增值税纳税申报表

（一般纳税人适用）

根据国家税收法律法规及增值税相关规定制定本表。纳税人不论有无销售额，均应按税务机关核定的纳税期限填写本表，并向当地税务机关申报。

税款所属时间：自 年 月 日至 年 月 日　　填表日期： 年 月 日　　金额单位：元至角分

纳税人识别号				
纳税人名称（公章）	法定代表人姓名	注册地址	生产经营地址	电话号码
开户银行及账号	登记注册类型		所属行业	

项目	栏次	一般项目		即征即退项目	
		本月数	本年累计	本月数	本年累计
销售额 （一）按适用税率计税销售额	1	380 000			
其中：应税货物销售额	2	380 000			
应税劳务销售额	3				
纳税检查调整的销售额	4				
（二）按简易办法计税销售额	5				
其中：纳税检查调查调整的销售额	6				
（三）免、抵、退办法出口销售额	7			—	—
（四）免税销售额	8			—	—
其中：免税货物销售额	9			—	—
免税劳务销售额	10			—	—
税款计算 销项税额	11	49 400			
进项税额	12				
上期留抵税额	13				—

【**案例2-9：计入销售费用**】A公司主营业务为服装零售，其为增值税一般纳税人。2021年9月开展店庆促销活动，凡进店购物即赠店庆定制雨伞一把。当月销售服装收到价款565万元，赠送店庆定制雨伞2 000把。服装成本为400万元，店庆定制雨伞为外部购进，成本为4万元。请问对于A公司上述活动应如何进行会计与税务处理？

【**分析**】

A公司开展店庆促销活动，凡进店购物即赠店庆定制雨伞一把。由于A公司主营业务为服装零售，雨伞并不是其主营销售的产品，且企业赠送的定制雨伞一般都会有企业标识，该赠品主要目的更多地是为了企业宣传、营销推广，因此，赠品店庆定制雨伞的成本应计入销售费用。

1. 会计处理

（1）确认服装销售收入。

借：银行存款 565

贷：主营业务收入 500

应交税费——应交增值税（销项税额） 65（500×13%）

借：主营业务成本 400

贷：库存商品 400

（2）确认销售费用（店庆定制雨伞）。

借：销售费用 4.52

贷：库存商品 4

应交税费——应交增值税（销项税额） 0.52（4×13%）

2. 税务处理

（1）增值税处理。

对于在会计上计入"销售费用"科目的买一赠一，基本上都是不开具发票的。在纳税申报时，增值税申报表填报如表2-23增值税纳税申报表附列资料（一）所示。

（2）企业所得税处理。

根据《国家税务总局关于确认企业所得税收入若干问题的通知》（国税函〔2008〕875号）第三条规定，企业以买一赠一等方式组合销售本企业商品的，不属于捐赠，应将总的销售金额按各项商品的公允价值的比例来分摊确认各项的销售收入。会计上不确认赠送商品的销售收入，而是按照所赠送商品的成本加增值税销项税额计入"销售费用"科目。会计处理与税务处理存在差异。不过需要注意的是，虽然税法要求将总的销售金额按各项商品的公允价值的比例来分摊确认赠送商品的销售收入，但实质上，由于分摊后总销售收入不变，对应纳税所得额并无影响。在企业所得税年度汇算清缴时，计入"销售费用"科目的相关金额可税前扣除。

纳税人名称：（公章）

表2-23 增值税纳税申报表附列资料（一）

（本期销售情况明细）

税款所属时间：年 月 日至 年 月 日

金额单位：元至角分

项目及栏次		开具增值税专用发票		开具其他发票		未开具发票		纳税检查调整		合计			服务、不动产和无形资产扣除项目本期实际扣除金额	扣除后	
		销售额	销项（应纳）税额	销售额	销项（应纳）税额	销售额	销项（应纳）税额	销售额	销项（应纳）税额	销售额	销项（应纳）税额	价税合计		含税（免税）销售额	销项（应纳）税额
		1	2	3	4	5	6	7	8	9 = 1+3+5+7	10 = 2+4+6+8	11 = 9+10	12	13 = 11-12	14 = 13÷(100%+税率或征收率)×税率或征收率
一、一般计税方法计税	全部征税项目	13%税率的货物及加工修理修配劳务	1					40 000	5 200				—	—	—	—
		13%税率的服务、不动产和无形资产	2										—	—	—	—
		9%税率的货物及加工修理修配劳务	3										—	—	—	—
		9%税率的服务、不动产和无形资产	4										—	—	—	—
		6%税率	5										—	—	—	—
	其中：即征即退项目	即征即退货物及加工修理修配劳务	6	—	—	—	—			—	—	—	—	—	—
		即征即退服务、不动产和无形资产	7	—	—	—	—			—	—	—	—	—	—

相关申报表填报如表 2-24 和表 2-25 所示。

表 2-24　A104000 期间费用明细表

行次	项目	销售费用	其中：境外支付	管理费用	其中：境外支付	财务费用	其中：境外支付
		1	2	3	4	5	6
5	五、广告费和业务宣传费	45 200	*		*	*	*
6	六、佣金和手续费						

表 2-25　A100000 中华人民共和国企业所得税年度纳税申报表（A 类）

行次	类别	项目	金额
1		一、营业收入（填写 A101010\101020\103000）	
2	利润总额计算	减：营业成本（填写 A102010\102020\103000）	
3		减：税金及附加	
4		减：销售费用（填写 A104000）	45 200
5		减：管理费用（填写 A104000）	

2.7　平销返利的财税处理

什么是平销返利？对于平销返利如何进行账务处理？收到平销返利如何开具发票？上述业务，很多财务人员在进行会计核算时操作还不是很规范。下面我们就一起来了解一下平销返利的会计与税务处理。

一　什么是平销返利

根据《国家税务总局关于平销行为征收增值税问题的通知》（国税发〔1997〕167 号）文件的定义，平销返利，就是指生产企业以商业企业经销价或高于商业企业经销价的价格将货物销售给商业企业，商业企业再以进货成本或低于进货成本的价格进行销售，生产企业则以返还利润等方式弥补商业企业的进销差价损失的一种销售方式。

平销返利的形式主要有两种：

（1）生产企业通过返还资金方式弥补商业企业的损失；

（2）生产企业通过赠送实物或以实物投资方式弥补商业企业的损失。

【案例 2-10】甲公司为生产企业，生产 X 加湿器，甲公司规定 X 加湿器全国统一销售单价为 500 元。乙公司为商业企业，代理经销 X 加湿器。乙公司按照单价 500 元从甲公司购进和向消费者销售 X 加湿器，每月末，甲公司按照销售额的 8% 向乙公司返还现金。平销返利的示意图如图 2-8 所示。

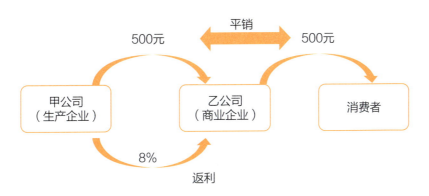

图 2-8　平销返利示意图

那么，对于境外供货方或生产企业以价格补贴形式给予境内购货企业的补贴，是不是也需要作为平销返利处理，将取得的收入抵减进项税额呢？

需要注意的是：国家税务总局曾作出批复，《国家税务总局关于平销行为征收增值税问题的通知》（国税发〔1997〕167 号）一文仅适用于境内购货企业从境内供货企业取得的各种形式的补贴，应作为平销收入抵减进项税额。对境内购货企业从境外供货方取得的补贴，不适用该项规定。也就是说，平销返利政策仅适用于境内企业之间；对于境外供货方或生产企业以价格补贴形式给予境内购货企业的补贴，不需要按照平销返利的规定进行处理。

二　平销返利的会计与税务处理

1. 会计处理

对于收取平销返利的商业企业来说，销售商品时，正常确认收入、结转成本；按约定收到现金返利时，冲减主营业务成本，同时做进项税额转出处理；按约定收到实物返利时，应确认库存商品增加，同时冲减主营业务成本。

2. 税务处理

根据《国家税务总局关于商业企业向货物供应方收取的部分费用征收流转税问题的通知》（国税发〔2004〕136 号）相关规定，平销返利业务税务处理如下：

（1）商业企业向供货方取得的部分收入，按照以下原则征收增值税：

①对商业企业向供货方收取的与商品销售量、销售额无必然联系，且商业企业业向供货方提供一定劳务的收入，例如进场费、广告促销费、上架费、展示费、管理费等，不属于平销返利，不冲减当期增值税进项税额，应按适用税目税率征收增值税。

②对商业企业向供货方收取的与商品销售量、销售额挂钩（如以一定比例、金额、数量计算）的各种返还收入，均应按照平销返利行为的有关规定冲减当期增值税进项税额。

商业企业向供货方收取的各种收入，一律不得开具增值税专用发票。

（2）应冲减进项税金的计算公式调整为：

当期应冲减进项税金＝当期取得的返还资金÷（1＋所购货物适用增值税税率）×所购货物适用增值税税率

三 实务案例

【案例 2-11：现金返利】甲公司为一家商场，乙公司为甲公司供应商。甲、乙双方约定：甲公司按照供应商规定的全国统一零售价，向顾客平价销售电饭煲。每月月末，乙公司按甲公司销售额的 10% 进行平销返利。2021 年 8 月，甲公司共销售乙公司电饭煲的金额为 113 万元（不含税进货成本 100 万元），月末甲公司按约定收到现金返利 11.3 万元。请问甲公司应如何进行会计与税务处理？

【分析】会计与税务处理如下：

1. 甲公司销售商品时

借：银行存款	113
贷：主营业务收入	100
应交税费—应交增值税—销项税额	13
借：主营业务成本	100
贷：库存商品	100

2. 月末进行现金返利的会计处理

根据《国家税务总局关于平销行为征收增值税问题的通知》（国税发〔1997〕167号）及《国家税务总局关于商业企业向货物供应方收取的部分费用征收流转税问题的通知》（国税发〔2004〕136号）规定，商业企业向供货方收取的返还收入，应按规定冲减当期增值税进项税金。甲商场收到 11.3 万元的现金返利，应转出进项税额＝11.3÷1.13×13%＝1.3（万元），同时冲减主营业务成本＝11.3-1.3＝10（万元）。

借：银行存款　　　　　　　　　　　　　　　　　　　　11.3

　　贷：主营业务成本　　　　　　　　　　　　　　　　　10

　　　　应交税费—应交增值税—进项税额转出　　　　　1.3

【案例2-12：实物返利】甲公司为商业企业，乙公司为甲公司供应商。甲、乙双方约定：甲公司按照供应商规定的全国统一零售价，向顾客平价销售电饭煲。每月月末，乙公司按甲公司销售额的10%进行平销返利。2021年8月，甲公司共销售乙公司电饭煲的金额为113万元（不含税进货成本100万元），月末甲公司按约定收到价值11.3万元的电饭煲实物返利。请问甲公司应如何进行会计与税务处理？

【分析】甲公司收到实物返利，应分解为两个业务进行处理。一是甲公司取得乙公司红字专用发票，凭此红字发票冲减当期增值税进项税额；二是同时取得返利实物的增值税蓝字发票抵扣联，按正常购进货物进项税额处理。

借：库存商品—平销返利　　　　　　　　　　　　　　　10

　　应交税费—应交增值税—进项税额　　　　　　　　　1.3

　　贷：主营业务成本　　　　　　　　　　　　　　　　　10

　　　　应交税费—应交增值税—进项税额转出　　　　　1.3

2.8　高温津贴与防暑降温费的财税处理

一　高温津贴的财税处理

（一）什么是高温津贴

根据国家安全生产监督管理总局、卫生部、人力资源和社会保障部、中华全国总工会联合印发的《防暑降温措施管理办法》（安监总安健〔2012〕89号）第十七条规定，劳动者从事高温作业的，依法享受岗位津贴。用人单位安排劳动者在35℃以上高温天气从事室外露天作业以及不能采取有效措施将工作场所温度降低到33℃以下的，应当向劳动者发放高温津贴，并纳入工资总额。高温津贴标准由省级人力资源社会保障行政部门会同有关部门制定，并根据社会经济发展状况适时调整。

《防暑降温措施管理办法》适用于存在高温作业及在高温天气期间安排劳动者作业的企业、事业单位和个体经济组织等用人单位。也就是说，只要用人单位安排了高温作业，企业、事业单位和个体经济组织等单位的劳动者都可依法享受高温津贴。

（二）高温津贴的标准

从高温津贴发放时间来看，各地也因气候条件差异有所区别，不少省份都以 6 月作为高温津贴开始发放的时间节点。从发放金额上来看，各地高温津贴标准均有不同，参见表 2-26 所示。

表 2-26　全国各地高温津贴发放期间与标准一览表

地区	发放月份	津贴标准
北京	6—8 月	不低于 180 元 / 月（室外作业人员） 不低于 120 元 / 月（室内作业人员）
上海	6—9 月	300 元 / 月
广东	6—10 月	150 元 / 月
江苏	6—9 月	300 元 / 月
天津	6—9 月	35 元 / 天
浙江	6—9 月	300 元 / 月（室外作业人员） 200 元 / 月（室内作业人员）
河南	6—8 月	10 元 / 天
湖南	7—9 月	不低于 150 元 / 月
江西	6—9 月	不低于 300 元 / 月（室外作业人员） 不低于 200 元 / 月（室内非高温作业人员）
重庆 *	—	不低于 5、10、15 元 / 天（按气温范围）
陕西	6—9 月	25 元 / 天
海南	4—10 月	10 元 / 天
湖北	6—9 月	12 元 / 天
福建	5—9 月	5 月：12 元 / 天 6—9 月：260 元 / 月
山东	6—9 月	200 元 / 月（室外和高温作业人员） 140 元 / 月（非高温作业人员）
四川	—	12—18 元 / 天
新疆	6—9 月	10—20 元 / 天
贵州	6—9 月	8 元 / 天或 168 元 / 月
宁夏	6—9 月	12 元 / 天（高温露天作业人员） 8 元 / 天（其他作业人员）
安徽	—	不低于 15 元 / 天
吉林	—	不低于 10 元 / 天
云南	—	10 元 / 天

续表

地区	发放月份	津贴标准
甘肃	6—9月	12元/天（高温室外作业人员） 8元/天（其他作业人员）
广西	6—10月	100—200元/月
辽宁	7—9月	200元/月
山西	6—8月	240元/月
河北	6—8月	2元/小时（室外作业人员） 1.5元/小时（室内作业人员）

注：

1. 重庆全年任意月份达到规定高温标准都可以享受。

2. 上述数据来源于公开信息，数据截止到2020年。请随时关注政策变化。

（三）高温津贴的发放

1. 高温津贴的性质

根据《防暑降温措施管理办法》的规定，高温津贴纳入工资总额。也就是说，高温津贴属于工资构成部分，支付高温津贴是用人单位的法定义务。用人单位向劳动者发放的纳入工资总额计算的高温补贴，可以直接在企业所得税税前扣除。

2. 高温津贴的发放要求

根据《关于印发〈防暑降温措施管理办法〉的通知》（安监总安健〔2012〕89号）第十一条规定：用人单位应当为高温作业、高温天气作业的劳动者供给足够的、符合卫生标准的防暑降温饮料及必需的药品。不得以发放钱物替代提供防暑降温饮料。防暑降温饮料不得充抵高温津贴。

如果企业发放绿豆汤、西瓜等防暑降温食品或相关药品来代替高温津贴，其性质是变相侵犯劳动者的合法权益，属于不合规行为。不少省份在高温津贴相关文件中明确提出，用人单位不得因高温津贴增加而降低劳动者工资，最低工资标准不包含高温津贴；绿豆汤等解暑饮料不能冲抵高温津贴。

3. 单位不发放高温津贴可能面临的风险

用人单位如果不依法支付高温津贴，属于违反劳动保障法规，职工可以先向企业工会反映情况，由企业工会与企业直接协商，进行维权。如果所在企业没有工会，劳动者也可以向所在地县级以上劳动保障监察机构举报或投诉，由具有管辖权的人力资源和社会保障行政部门依法责令改正。用人单位如果拒绝整改，可按拖欠工资相关条款进行处罚。

（四）高温津贴的财税处理

【案例2-13】甲公司按照当地政府规定，2020年7月向高温下作业的生产工人100人发放了高温补贴50 000元。

【分析】

1. 会计处理

（1）计提时：

借：生产成本　　　　　　　　　　　　　　　　　　　　　　　50 000
　　贷：应付职工薪酬—津贴、补贴　　　　　　　　　　　　　　　50 000

（2）实际发放时：

借：应付职工薪酬—津贴、补贴　　　　　　　　　　　　　　　50 000
　　贷：银行存款　　　　　　　　　　　　　　　　　　　　　　50 000

2. 税务处理

（1）企业所得税：高温补贴属于工资，因此企业所得税申报时按照工资薪金支出税前扣除。

（2）个人所得税：高温补贴应和当月工资合并，按照"工资、薪金所得"申报个人所得税。

三 防暑降温费的财税处理

（一）什么是防暑降温费

防暑降温费是指用人单位为职工提供的，除职工工资、奖金、津贴、纳入工资总额管理的费用之外的福利待遇支出，是职工福利。不同于高温津贴严格规定（例如发放有严格温度要求、纳入工资总额、不得用防暑降温饮料充抵等），防暑降温费对工作环境是否高温没有特别要求，可以以现金发放，也可以以实物如饮料等发放。只要用人单位愿意提供这项福利，每个工作人员都可以领取获得。

（二）防暑降温费的财税处理

根据《国家税务总局关于企业工资薪金及职工福利费扣除问题的通知》（国税函〔2009〕3号）第三条"关于职工福利费扣除问题"相关规定，企业职工福利费包括以下内容：

为职工卫生保健、生活、住房、交通等所发放的各项补贴和非货币性福利，包括企业向职工发放的因公外地就医费用、未实行医疗统筹企业职工医疗费用、职工供养直系亲属医疗补贴、供暖费补贴、职工防暑降温费、职工困难补贴、救济费、职工食堂经费补贴、职工交通补贴等。

因此，企业为职工支付的具有福利性质的职工防暑降温费，不能直接在企业所得税税前扣除，应当按照职工福利费扣除限额标准在税前列支扣除，即企业发生的职工福利费支出，不超过工资薪金总额 14% 的部分，准予扣除。

【案例 2-14】2020 年 7 月，乙公司因高温天气，向每个员工发放了外购绿豆，取得增值税专用发票。每人发放的绿豆不含税价 100 元，共 300 人。其中车间工人 200 人，管理人员 100 人。

【分析】

1. 会计处理

（1）计划发放时：

借：管理费用　　　　　　　　　　　　　　　　　　　　　　10 900

　　生产成本　　　　　　　　　　　　　　　　　　　　　　21 800

　　　贷：应付职工薪酬——非货币性福利　　　　　　　　　　32 700

（2）实际发放时：

借：应付职工薪酬——非货币性福利　　　　　　　　　　　　32 700

　　　贷：库存商品　　　　　　　　　　　　　　　　　　　　30 000

　　　　　应交税费——应交增值税（进项税额转出）　　　　　2 700

2. 税务处理

（1）增值税：以发放实物作为防暑降温费，属于以外购商品发放给职工作为福利，外购商品的进项税额不得抵扣。如果发放的商品是自产的，需要按照视同销售处理。

（2）企业所得税：防暑降温费属于企业职工福利费。企业发生的职工福利费支出，不超过工资、薪金总额 14% 的部分准予扣除。

（3）个人所得税：防暑降温费，无论是实物还是现金，都是一种补贴收入，应和当月工资合并，按照"工资、薪金所得"申报个人所得税。

（三）劳动保护费性质的防暑降温费

实际工作中，在高温天气户外作业的情况下，一些企业会为劳动者提供一些防暑降温的饮品、药品、物品，例如藿香正气水、绿豆汤、汗巾、遮阳帽等，这些费用支出常常也被人们叫作防暑降温费。但是此防暑降温费非彼防暑降温费。

《关于印发防暑降温措施管理办法的通知》（安监总安健〔2012〕89 号）第九条规定，用人单位应当向劳动者提供符合要求的个人防护用品，并督促和指导劳动者正确使用。同时第十一条明确，用人单位应当为高温作业、高温天气作业的劳动者供给足够的、符合卫生标准的防暑降温饮料及必需的药品。不得以发放钱物替代提供防暑降温饮料。防暑降温饮料不得充抵高温津贴。

根据《关于规范社会保险缴费基数有关问题的通知》（劳社险中心函〔2006〕60号）第四条规定，劳动保护的支出包括：工作服、手套等劳保用品，解毒剂、清凉饮料，以及按照国务院1963年7月19日劳动部等七单位规定的范围对接触有毒物质、矽尘作业、放射线作业和潜水、沉箱作业，高温作业等五类工种所享受的由劳动保护费开支的保健食品待遇。

基于此，"防暑降温饮料及必需的药品"，与劳动者工作时应佩戴的安全帽、安全手套、劳保服等一样，性质上是属于用人单位必须提供的劳动保护用品，属于用人单位的法律责任，不能按照职工福利费来处理。因此，企业发生的以上支出，计入劳动保护费，可以在税前扣除。

【案例2-15】丙公司是一家物流企业，2020年6月为装卸工人购置了防暑降温饮品和药品，支付价款3 390元，取得了增值税专用发票。

【分析】

借：劳务成本	3 000
应交税费—应交增值税（进项税额）	390
贷：银行存款	3 390

【备注】作为劳动保护支出的饮品和药品，其进项税额是可以抵扣的，相关支出可以在企业所得税前全额扣除。同时，员工也不需要将该类实物并入工资总额计征个税。

2.9 民间借贷的法律与税务分析

由于缺乏实力和担保，很多中小型企业难以从正规金融机构获得贷款，为维持经营不得不通过民间借贷方式获取资金支持。民间借贷在为中小企业融资提供便利的同时，也带来了不应忽视的法律风险和税务风险，下文通过对民间借贷的相关法律与税务问题进行分析，帮助企业提前规避相关风险。

一 什么是民间借贷 ●●●

民间借贷，是指自然人、法人和非法人组织之间进行资金融通的行为。

二 民间借贷的法律分析 •••

1. 民间借贷适用的法律规定

民间借贷纠纷主要适用的法律依据是《最高人民法院关于审理民间借贷案件适用法律若干问题的规定》（法释〔2020〕17号修正，下称《规定》）。需要注意的是，经金融监管部门批准设立的从事贷款业务的金融机构及其分支机构，因发放贷款等相关金融业务引发的纠纷，不适用《规定》。

2. 民间借贷合同成立的判定标准

（1）自然人之间的借贷。

《规定》第九条规定，自然人之间的借款合同具有下列情形之一的，可以视为合同成立：

①以现金支付的，自借款人收到借款时；

②以银行转账、网上电子汇款等形式支付的，自资金到达借款人账户时；

③以票据交付的，自借款人依法取得票据权利时；

④出借人将特定资金账户支配权授权给借款人的，自借款人取得对该账户实际支配权时；

⑤出借人以与借款人约定的其他方式提供借款并实际履行完成时。

（2）法人或非法人组织之间的借贷。

《规定》第十条规定，法人之间、非法人组织之间以及它们相互之间为生产、经营需要订立的民间借贷合同，除存在《中华人民共和国民法典》第一百四十六条、第一百五十三条、第一百五十四条以及本规定第十三条规定的情形外，当事人主张民间借贷合同有效的，人民法院应予支持。

（3）单位内部职工筹资。

《规定》第十一条规定，法人或者非法人组织在本单位内部通过借款形式向职工筹集资金，用于本单位生产、经营，且不存在《中华人民共和国民法典》第一百四十四条、第一百四十六条、第一百五十三条、第一百五十四条以及本规定第十三条规定的情形，当事人主张民间借贷合同有效的，人民法院应予支持。

【备注】《中华人民共和国民法典》的相关规定：

第一百四十四条　无民事行为能力人实施的民事法律行为无效。

第一百四十六条　行为人与相对人以虚假的意思表示实施的民事法律行为无效。以虚假的意思表示隐藏的民事法律行为的效力，依照有关法律规定处理。

第一百五十三条　违反法律、行政法规的强制性规定的民事法律行为无效。但是，该强制性规定不导致该民事法律行为无效的除外。

违背公序良俗的民事法律行为无效。

第一百五十四条　行为人与相对人恶意串通，损害他人合法权益的民事法律行为无效。

三　民间借贷的税法分析

（一）增值税

1. 一般规定

根据《财政部　国家税务总局关于全面推开营业税改征增值税试点的通知》（财税〔2016〕36号）规定，将资金贷与他人使用而取得的利息收入，应该按照"贷款服务"缴纳增值税。可以开具增值税发票（一般纳税人为6%，小规模纳税人3%），但利息支出方不能抵扣进项税额。

2. 特殊规定

（1）统借统还业务的规定。

《财政部　国家税务总局关于全面推开营业税改征增值税试点的通知》（财税〔2016〕36号）附件三《营业税改征增值税试点过渡政策的规定》规定，统借统还业务中，企业集团或企业集团中的核心企业以及集团所属财务公司按不高于支付给金融机构的借款利率水平或者支付的债券票面利率水平，向企业集团或者集团内下属单位收取的利息，免征增值税。

统借方向资金使用单位收取的利息，高于支付给金融机构借款利率水平或者支付的债券票面利率水平的，应全额缴纳增值税。

统借统还业务，是指：

①企业集团或者企业集团中的核心企业向金融机构借款或对外发行债券取得资金后，将所借资金分拨给下属单位（包括独立核算单位和非独立核算单位，下同），并向下属单位收取用于归还金融机构或债券购买方本息的业务。

②企业集团向金融机构借款或对外发行债券取得资金后，由集团所属财务公司与企业集团或者集团内下属单位签订统借统还贷款合同并分拨资金，并向企业集团或者集团内下属单位收取本息，再转付企业集团，由企业集团统一归还金融机构或债券购买方的业务。

（2）集团内无偿借贷的规定。

《财政部　税务总局关于明确养老机构免征增值税等政策的通知》（财税〔2019〕20号）和《财政部　税务总局关于延长部分税收优惠政策执行期限的公告》（财政

部　税务总局公告2021年第6号）规定，自2019年2月1日至2023年12月31日，对企业集团内单位（含企业集团）之间的资金无偿借贷行为，免征增值税。

（二）企业所得税

（1）《中华人民共和国企业所得税法实施条例》第三十八条规定，非金融企业向非金融企业借款的利息支出，不超过按照金融企业同期同类贷款利率计算的数额的部分，准予税前扣除。

（2）《财政部　国家税务总局关于企业关联方利息支出税前扣除标准有关税收政策问题的通知》（财税〔2008〕121号）第一条规定，在计算应纳税所得额时，企业实际支付给关联方的利息支出，不超过以下规定比例和税法及其实施条例有关规定计算的部分，准予扣除，超过的部分不得在发生当期和以后年度扣除。

企业实际支付给关联方的利息支出，除符合本通知第二条规定外，其接受关联方债权性投资与其权益性投资比例为：

①金融企业，为5∶1；

②其他企业，为2∶1。

（3）《国家税务总局关于企业向自然人借款的利息支出企业所得税税前扣除问题的通知》（国税函〔2009〕777号）规定：

①企业向股东或其他与企业有关联关系的自然人借款的利息支出，应根据《中华人民共和国企业所得税法》（以下简称《税法》）第四十六条及《财政部　国家税务总局关于企业关联方利息支出税前扣除标准有关税收政策问题的通知》（财税〔2008〕121号）规定的条件，计算企业所得税扣除额。

②企业向除第一条规定以外的内部职工或其他人员借款的利息支出，其借款情况同时符合以下条件的，其利息支出在不超过按照金融企业同期同类贷款利率计算的数额的部分，根据《税法》第八条和《税法实施条例》第二十七条规定，准予扣除。

a. 企业与个人之间的借贷是真实、合法、有效的，并且不具有非法集资目的或其他违反法律、法规的行为；

b. 企业与个人之间签订了借款合同。

（4）《国家税务总局关于企业投资者投资未到位而发生的利息支出企业所得税前扣除问题的批复》（国税函〔2009〕312号）规定，关于企业由于投资者投资未到位而发生的利息支出扣除问题，根据《企业所得税法实施条例》第二十七条规定，凡企业投资者在规定期限内未缴足其应缴资本额的，该企业对外借款所发生的利息，相当于投资者实缴资本额与在规定期限内应缴资本额的差额应计付的利息，其不属于企业合理的支出，应由企业投资者负担，不得在计算企业应纳税所得额时扣除。

（三）个人所得税

1. 企业向个人借款

企业向个人借款，从而支付给个人的借款利息属于"利息、股息、红利所得"，根据《中华人民共和国个人所得税法》相关规定，个人应当按照"利息、股息、红利所得"项目缴纳个人所得税，税率为20%。支付所得的单位或者个人为扣缴义务人，应当履行代扣代缴义务。

2. 个人向企业借款

对于个人投资者从其投资的企业（个人独资企业、合伙企业除外）借款长期不还的处理问题，《财政部 国家税务总局关于规范个人投资者个人所得税征收管理的通知》（财税〔2003〕158号）第二条明确规定，纳税年度内个人投资者从其投资企业（个人独资企业、合伙企业除外）借款，在该纳税年度终了后既不归还，又未用于企业生产经营的，其未归还的借款可视为企业对个人投资者的红利分配，依照"利息、股息、红利所得"项目计征个人所得税。

2.10 股东与公司之间借款的法律与税务风险

一 股东与公司之间借款的法律风险 ●●●

（一）违反公司向高管人员提供借款的禁止性条款

我国现行法律没有对公司向自然人股东提供借款作出禁止性规定，但是《中华人民共和国公司法》第一百一十五条规定，股份有限公司不得直接或者通过子公司向董事、监事、高级管理人员提供借款。《公司法》第一百四十八条规定，董事、高级管理人员不得有下列行为：（1）挪用公司资金；（2）将公司资金以其个人名义或者以其他个人名义开立账户存储；（3）违反公司章程的规定，未经股东会、股东大会或者董事会同意，将公司资金借贷给他人或者以公司财产为他人提供担保……

如果股份公司的股东同时也是公司的董事、监事、高级管理人员，公司向自然人股东提供借款就违反了《公司法》的禁止性规定。

（二）借款股东对公司的债务承担连带责任的风险

《中华人民共和国公司法》第二十条规定，公司股东应当遵守法律、行政法规和公司章程，依法行使股东权利，不得滥用股东权利损害公司或者其他股东的利益；

不得滥用公司法人独立地位和股东有限责任损害公司债权人的利益。公司股东滥用公司法人独立地位和股东有限责任，逃避债务，严重损害公司债权人利益的，应当对公司债务承担连带责任。

如果由于股东向公司借款导致严重损害公司债权人利益，符合公司法人人格否认制度的构成要件时，公司债权人会提起诉讼，借款股东则会对公司的债权人承担连带责任，此时借款股东就会承担连带责任，而不是"以出资额为限承担责任"。

（三）借款股东承担抽逃出资的法律风险

抽逃出资的表现形式多种多样。实践中，有些股东通过向公司长期大额借款的形式变相抽逃出资。《中华人民共和国公司法》第二百条规定，公司的发起人、股东在公司成立后，抽逃其出资的，由公司登记机关责令改正，处以所抽逃出资金额百分之五以上百分之十五以下的罚款。《中华人民共和国刑法》第一百五十九条规定，公司发起人、股东违反公司法的规定未交付货币、实物或者未转移财产权，虚假出资，或者在公司成立后又抽逃其出资，数额巨大、后果严重或者有其他严重情节的，处五年以下有期徒刑或者拘役，并处或者单处虚假出资金额或者抽逃出资金额百分之二以上百分之十以下罚金。

（四）借款股东构成挪用资金罪或职务侵占罪的风险

在公司的实际经营过程中，一些股东往往会利用其职务上的便利，将单位资金作为资本进行牟取利润的活动。例如进行项目投资；或者擅自挪用公司资金用于赌博、行贿、走私等非法活动；或者其主观目的是向公司借款，但并未按照相关程序进行，也没有签订借款合同，后长时间未归还。这些行为均有可能触犯《中华人民共和国刑法》第二百七十一条"职务侵占罪"及第二百七十二条"挪用资金罪"之规定，构成犯罪。借款股东明知是单位的资金而非法占有、使用，可以根据其责任形式的不同，进行定罪处罚：如果是暂时占有、使用单位资金，主观上具有归还资金的意图，则构成挪用资金罪；如果行为人出于不法所有的目的，不具有归还的意图，则构成职务侵占罪。

三 股东与公司之间借款的税务风险 ●●●

（一）股东与公司之间借款的会计处理

1. 公司向股东借款

借：货币资金科目

　　贷：其他应付款—XX借款

2. 股东向公司借款

借：其他应收款——XX借款

　　贷：货币资金科目

（二）股东与公司之间借款的涉税风险

1. 增值税涉税风险

《财政部　国家税务总局关于全面推开营业税改征增值税试点的通知》（财税〔2016〕36号）附件一《营业税改征增值税试点实施办法》第十四条规定，下列情形视同销售服务、无形资产或者不动产：单位或者个体工商户向其他单位或者个人无偿提供服务，但用于公益事业或者以社会公众为对象的除外。

（1）股东向公司借款。

如果企业无偿向个人股东提供借款，可能会被税务机关认定为视同销售，要求按照贷款服务，参照人民银行公布的同期贷款利率计算确认利息收入并申报增值税。

（2）公司向股东借款。

①股东无偿借款给公司

值得注意的是，只有无偿提供服务的主体为"单位或者个体工商户"时，才会发生增值税视同销售。上述政策并未提到"其他个人"（自然人），也就是说，公司的个人股东无偿将资金借给公司，是不需要视同销售计征增值税的。在税务机关的营改增热点政策解读中，北京国税曾给出明确答复，个人股东无偿借款给公司不需要缴纳增值税。

②股东有偿借款给公司

股东有偿借款给公司，公司需要按照约定支付借款利息，个人可以到税务机关代开增值税普通发票。

《财政部　国家税务总局关于全面推开营业税改征增值税试点的通知》（财税〔2016〕36号）附件一《营业税改征增值税试点实施办法》第二十七条规定，下列项目的进项税额不得从销项税额中抵扣：购进的贷款服务、餐饮服务、居民日常服务和娱乐服务。因此，公司取得借款利息发票的不能抵扣进项税额。

2. 个人所得税涉税风险

（1）《财政部　国家税务总局关于规范个人投资者个人所得税征收管理的通知》（财税〔2003〕158号）第二条规定，纳税年度内个人投资者从其投资企业（个人独资企业、合伙企业除外）借款，在该纳税年度终了后既不归还，又未用于企业生产经营的，其未归还的借款可视为企业对个人投资者的红利分配，依照"利息、股息、红利所得"项目计征个人所得税。

（2）《国家税务总局关于印发〈个人所得税管理办法〉的通知》（国税发〔2005〕120号）第三十五条第（四）项规定，加强个人投资者从其投资企业借款的管理，对期限超过一年又未用于企业生产经营的借款，严格按照有关规定征税。

（3）《中华人民共和国个人所得税法》第九条规定，个人所得税以所得人为纳税人，以支付所得的单位或者个人为扣缴义务人。《中华人民共和国税收征收管理法》第六十九条规定，扣缴义务人应扣未扣、应收而不收税款的，由税务机关向纳税人追缴税款，对扣缴义务人处应扣未扣、应收未收税款50%以上3倍以下的罚款。如果股东有偿借款给公司，公司在向个人股东支付利息时，需要履行代扣代缴义务，否则可能面临税务风险。

3. 企业所得税涉税风险

（1）股东向公司借款。

《中华人民共和国企业所得税法实施条例》第二十二条规定，《企业所得税法》第六条第（九）项所称其他收入，是指企业取得的除《企业所得税法》第六条第（一）项至第（八）项规定的收入外的其他收入，包括企业资产溢余收入、逾期未退包装物押金收入、确实无法偿付的应付款项、已作坏账损失处理后又收回的应收款项、债务重组收入、补贴收入、违约金收入、汇兑收益等。如果股东向公司借款，公司收取了相关利息，则公司应按照《企业所得税法》相关规定将该利息收入确认为应税收入，并入应纳税所得额计征企业所得税。

（2）公司向股东借款。

①《国家税务总局关于企业向自然人借款的利息支出企业所得税税前扣除问题的通知》（国税函〔2009〕777号）规定，企业向股东或其他与企业有关联关系的自然人借款的利息支出，应根据《中华人民共和国企业所得税法》第四十六条及《财政部　国家税务总局关于企业关联方利息支出税前扣除标准有关税收政策问题的通知》（财税〔2008〕121号）规定的条件，计算企业所得税扣除额。

②《财政部　国家税务总局关于企业关联方利息支出税前扣除标准有关税收政策问题的通知》（财税〔2008〕121号）第一条规定，在计算应纳税所得额时，企业实际支付给关联方的利息支出，不超过以下规定比例和税法及其实施条例有关规定计算的部分，准予扣除，超过的部分不得在发生当期和以后年度扣除。

企业实际支付给关联方的利息支出，除符合本通知第二条规定外，其接受关联方债权性投资与其权益性投资比例为：

a. 金融企业，为 5∶1；

b. 其他企业，为 2∶1。

公司和股东之间算不算关联方呢？根据《中华人民共和国企业所得税法实施条例》第一百零九条规定，企业股东与企业之间具有关联关系，属于关联方，实务中需要注意债资比的限制。

【案例 2-16：关联方借款】

甲公司为某市一居民企业，因资金需要，向其自然人股东乙借款。

借款协议约定：借款期限 1 年；借款本金 1 200 万元；甲公司需支付利息费用 90 万元。

背景资料：乙对甲公司的资本投入为 480 万元。同期甲公司向建设银行贷款 1 000 万元，贷款期限为 1 年，需支付利息 58 万元。

问题：甲公司向乙借款发生的这 90 万元利息是否可以企业所得税前扣除？

【分析】

首先要考虑利率因素，同期同类的银行贷款利率是年息 5.8%，而甲公司向股东的借款实际利率是 7.5%（90÷1 200），因此只能按 5.8% 扣除。

其次要考虑债资比，乙对甲公司的资本投入为 480 万元，一般企业债资比是 2∶1，因此可以扣除的借款本金上限是 960（480×2）万元。

结合这两个考量因素，甲公司可以税前扣除的利息支出是 55.68（480×2×5.8%）万元，而不是 90 万元，因此需要做纳税调增 34.32（90－55.68）万元。

2.11 私车公用知多少

私车公用现象较为普遍，一些公司将老板或员工的车辆用作企业生产经营之用，公司给车主支付租金或报销相关费用。私车公用节约了公司固定资产的购置支出，同时也方便了员工或公司，但是也产生了一些新问题，例如私车公用产生的费用怎么入账？油钱又怎么算？维修等费用可不可以税前扣除？很多单位都会遇到这些问题，处理不慎就会造成税务风险。

一 "私车公用" 如何处理 ●●●

日常工作中对私车公用主要有以下三种处理方法。

1. 企业与员工签订车辆租赁合同，约定费用的分摊范围、方式

优点：税务风险比较小，是目前多数税务局对私车公用的解答所提供的解决办法。

缺点：大企业涉及私车公用的人数太多，每个人都去签订合同、开发票等，工作量大。

2. 建立企业私车公用报销制度，根据制度规定据实报销

优点：可以兼顾公平，用车多就报销多，清晰明了。

缺点：私车公用的费用很容易和个人消费混为一谈，业务真实性难以把控，税务风险较大。

3. 直接发放定额交通补贴

优点：根据企业规定标准按月或不按月发放，核算简单，可以不需要发票直接发放，标准统一，企业容易计算和管理。

缺点：定额补贴全部计入员工个人工资，对于用车多的人来说，个人所得税负担重。

二 "私车公用"涉及哪些税务 ●●●

私车公用涉及的费用主要包括：

（1）车辆运行的直接费用。包括油费、过桥过路费、停车费等直接费用。

（2）车辆的折旧补偿与自驾的劳务补偿。包括车辆租赁费用、保养费或相关用车补贴费用。

（3）车辆保险、维修等间接费用。包括车船税、年检费、保险费、维修费等。

对于私车公用业务发生的上述相关费用，税务上该如何处理呢？下面我们就私车公用业务主要涉及的增值税、企业所得税、个人所得税处理进行解析。

（一）增值税

1. 租赁汽车产生的进项税额能否抵扣

实务中，公司使用员工个人的车辆，如果员工与公司签订私车租赁协议，公司给员工支付租金，员工到当地税务部门代开增值税专用发票，则公司可以抵扣3%的增值税进项税额。

2. 公司使用私车发生的油费、修理费的进项税额能否抵扣

《中华人民共和国增值税暂行条例》第十条规定，下列项目的进项税额不得从销项税额中抵扣：

（1）用于简易计税方法计税项目、免征增值税项目、集体福利或者个人消费的购进货物、劳务、服务、无形资产和不动产；

（2）非正常损失的购进货物，以及相关的劳务和交通运输服务；

（3）非正常损失的在产品、产成品所耗用的购进货物（不包括固定资产）、劳务和交通运输服务；

（4）国务院规定的其他项目。

基于上述规定，如无上述列举事项，在员工与公司签订私车公用协议或私车租赁协议，且车辆实际用于企业经营使用情况下，租赁车辆所发生的与经营收入有关的油费、过路费、修理费等支出取得合规的进项税额抵扣凭证，可以按规定抵扣进项税额。

需要注意的是，为了防范税务风险，建议公司与员工签订租车协议，在租车协议中约定使用个人车辆所发生的加油费、过路过桥费、停车费、车辆使用所产生的维修费等费用由公司承担；相关费用取得合法、合规的发票。另外，各地税务机关对于可抵扣项目的执行标准差异很大，在实务中最好与当地税务机关沟通获取当地政策口径。

（二）企业所得税

私车公用业务发生的相关费用，在企业所得税税前能否扣除？对于这个问题，国家税务总局并未出台专门性文件明确，因此不仅财务人员在纠结，各个地方税务机关也在纠结。但是，有一些地方税务机关的答复或者规定可供我们参考。

1. 江苏省政策口径

《江苏省地方税务局关于发布〈企业所得税税前扣除凭证管理办法〉的公告》（苏地税规〔2011〕13号）第二十四条规定，企业员工将私人车辆提供给企业使用，企业应按照独立交易原则支付租赁费，以发票作为税前扣除凭证。应由个人承担的车辆购置税、车辆保险费等不得在税前扣除。

2. 河北省政策口径

《河北省地方税务局关于企业所得税若干业务问题的公告》（河北省地方税务局公告2014年第4号）第八条规定，企业因业务需要，可以租用租车公司或个人的车辆，但必须签订六个月以上的租赁协议，租赁协议中规定的汽油费、修车费和过路过桥费等支出允许在税前扣除。

3. 陕西省政策口径

2020年3月11日，陕西省税务局在官方网站对办件编号为"ZXZX5151583653290391"的提问进行回复（参见网址 https://shaanxi.chinatax.gov.cn/jact/front/mailpubdetail.do?transactId=36398&sysid=181）：

问： 员工开私家车外出办公产生的燃油费、过路费、停车费，如何处理？

答： 企业因工作需要租用个人车辆并支付给员工租金等费用的用车方式，属于租赁，企业发生的租赁费用可凭有效凭证在企业所得税前扣除。

企业与个人未签订租赁合同而支付给员工的所得，企业租金费用不允许在企所得税前列支，员工所得需按"工资薪金所得"计算缴纳个人所得税。

企业与个人签订了租赁合同，按照租赁合同或协议支付的租金，在取得真实合法有效凭证的基础上，允许税前扣除；对在租赁期间发生的汽油费、过路过桥费和停车费，在取得真实合法有效凭证的基础上，允许税前扣除。其他应由个人负担的汽车费用，如车辆保险费、维修费等，不得在企业所得税税前扣除。

4. 青岛政策口径

《青岛市地方税务局关于印发〈2009 年度企业所得税业务问题解答〉的通知》（青地税函〔2010〕2 号）对"企业投资者将自己车辆无偿提供给企业使用，发生的汽油费、过路过桥费等费用可否税前扣除"这一问题的答复是：

《中华人民共和国企业所得税法》第八条规定，企业实际发生的与取得收入有关的、合理的支出，包括成本、费用、税金、损失和其他支出，准予在计算应纳税所得额时扣除。据此，企业可在计算应纳税所得额时扣除的成本、费用、税金、损失和其他支出应当是企业本身发生的，而非企业投资者发生的，因此"私车公用"发生的诸如汽油费、过路过桥费等费用不得在计算应纳税所得额时扣除。

5. 总结

根据上述不同地区的政策口径来看，一般情况下，如果企业和个人签订了车辆租赁协议，企业支付相关租赁费用，那么，对在租赁期间发生的汽车租赁费、汽油费、过路过桥费等直接相关费用，可以税前扣除。但是如果是无租使用企业投资者的，可能在税前扣除就会有风险。

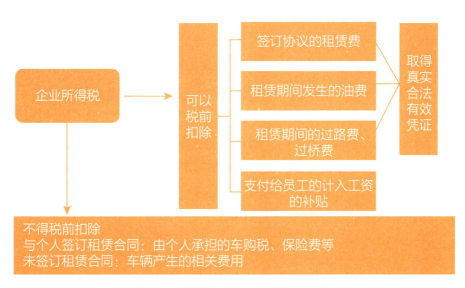

图 2-9 "私车公用"企业所得税的处理

税前扣除注意事项：

（1）为了税前扣除合规，公司与员工签订租车协议时，最好在协议中约定由公司承担相关车辆费用。

（2）由于国地税的合并，相关文件及执行口径可能有更改，上述列举文件及答复仅作参考，不可作为执行依据。加之实务中各地口径差异很大，建议与当地税务机关沟通，获取当地政策口径。

（三）个人所得税

公司使用员工车辆有三种方式：第一种是企业与员工签订车辆租赁合同，约定费用的分摊范围、方式；第二种是允许员工在公司凭发票实报实销，报销一定的费用；第三种是公司直接向员工发放定额交通补贴。三种方式对员工个人所得税的税务影响各不相同。

1. 租赁模式下的个人所得税处理

公司与员工签订租赁合同的，对支付给员工的租金等费用，员工向税务机关代开发票时按"财产租赁所得"计算缴纳个人所得税，适用税率为20%。

如果公司与员工签订私车公用协议书，在协议中定额约定"实际发生的汽油费、过路过桥费、停车费等由公司承担"，则员工报销的上述费用不属于员工在公司任职或者受雇有关的其他所得，不缴纳个人所得税。

2. 凭发票实报实销模式下的个人所得税处理

根据《中华人民共和国个人所得税法实施条例》第六条规定，工资、薪金所得，指个人因任职或者受雇而取得的工资、薪金、奖金、年终加薪、劳动分红、津贴、补贴以及与任职或者受雇有关的其他所得。同时，《国家税务总局关于个人因公务用车制度改革取得补贴收入征收个人所得税问题的通知》（国税函〔2006〕245号）第一条规定，因公务用车制度改革而以现金、报销等形式向职工个人支付的收入，均应视为个人取得公务用车补贴收入，按照"工资、薪金所得"项目计征个人所得税。

基于此规定，在没有签订租赁合同，也没有签订私车公用协议书，只是支付给员工车补，或者允许员工拿票在公司报销一定的费用的情况下，则员工按"工资、薪金所得"计算缴纳个人所得税。

3. 直接发放补贴模式的个人所得税处理

与"凭发票实报实销模式"下的个人所得税处理相同。

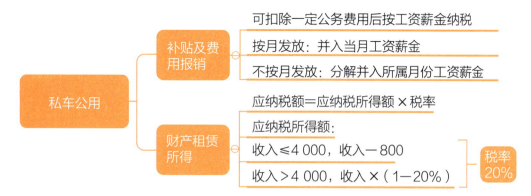

图 2-10 "私车公用"个人所得税的处理

对于企业直接发放交通补贴的模式，以及交通补贴的标准，目前并没有相关文件规定，企业可以根据自身实际情况决定。实务中较常见的参考标准是公务用车的补贴标准或者是文件规定的允许个人所得税税前扣除的交通补贴标准。表 2-27 为部分省市出台的交通补贴个人所得税税前扣除标准。

表 2-27 部分地区交通补贴个人所得税税前扣除标准

地区	人员		交通补贴标准	政策依据
西藏	个人		4 000 元 / 人 / 月	藏政发〔2018〕38 号
大连	个人		2 700 元 / 人 / 月	大地税函〔2010〕7 号
广西	公务人员	厅级	1 950 元 / 人 / 月	国家税务总局广西壮族自治区税务局公告 2018 年第 12 号
		处级	1 200 元 / 人 / 月	
		科级	750 元 / 人 / 月	
		科级以下	650 元 / 人 / 月	
	企业职工	高级管理人员	1 950 元 / 人 / 月	
		其他人员	1 200 元 / 人 / 月	
海南	海口、三亚、三沙、儋州、洋浦	企事业单位员工	高级管理人员 1 690 元 / 人 / 月	海南省地方税务局公告 2017 年第 2 号
			其他人员 1 040 元 / 人 / 月	
	其他市县	企事业单位员工	高级管理人员 1 000 元 / 人 / 月	
			其他人员 600 元 / 人 / 月	
河北	个人		交通补贴全额的 30% 作为个人收入并入当月工资薪金所得征收个税	冀地税发〔2009〕46 号

三 "私车公用"如何进行税务筹划 •••

"私车公用"如何进行税务筹划？下面通过一个案例给大家进行解析。

【案例2-17】快学公司规定，员工外出洽谈业务时驾驶私人车辆，发生的各项费用由公司承担。请问如何进行税务筹划？

【分析】：对于相关费用的承担，有3种费用处理方式：

方式1：每月随工资向员工发放1000元交通补贴；

方式2：每月实报实销；

方式3：签订租车协议，报销油费等相关费用。

以上3种方式的纳税情况如表2-28所示。

表2-28 不同费用处理方式的纳税情况

序号	方式	个人所得税	企业所得税	增值税
1	每月随工资发放补贴1000元	现金和报销都视为公务用车补贴，按照工资薪金代扣代缴	随工资发放的补贴属于工资薪金，据实扣除	不涉及
2	每月实报实销		报销车辆的费用属于福利费支出，在工资总额的14%限额内扣除，面临调增的风险	属于集体福利或个人消费，进项税不允许抵扣
3	与员工签订租车协议，租金500元/月，协议中说明企业租车的正当理由，并约定车辆因公务发生的加油费、过路费等可在企业报销	员工取得的财产租赁所得，未超过800元，无须缴纳个税	租赁费可以收款凭证及内部凭证作为税前扣除凭证，据实扣除 因公务发生的加油费、过路费等一般属于企业与收入相关的合理支出，可据实扣除	收款凭证或普通发票，进项税都不能抵扣 若取得符合规定的发票，进项税可抵扣

通过上述分析，可见采用方式3进行处理时，员工无须缴纳个人所得税，企业的成本费用可据实扣除，且取得发票符合条件的增值税进项税额允许抵扣，因而其是最优选择。

四 "私车公用"的注意事项 •••

1. 要签订租赁协议

公司与员工签订车辆租赁协议，明确约定车辆的使用情况、费用的分摊内容和方式。防范无租使用投资人或员工车辆、缺乏合同约定或者约定不明造成的纳税调整风险。需要注意的是，如果双方签订的是无租金租赁合同（免费使用），可能会产生以下争议：

（1）税务机关会认为无租金租赁协议不符合市场规律，会视同销售核定租金；

（2）部分税务机关认为无租金租赁协议情况下，车辆所发生的费用依然应归属个人费用，不得计入公司费用。

2．要建立私车公用相关制度

公司要建立用车管理制度，做好车辆使用记录，分清个人消费和企业费用。还要建立财务管理制度，规范财务核算，员工应向公司提供租赁增值税发票、相关费用报销票据。发放补贴的，对于相关补贴要做好个人所得税的代扣代缴。

2.12 残疾人就业保障金政策知多少

一 什么是残疾人就业保障金 ● ● ●

残疾人就业保障金，也称残保金，是为了保障残疾人权益，由未按规定安排残疾人就业的机关、团体、企业、事业单位和民办非企业单位缴纳的资金。其目的是引导、鼓励和督促用人单位尽可能多地安排残疾人就业，使有能力的残疾人实现就业，参与社会生活，更好地保障残疾人权益。

二 残疾人就业保障金的征管 ● ● ●

1．征收对象

用人单位安排残疾人就业的比例不得低于本单位在职职工总数的 1.5%。具体比例由各省、自治区、直辖市人民政府根据本地区的实际情况规定。用人单位安排残疾人就业达不到其所在地省、自治区、直辖市人民政府规定比例的，应当缴纳保障金。

2．征收机关

保障金由用人单位所在地税务局负责征收。有关省、自治区、直辖市对保障金征收机关另有规定的，按其规定执行。

3．违章处罚

用人单位未按规定缴纳保障金的，按照《残疾人就业条例》的规定，由保障金征收机关提交财政部门，由财政部门予以警告，责令限期缴纳；逾期仍不缴纳的，除补缴欠缴数额外，还应当自欠缴之日起，按日加收5‰的滞纳金。

三 残疾人就业保障金的计算 •••

保障金按上年用人单位安排残疾人就业未达到规定比例的差额人数和本单位在职职工年平均工资之积计算缴纳。计算公式如下：

保障金年缴纳额＝（上年用人单位在职职工人数×所在地省、自治区、直辖市人民政府规定的安排残疾人就业比例－上年用人单位实际安排的残疾人就业人数）×上年用人单位在职职工年平均工资

计算公式的政策口径是：

（1）用人单位在职职工，是指用人单位在编人员或依法与用人单位签订1年以上（含1年）劳动合同（服务协议）的人员。

（2）季节性用工应当折算为年平均用工人数。

（3）以劳务派遣用工的，计入派遣单位在职职工人数。

（4）用人单位安排残疾人就业未达到规定比例的差额人数，以公式计算结果为准，可以不是整数。

四 残疾人就业保障金的优惠政策 •••

根据《财政部关于调整残疾人就业保障金征收政策的公告》（2019年第98号）规定，自2020年1月1日起至2022年12月31日，对残疾人就业保障金实行分档减缴政策。其中：用人单位安排残疾人就业比例达到1%（含）以上，但未达到所在地省、自治区、直辖市人民政府规定比例的，按规定应缴费额的50%缴纳残疾人就业保障金；用人单位安排残疾人就业比例在1%以下的，按规定应缴费额的90%缴纳残疾人就业保障金。

自2020年1月1日起至2022年12月31日，在职职工人数在30人（含）以下的企业，暂免征收残疾人就业保障金。

2.13 工会经费相关政策

一 什么是工会经费 •••

工会经费是指工会依法取得并开展正常活动所需的费用。工会经费主要用于为

职工服务和工会活动。根据《中华人民共和国工会法》《中国工会章程》相关规定，凡依法建立工会组织的企业、事业单位以及其他组织，每月按照全部职工工资总额的2%的比例计提并拨缴工会经费，其中60%部分拨给所在单位工会，40%部分上缴上级主管工会；未成立工会的企业、事业单位、机关和其他社会组织，按工资总额的2%向上级工会拨缴工会建会筹备金。

二 工会经费的拨缴方式

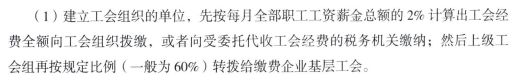

1. 先缴后返

总原则是"先全额缴纳后返还"。具体方式是：

（1）建立工会组织的单位，先按每月全部职工工资薪金总额的2%计算出工会经费全额向工会组织拨缴，或者向受委托代收工会经费的税务机关缴纳；然后上级工会组再按规定比例（一般为60%）转拨给缴费企业基层工会。

（2）未建立工会组织的单位，按每月全部职工工资薪金总额的2%计算出工会建会筹备金全额向上级工会组织拨缴，或者向受委托代收工会经费的税务机关缴纳。在规定时间内成立工会组织的，上级工会再按规定比例（一般为60%）转拨给缴费企业基层工会，在规定时间内未成立工会组织的，以前缴纳的工会建会筹备金不再返还。

2. 分级拨缴

按每月全部职工工资薪金总额的2%计算出工会经费后，按当地规定比例（一般为40%）向受委托代收工会经费的税务机关缴纳，取得工会经费代收凭据；留成部分（一般为60%）由企业同时拨付给其所在的基层工会，取得本单位基层工会开具的《工会经费收入专用收据》。未设立基层工会的，待建立工会组织后由各单位拨付本单位工会。

【备注】工会经费的具体缴付方式以及基层工会组织的留成比例等，各地区的规定可能不同，具体以当地的规定为准。

三 工会经费的账务处理

（一）已经成立工会的企业

已经成立工会的企业，工会经费的40%向上级工会缴纳，60%划拨至公司工会。

1. 计提时，需要按照受益对象分配计入不同的科目

借：生产成本（生产工人）

　　制造费用（车间管理人员）

管理费用（总部管理人员）

销售费用（专设销售部门人员）

在建工程（在建工程人员）

研发支出—资本化支出（内部开发人员）

　　贷：应付职工薪酬—工会经费（单位工会）

　　　　　　　　　—工会经费（上级工会）

2. 上缴时

借：应付职工薪酬—工会经费（单位工会）

　　　　　　　—工会经费（上级工会）

　　贷：银行存款

3. 工会经费返还时

借：银行存款

　　贷：其他应付款—工会经费（单位工会）

（二）未成立工会的企业

未成立工会的企业，工会经费100%向上级工会缴纳。

1. 计提时

借：生产成本（生产工人）

　　制造费用（车间管理人员）

　　管理费用（总部管理人员）

　　销售费用（专设销售部门人员）

　　在建工程（在建工程人员）

　　研发支出—资本化支出（内部开发人员）

　　　　贷：应付职工薪酬—工会经费

2. 上缴时

借：应付职工薪酬—工会经费

　　贷：银行存款

四 工会经费税前扣除的规定 ● ● ●

（1）《中华人民共和国企业所得税法实施条例》第四十一条规定，企业拨缴的工会经费，不超过工资薪金总额2%的部分，准予扣除。

（2）《国家税务总局关于工会经费企业所得税税前扣除凭证问题的公告》（国家

税务总局公告2010年第24号）规定，自2010年7月1日起，企业拨缴的职工工会经费，不超过工资薪金总额2%的部分，凭工会组织开具的《工会经费收入专用收据》在企业所得税税前扣除。

（3）《国家税务总局关于税务机关代收工会经费企业所得税税前扣除凭据问题的公告》（国家税务总局公告〔2011〕30号）规定，自2010年1月1日起，在委托税务机关代收工会经费的地区，企业拨缴的工会经费，也可凭合法、有效的工会经费代收凭据依法在税前扣除。

【总结】根据上述文件规定，企业所得税可以税前扣除的工会经费凭据主要有3种，即《工会经费收入专用收据》《中华人民共和国专用税收缴款书》和《中华人民共和国税收通用完税证》。

五 工会经费支出的范围 •••

根据《中华全国总工会办公厅关于印发〈基层工会经费收支管理办法〉的通知》（总工办发〔2017〕32号）的规定，基层工会经费主要用于为职工服务和开展工会活动。基层工会经费支出范围包括：职工活动支出、维权支出、业务支出、资本性支出、事业支出和其他支出。

（1）职工活动支出是指基层工会组织开展职工教育、文体、宣传等活动所发生的支出和工会组织的职工集体福利支出。包括：职工教育支出、文体活动支出、宣传活动支出、职工集体福利支出和其他活动支出。

（2）维权支出是指基层工会用于维护职工权益的支出。包括：劳动关系协调费、劳动保护费、法律援助费、困难职工帮扶费、送温暖费和其他维权支出。

（3）业务支出是指基层工会培训工会干部、加强自身建设以及开展业务工作发生的各项支出。包括：培训费、会议费、专项业务费和其他业务支出。其中其他业务支出指用于基层工会发放兼职工会干部和专职社会化工会工作者补贴，用于经上级批准评选表彰的优秀工会干部和积极分子的奖励支出，用于基层工会必要的办公费、差旅费，用于基层工会支付代理记账、中介机构审计等购买服务方面的支出。

（4）资本性支出是指基层工会从事工会建设工程、设备工具购置、大型修缮和信息网络购建而发生的支出。

（5）事业支出是指基层工会对独立核算的附属事业单位的补助和非独立核算的附属事业单位的各项支出。

2.14 固定资产的涉税政策

固定资产，是指为生产商品、提供劳务、出租或经营管理而持有的，使用寿命超过一个会计年度的资产。包括房屋、建筑物、机器、机械、运输工具以及其他与生产经营活动有关的设备、器具、工具等。固定资产是企业的主要资产之一，为了促进企业的投资，国家对固定资产出台了很多税收优惠政策。

一 增值税政策 ●●●

（一）企业销售使用过的固定资产的优惠政策

（1）一般纳税人销售自己使用过的属于《中华人民共和国增值税暂行条例》第十条规定的不得抵扣且未抵扣进项税额的固定资产，按简易办法依3%征收率减按2%征收增值税。

（2）纳税人销售自己使用过的固定资产，适用简易办法依照3%征收率减按2%征收增值税政策的，应开具普通发票，不得开具增值税专用发票。也可以放弃减税，按照简易办法依照3%征收率缴纳增值税，并可以开具增值税专用发票。

（3）一般纳税人销售自己使用过的其他固定资产，应区分不同情形征收增值税：

①销售自己使用过的2009年1月1日以后购进或者自制的固定资产，按照适用税率征收增值税。

②2008年12月31日以前未纳入扩大增值税抵扣范围试点的纳税人，销售自己使用过的2008年12月31日以前购进或者自制的固定资产，按照3%征收率减按2%征收增值税。

③2008年12月31日以前已纳入扩大增值税抵扣范围试点的纳税人，销售自己使用过的在本地区扩大增值税抵扣范围试点以前购进或者自制的固定资产，按照3%征收率减按2%征收增值税；销售自己使用过的在本地区扩大增值税抵扣范围试点以后购进或者自制的固定资产，按照适用税率征收增值税。

（4）小规模纳税人（除其他个人外）销售自己使用过的固定资产，减按2%征收率征收增值税。

（5）纳税人购进或者自制固定资产时为小规模纳税人，认定为一般纳税人后销售该固定资产，及增值税一般纳税人发生按简易办法征收增值税应税行为，销售其按照规定不得抵扣且未抵扣进项税额的固定资产的，可按简易办法依3%征收率减按

2% 征收增值税。

（6）自 2021 年 4 月 1 日至 2021 年 12 月 31 日，增值税小规模纳税人适用 3% 征收率的应税销售收入，减按 1% 征收率征收增值税。增值税小规模纳税人销售自己使用过的固定资产和旧货取得的应税销售收入，可以减按 1% 征收率缴纳增值税。

（二）企业取得固定资产的抵扣政策

1. 企业购进固定资产的抵扣政策

《财政部 国家税务总局关于全面推开营业税改征增值税试点的通知》（财税〔2016〕36 号）附件一《营业税改征增值税试点实施办法》第二十七条规定，下列项目的进项税额不得从销项税额中抵扣：用于简易计税方法计税项目、免征增值税项目、集体福利或者个人消费的购进货物、加工修理修配劳务、服务、无形资产和不动产。其中涉及的固定资产、无形资产、不动产，仅指专用于上述项目的固定资产、无形资产（不包括其他权益性无形资产）、不动产。

也就是说，企业购置固定资产既用于不能抵扣项目又用于可以抵扣项目，其进项税额可以从销项税额中抵扣。

2. 企业租入固定资产的抵扣政策

《财政部 国家税务总局关于租入固定资产进项税额抵扣等增值税政策的通知》（财税〔2017〕90 号）第一条规定，自 2018 年 1 月 1 日起，纳税人租入固定资产、不动产，既用于一般计税方法计税项目，又用于简易计税方法计税项目、免征增值税项目、集体福利或者个人消费的，其进项税额准予从销项税额中全额抵扣。

从上述文件可以看出，企业租入的固定资产兼用时，也是可以按全额抵扣进项税额的。

3. 不动产或者在建工程一次性抵扣政策

《财政部 税务总局 海关总署关于深化增值税改革有关政策的公告》（财政部 税务总局 海关总署公告 2019 年第 39 号）第五条规定，自 2019 年 4 月 1 日起，《营业税改征增值税试点有关事项的规定》（财税〔2016〕36 号印发）第一条第（四）项第 1 点、第二条第（一）项第 1 点停止执行，纳税人取得不动产或者不动产在建工程的进项税额不再分 2 年抵扣。此前按照上述规定尚未抵扣完毕的待抵扣进项税额，可自 2019 年 4 月税款所属期起从销项税额中抵扣。

也就是说，纳税人取得不动产或者不动产在建工程的进项税额，准予从销项税额中一次性全额抵扣。

二 企业所得税政策 • • •

在企业所得税上，固定资产按照直线法计算的折旧，准予扣除。企业应当自固定资产投入使用月份的次月起计算折旧；停止使用的固定资产，应当自停止使用月份的次月起停止计算折旧。企业应当根据固定资产的性质和使用情况，合理确定固定资产的预计净残值。固定资产的预计净残值一经确定，不得变更。

（一）固定资产折旧的年限规定

企业所得税法对固定资产的最低折旧年限有明确规定，除国务院财政、税务主管部门另有规定外，固定资产计算折旧的最低年限如下：

（1）房屋、建筑物，为20年；

（2）飞机、火车、轮船、机器、机械和其他生产设备，为10年；

（3）与生产经营活动有关的器具、工具、家具等，为5年；

（4）飞机、火车、轮船以外的运输工具，为4年；

（5）电子设备，为3年。

（二）固定资产折旧方法的一般性规定

（1）《中华人民共和国企业所得税法》第三十二条规定，企业的固定资产由于技术进步等原因，确需加速折旧的，可以缩短折旧年限或者采取加速折旧的方法。

（2）《中华人民共和国企业所得税法实施条例》第九十八条规定，可以采取缩短折旧年限或者采取加速折旧的方法的固定资产，包括：

①由于技术进步，产品更新换代较快的固定资产；

②常年处于强震动、高腐蚀状态的固定资产。

（三）固定资产加速折旧规定

1. 企业外购的软件加速折旧规定

《财政部 国家税务总局关于进一步鼓励软件产业和集成电路产业发展企业所得税政策的通知》（财税〔2012〕27号）第七条规定，企业外购的软件，凡符合固定资产或无形资产确认条件的，可以按照固定资产或无形资产进行核算，其折旧或摊销年限可以适当缩短，最短可为2年（含）。

2. 企业专用研发仪器设备加速折旧规定

根据《财政部 国家税务总局关于完善固定资产加速折旧企业所得税政策的通知》（财税〔2014〕75号）和《财政部 国家税务总局关于进一步完善固定资产加速折旧

企业所得税政策的通知》（财税〔2015〕106号）规定：

对所有行业企业2014年1月1日后新购进的专门用于研发的仪器、设备，单位价值不超过100万元的，允许一次性计入当期成本费用在计算应纳税所得额时扣除，不再分年度计算折旧；单位价值超过100万元的，可缩短折旧年限或采取加速折旧的方法。

对所有行业企业持有的单位价值不超过5 000元的固定资产，允许一次性计入当期成本费用在计算应纳税所得额时扣除，不再分年度计算折旧。

3. 生物药品制造等6个行业加速折旧规定

《财政部 国家税务总局关于完善固定资产加速折旧企业所得税政策的通知》（财税〔2014〕75号）第一条规定：对生物药品制造业，专用设备制造业，铁路、船舶、航空航天和其他运输设备制造业，计算机、通信和其他电子设备制造业，仪器仪表制造业，信息传输、软件和信息技术服务业等6个行业的企业2014年1月1日后新购进的固定资产，可缩短折旧年限或采取加速折旧的方法。

对上述生物药品制造等6个行业的小型微利企业2014年1月1日后新购进的研发和生产经营共用的仪器、设备，单位价值不超过100万元的，允许一次性计入当期成本费用在计算应纳税所得额时扣除，不再分年度计算折旧；单位价值超过100万元的，可缩短折旧年限或采取加速折旧的方法。

4. 轻工机械等4个领域重点行业加速折旧规定

《财政部 国家税务总局关于进一步完善固定资产加速折旧企业所得税政策的通知》（财税〔2015〕106号）第一、二条规定：对轻工、纺织、机械、汽车等4个领域重点行业的企业2015年1月1日后新购进的固定资产，可由企业选择缩短折旧年限或采取加速折旧的方法。

对上述轻工机械等4个行业的小型微利企业2015年1月1日后新购进的研发和生产经营共用的仪器、设备，单位价值不超过100万元的，允许一次性计入当期成本费用在计算应纳税所得额时扣除，不再分年度计算折旧；单位价值超过100万元的，可由企业选择缩短折旧年限或采取加速折旧的方法。

5. 设备、器具等固定资产一次性扣除规定

根据《财政部 税务总局关于设备、器具扣除有关企业所得税政策的通知》（财税〔2018〕54号）及《财政部 税务总局关于延长部分税收优惠政策执行期限的公告》（财政部 税务总局公告2021年第6号）相关文件规定，企业在2018年1月1日至2023年12月31日期间新购进的设备、器具，单位价值不超过500万元的，允许一

次性计入当期成本费用在计算应纳税所得额时扣除，不再分年度计算折旧；单位价值超过 500 万元的，仍按《企业所得税法实施条例》《财政部　国家税务总局关于完善固定资产加速折旧企业所得税政策的通知》（财税〔2014〕75 号）、《财政部　国家税务总局关于进一步完善固定资产加速折旧企业所得税政策的通知》（财税〔2015〕106 号）等相关规定执行。财税〔2018〕54 号文件所称设备、器具，是指除房屋、建筑物以外的固定资产。

6. 制造业企业固定资产加速折旧规定

《财政部　税务总局关于扩大固定资产加速折旧优惠政策适用范围的公告》（财政部　税务总局公告 2019 年第 66 号）规定，自 2019 年 1 月 1 日起，适用《财政部　国家税务总局关于完善固定资产加速折旧企业所得税政策的通知》（财税〔2014〕75 号）和《财政部　国家税务总局关于进一步完善固定资产加速折旧企业所得税政策的通知》（财税〔2015〕106 号）规定固定资产加速折旧优惠的行业范围，扩大至全部制造业领域。

（四）固定资产税额抵免政策

企业购置的环境保护、节能节水、安全生产等固定资产，如果符合一定条件，还可以享受税额抵免优惠政策。税额抵免，是指企业购置并实际使用《环境保护专用设备企业所得税优惠目录（2017 年版）》《节能节水专用设备企业所得税优惠目录（2017 年版）》《安全生产专用设备企业所得税优惠目录（2018 年版）》规定的环境保护、节能节水、安全生产等专用设备的，该专用设备的投资额的 10% 可以从企业当年的应纳税额中抵免；当年不足抵免的，可以在以后 5 个纳税年度结转抵免。

2.15 加计扣除是高新技术企业的专属吗

一 什么是加计扣除

加计扣除是企业所得税的一种税基式优惠方式，一般是指按照税法规定在实际发生支出数额的基础上，再加成一定比例，作为计算应纳税所得额时的扣除数额。

为鼓励企业开展研发活动、支持企业加大研发投入，《中华人民共和国企业所得税法》第三十条规定，企业开发新技术、新产品、新工艺发生的研究开发费用，可以在计算应纳税所得额时加计扣除。

二 哪些企业可享受加计扣除 ●●●

加计扣除政策适用于会计核算健全、实行查账征收并能够准确归集研发费用的居民企业。按核定征收方式缴纳企业所得税的企业不能享受此项优惠政策。

下列行业不适用税前加计扣除政策：

（1）烟草制造业；

（2）住宿和餐饮业；

（3）批发和零售业；

（4）房地产业；

（5）租赁和商务服务业；

（6）娱乐业；

（7）财政部和国家税务总局规定的其他行业。

上述行业以《国民经济行业分类》（GB/T 4754 –2017）为准，并随之更新。

三 加计扣除政策 ●●●

（一）一般性规定

《中华人民共和国企业所得税法实施条例》第九十五条明确，《企业所得税法》第三十条第（一）项所称研究开发费用的加计扣除，是指企业为开发新技术、新产品、新工艺发生的研究开发费用，未形成无形资产计入当期损益的，在按照规定据实扣除的基础上，按照研究开发费用的50%加计扣除；形成无形资产的，按照无形资产成本的150%摊销。

（二）特殊性规定

1. 阶段性加计扣除政策

《财政部　税务总局　科技部关于提高研究开发费用税前加计扣除比例的通知》（财税〔2018〕99号）、《财政部　税务总局关于延长部分税收优惠政策执行期限的公告》（财政部　税务总局公告2021年第6号）规定，企业开展研发活动中实际发生的研发费用，未形成无形资产计入当期损益的，在按规定据实扣除的基础上，在2018年1月1日至2023年12月31日期间，再按照实际发生额的75%在税前加计扣除；形成无形资产的，在上述期间按照无形资产成本的175%在税前摊销。

2. 制造业研发费用加计扣除政策

《财政部　税务总局关于进一步完善研发费用税前加计扣除政策的公告》（财政部

税务总局公告 2021 年第 13 号）规定，制造业企业开展研发活动中实际发生的研发费用，未形成无形资产计入当期损益的，在按规定据实扣除的基础上，自 2021 年 1 月 1 日起，再按照实际发生额的 100% 在税前加计扣除；形成无形资产的，自 2021 年 1 月 1 日起，按照无形资产成本的 200% 在税前摊销。

制造业企业，是指以制造业业务为主营业务，享受优惠当年主营业务收入占收入总额的比例达到 50% 以上的企业。制造业的范围按照《国民经济行业分类》（GB/T 4754–2017）确定，如国家有关部门更新《国民经济行业分类》，从其规定。收入总额按照《企业所得税法》第六条规定执行。

3. 委托研发的加计扣除政策

《财政部 国家税务总局 科技部关于完善研究开发费用税前加计扣除政策的通知》（财税〔2015〕119 号）规定，企业委托外部机构或个人进行研发活动所发生的费用，按照费用实际发生额的 80% 计入委托方研发费用并计算加计扣除，受托方不得再进行加计扣除。委托外部研究开发费用实际发生额应按照独立交易原则确定。

4. 合作研发的加计扣除政策

企业共同合作开发的项目，由合作各方就自身实际承担的研发费用分别计算加计扣除。

5. 集团集中研发的加计扣除政策

企业集团根据生产经营和科技开发的实际情况，对技术要求高、投资数额大、需要集中研发的项目，其实际发生的研发费用，可以按照权利和义务相一致、费用支出和收益分享相配比的原则，合理确定研发费用的分摊方法，在受益成员企业间进行分摊，由相关成员企业分别计算加计扣除。

6. 委托境外研发费用加计扣除政策

《财政部 税务总局 科技部关于企业委托境外研究开发费用税前加计扣除有关政策问题的通知》（财税〔2018〕64 号）规定，委托境外进行研发活动所发生的费用，按照费用实际发生额的 80% 计入委托方的委托境外研发费用。委托境外研发费用不超过境内符合条件的研发费用三分之二的部分，可以按规定在企业所得税前加计扣除。委托境外进行研发活动不包括委托境外个人进行的研发活动。

四 允许加计扣除的研发费用范围

研发活动，是指企业为获得科学与技术新知识，创造性运用科学技术新知识，或实质性改进技术、产品（服务）、工艺而持续进行的具有明确目标的系统性活动。允许加计扣除的研发费用的具体范围包括：

1. 人员人工费用

直接从事研发活动人员的工资薪金、基本养老保险费、基本医疗保险费、失业保险费、工伤保险费、生育保险费和住房公积金，以及外聘研发人员的劳务费用。

2. 直接投入费用

（1）研发活动直接消耗的材料、燃料和动力费用。

（2）用于中间试验和产品试制的模具、工艺装备开发及制造费，不构成固定资产的样品、样机及一般测试手段购置费，试制产品的检验费。

（3）用于研发活动的仪器、设备的运行维护、调整、检验、维修等费用，以及通过经营租赁方式租入的用于研发活动的仪器、设备租赁费。

3. 折旧费用

用于研发活动的仪器、设备的折旧费。

4. 无形资产摊销

用于研发活动的软件、专利权、非专利技术（包括许可证、专有技术、设计和计算方法等）的摊销费用。

5. 新产品设计费、新工艺规程制定费、新药研制的临床试验费、勘探开发技术的现场试验费

6. 其他相关费用

与研发活动直接相关的其他费用，如技术图书资料费、资料翻译费、专家咨询费、高新科技研发保险费，研发成果的检索、分析、评议、论证、鉴定、评审、评估、验收费用，知识产权的申请费、注册费、代理费，差旅费、会议费等。此项费用总额不得超过可加计扣除研发费用总额的10%。

7. 财政部和国家税务总局规定的其他费用

五 不适用加计扣除政策的活动 ●●●

下列活动不适用税前加计扣除政策：

（1）企业产品（服务）的常规性升级。

（2）对某项科研成果的直接应用，如直接采用公开的新工艺、材料、装置、产品、服务或知识等。

（3）企业在商品化后为顾客提供的技术支持活动。

（4）对现存产品、服务、技术、材料或工艺流程进行的重复或简单改变。

（5）市场调查研究、效率调查或管理研究。

（6）作为工业（服务）流程环节或常规的质量控制、测试分析、维修维护。

（7）社会科学、艺术或人文学方面的研究。

2.16 农业企业的特殊待遇要用好

农业是国民经济的基础产业，为了保护和推动农业的发展，国家针对农业行业出台了一系列税收优惠政策。熟悉、掌握并且用好这些优惠政策，能够有效降低农业企业税负，提升农业企业市场竞争力。现在我们就来了解一下农业行业的"特殊待遇"。

一 增值税优惠 ●●●

（一）免税优惠

1. 农业生产者销售自产农产品免税

根据《中华人民共和国增值税暂行条例》及相关规定，农业生产者销售的自产农产品免征增值税。

农业，是指种植业、养殖业、林业、牧业、水产业。

农业生产者，包括从事农业生产的单位和个人。

农产品，是指初级农产品，具体范围由财政部、国家税务总局确定。一般主要根据《财政部 国家税务总局关于印发〈农业产品征税范围注释〉的通知》（财税字〔1995〕52号）及现行相关规定确定范围。

农业生产者销售的自产农产品是指直接从事植物的种植、收割和动物的饲养、捕捞的单位和个人销售的《农业产品征税范围注释》所列的自产农业产品。

【注意】对上述单位和个人销售的外购的农业产品，以及单位和个人外购农业产品生产、加工后销售的仍然属于《农业产品征税范围注释》所列的农业产品，不属于免税的范围，应当按照规定税率征收增值税。

2. 农民专业合作社销售社员产品免税

根据《财政部 国家税务总局关于农民专业合作社有关税收政策的通知》（财税〔2008〕81号）规定，对农民专业合作社销售本社成员生产的农业产品，视同农业生产者销售自产农业产品免征增值税。

3. "公司＋农户"模式销售畜禽免税

根据《国家税务总局关于纳税人采取"公司＋农户"经营模式销售畜禽有关增值税问题的公告》（国家税务总局公告 2013 年第 8 号）规定，纳税人采取"公司＋农户"经营模式从事畜禽饲养，即公司与农户签订委托养殖合同，向农户提供畜禽苗、饲料、兽药及疫苗等（所有权属于公司），农户饲养畜禽苗至成品后交付公司回收，公司将回收的成品畜禽用于销售。在上述经营模式下，纳税人回收再销售畜禽，属于农业生产者销售自产农产品，应根据《中华人民共和国增值税暂行条例》的有关规定免征增值税。

（二）低税率优惠

根据《中华人民共和国增值税暂行条例》及相关规定，纳税人销售粮食等农产品、食用植物油、食用盐，饲料、化肥、农药、农机、农膜等，适用税率为 9%。

二 企业所得税优惠 ●●●

根据《中华人民共和国企业所得税法》《中华人民共和国企业所得税法实施条例》以及《国家税务总局关于实施农、林、牧、渔业项目企业所得税优惠问题的公告》（国家税务总局公告 2011 年第 48 号）等文件规定，企业从事农、林、牧、渔业项目的所得，可以免征、减征企业所得税。

（一）免征企业所得税优惠

企业从事下列项目的所得，免征企业所得税：

（1）蔬菜、谷物、薯类、油料、豆类、棉花、麻类、糖料、水果、坚果的种植。

（2）农作物新品种的选育。

企业从事农作物新品种选育的免税所得，是指企业对农作物进行品种和育种材料选育形成的成果，以及由这些成果形成的种子（苗）等繁殖材料的生产、初加工、销售一体化取得的所得。

（3）中药材的种植。

（4）林木的培育和种植。

企业从事林木的培育和种植的免税所得，是指企业对树木、竹子的育种和育苗、抚育和管理以及规模造林活动取得的所得，包括企业通过拍卖或收购方式取得林木所有权并经过一定的生长周期，对林木进行再培育取得的所得。

（5）牲畜、家禽的饲养。

包括猪、兔的饲养，饲养牲畜、家禽产生的分泌物、排泄物。

（6）林产品的采集。

（7）灌溉、农产品初加工、兽医、农技推广、农机作业和维修等农、林、牧、渔服务业项目。

企业根据委托合同，受托对符合规定的农产品进行初加工服务，其所收取的加工费，可以按照农产品初加工的免税项目处理。

（8）远洋捕捞。

（二）减半征收企业所得税优惠

企业从事下列项目的所得，减半征收企业所得税：

（1）花卉、茶以及其他饮料作物和香料作物的种植。

（2）海水养殖、内陆养殖。

（三）"公司＋农户"模式企业所得税优惠

实务中，企业采取"公司＋农户"经营模式从事牲畜、家禽的饲养，即公司与农户签订委托养殖合同，向农户提供畜禽苗、饲料、兽药及疫苗等（所有权/产权仍属于公司），农户将畜禽养大成为成品后交付公司回收。

鉴于采取"公司＋农户"经营模式的企业，虽不直接从事畜禽的养殖，但系委托农户饲养，并承担诸如市场、管理、采购、销售等经营职责及绝大部分经营管理风险，公司和农户是劳务外包关系，对此类以"公司＋农户"经营模式从事农、林、牧、渔业项目生产的企业，根据《国家税务总局关于"公司＋农户"经营模式企业所得税优惠问题的公告》（国家税务总局公告 2010 年第 2 号）规定，可以按照有关规定享受免征或减征企业所得税优惠政策。

三 个人所得税优惠 ●●●

根据《财政部 国家税务总局关于农村税费改革试点地区有关个人所得税问题的通知》（财税〔2004〕30 号）规定，对个人、个体户从事种植业、养殖业、饲养业和捕捞业（简称"四业"）取得的"四业"所得，暂不征收个人所得税。

根据《财政部 国家税务总局关于个人独资企业和合伙企业投资者取得种植业、养殖业、饲养业、捕捞业所得有关个人所得税问题的批复》（财税〔2010〕96 号）规定，对个人独资企业和合伙企业从事种植业、养殖业、饲养业和捕捞业（以下简称"四业"），其投资者取得的"四业"所得暂不征收个人所得税。

四 土地使用税优惠 ● ● ●

根据《中华人民共和国城镇土地使用税暂行条例》第六条第（五）项规定，直接用于农、林、牧、渔业的生产用地免缴土地使用税。

根据《财政部 国家税务总局关于房产税、城镇土地使用税有关政策的通知》（财税〔2006〕186号）规定，在城镇土地使用税征收范围内经营采摘、观光农业的单位和个人，其直接用于采摘、观光的种植、养殖、饲养的土地，根据《中华人民共和国城镇土地使用税暂行条例》第六条中"直接用于农、林、牧、渔业的生产用地"的规定，免征城镇土地使用税。

五 房产税优惠 ● ● ●

根据《国家税务总局关于调整房产税和土地使用税具体征税范围解释规定的通知》（国税发〔1999〕44号）规定，对农林牧渔业用地和农民居住用房屋及土地，不征收房产税和土地使用税。

根据《财政部 税务总局关于继续实行农产品批发市场 农贸市场房产税 城镇土地使用税优惠政策的通知》（财税〔2019〕12号）规定，自2019年1月1日至2021年12月31日，对农产品批发市场、农贸市场（包括自有和承租）专门用于经营农产品的房产、土地，暂免征收房产税和城镇土地使用税。

六 车船税优惠 ● ● ●

根据《中华人民共和国车船税法》及其实施条例，捕捞、养殖渔船免征车船税。

捕捞、养殖渔船，是指在渔业船舶登记管理部门登记为捕捞船或者养殖船的船舶。

七 契税优惠 ● ● ●

根据《中华人民共和国契税法》第六条规定，纳税人承受荒山、荒地、荒滩土地使用权用于农、林、牧、渔业生产，免征契税。

2.17 那些限额扣除的费用，你都知道吗

企业所得税汇算清缴中，税前扣除项目那么多，扣除比例又各不相同，不仅记

不清、也记不住。我们在下文整理出 3 大类共 9 项费用的税前扣除比例干货，帮助大家轻松应对税前扣除问题。

一 以工资薪金为基数的限额扣除项目 ••••

（一）职工福利费

1. 扣除比例

《中华人民共和国企业所得税法实施条例》第四十条规定，企业发生的职工福利费支出，不超过工资薪金总额 14% 的部分，准予扣除。

2. 职工福利费支出的范围

《国家税务总局关于企业工资薪金及职工福利费扣除问题的通知》（国税函〔2009〕3 号）文件第三条规定，《中华人民共和国企业所得税法实施条例》第四十条规定的企业职工福利费，包括以下内容：

（1）尚未实行分离办社会职能的企业，其内设福利部门所发生的设备、设施和人员费用，包括职工食堂、职工浴室、理发室、医务所、托儿所、疗养院等集体福利部门的设备、设施及维修保养费用和福利部门工作人员的工资薪金、社会保险费、住房公积金、劳务费等。

（2）为职工卫生保健、生活、住房、交通等所发放的各项补贴和非货币性福利，包括企业向职工发放的因公外地就医费用、未实行医疗统筹企业职工医疗费用、职工供养直系亲属医疗补贴、供暖费补贴、职工防暑降温费、职工困难补贴、救济费、职工食堂经费补贴、职工交通补贴等。

（3）按照其他规定发生的其他职工福利费，包括丧葬补助费、抚恤费、安家费、探亲假路费等。

（二）工会经费

1. 扣除比例

根据《中华人民共和国企业所得税法实施条例》第四十一条规定，企业拨缴的工会经费，不超过工资薪金总额 2% 的部分，准予扣除。

2. 扣除凭据

根据《国家税务总局关于工会经费企业所得税税前扣除凭据问题的公告》（国家税务总局公告 2010 年第 24 号）规定，企业拨缴的职工工会经费，不超过工资薪金总额 2% 的部分，凭工会组织开具的《工会经费收入专用收据》在企业所得税税前扣除。

根据《国家税务总局关于税务机关代收工会经费企业所得税税前扣除凭据问题的公告》（国家税务总局公告 2011 年第 30 号）规定，在委托税务机关代收工会经费的地区，企业拨缴的工会经费，也可凭合法、有效的工会经费代收凭据依法在税前扣除。

根据上述文件规定，企业所得税可以税前扣除的工会经费凭据主要有 3 种，即《工会经费收入专用收据》《中华人民共和国专用税收缴款书》和《中华人民共和国税收通用完税证》。

需要注意的是，没有实际支付给工会组织的工会经费，不得税前扣除。

（三）职工教育经费

1. 扣除比例

根据《财政部　税务总局关于企业职工教育经费税前扣除政策的通知》（财税〔2018〕51 号）规定，企业发生的职工教育经费支出，不超过工资薪金总额 8% 的部分，准予在计算企业所得税应纳税所得额时扣除；超过部分，准予在以后纳税年度结转扣除。

《财政部　国家税务总局关于进一步鼓励软件产业和集成电路产业发展企业所得税政策的通知》（财税〔2012〕27 号）规定，集成电路设计企业和符合条件软件企业的职工培训费用，应单独进行核算并按实际发生额在计算应纳税所得额时扣除。

2. 职工教育经费的支出范围

职工教育经费的范围税法并未明确，实务中常参照《关于印发〈关于企业职工教育经费提取与使用管理的意见〉的通知》（财建〔2006〕317 号）文件。该文件规定，企业职工教育培训经费列支范围包括：

（1）上岗和转岗培训；

（2）各类岗位适应性培训；

（3）岗位培训、职业技术等级培训、高技能人才培训；

（4）专业技术人员继续教育；

（5）特种作业人员培训；

（6）企业组织的职工外送培训的经费支出；

（7）职工参加的职业技能鉴定、职业资格认证等经费支出；

（8）购置教学设备与设施；

（9）职工岗位自学成才奖励费用；

（10）职工教育培训管理费用；

（11）经单位批准参加继续教育以及政府有关部门集中举办的专业技术、岗位培训、职业技术等级培训、高技能人才培训所需经费，可从职工所在企业职工教育培训经费中列支；

（12）矿山和建筑企业等聘用外来农民工较多的企业，以及在城市化进程中接受农村转移劳动力较多的企业，对农民工和农村转移劳动力培训所需的费用，可从职工教育培训经费中支出；

（13）有关职工教育的其他开支。

（四）补充养老险与补充医疗险

根据《财政部　国家税务总局关于补充养老保险费、补充医疗保险费有关企业所得税政策问题的通知》（财税〔2009〕27号）规定，企业根据国家有关政策规定，为在本企业任职或者受雇的全体员工支付的补充养老保险费、补充医疗保险费，分别在不超过职工工资总额5%标准内的部分，在计算应纳税所得额时准予扣除；超过的部分，不予扣除。

需要注意的是：

（1）补充养老险与补充医疗险的缴纳必须惠及"全体员工"，如果只针对部分人员所缴纳的补充养老保险不得扣除。

（2）企业按照国家规定为特殊工种职工支付的人身安全保险费，可以据实扣除。

（3）企业参加财产保险，按照规定缴纳的保险费，准予据实扣除。

（4）企业参加雇主责任险、公众责任险等责任保险，按照规定缴纳的保险费，准予在企业所得税税前扣除。

（5）企业职工因公出差乘坐交通工具发生的人身意外保险费支出，准予企业在计算应纳税所得额时扣除。

（五）党组织工作经费

《关于国有企业党组织工作经费问题的通知》（组通字〔2017〕38号）规定，国有企业（包括国有独资、全资和国有资本绝对控股、相对控股企业）党组织工作经费主要通过纳入管理费用、党费留存等渠道予以解决。纳入管理费用的部分，一般按照企业上年度职工工资总额1%的比例安排，每年年初由企业党组织本着节约的原则编制经费使用计划，由企业纳入年度预算。

纳入管理费用的党组织工作经费，实际支出不超过职工年度工资薪金总额1%的部分，可以据实在企业所得税前扣除。年末如有结余，结转下一年度使用。累计结转超过上一年度职工工资总额2%的，当年不再从管理费用中安排。

二 以收入为基数的限额扣除项目 ●●●

（一）广告费和业务宣传费

1. 扣除比例

《中华人民共和国企业所得税法实施条例》第四十四条规定，企业发生的符合条件的广告费和业务宣传费支出，除国务院财政、税务主管部门另有规定外，不超过当年销售（营业）收入15%的部分，准予扣除；超过部分，准予在以后纳税年度结转扣除。

《财政部 税务总局关于广告费和业务宣传费支出税前扣除有关事项的公告》（财政部 税务总局公告2020年第43号）规定，对化妆品制造或销售、医药制造和饮料制造（不含酒类制造）企业发生的广告费和业务宣传费支出，不超过当年销售（营业）收入30%的部分，准予扣除；超过部分，准予在以后纳税年度结转扣除。

2. 税前扣除注意事项

（1）对签订广告费和业务宣传费分摊协议的关联企业，其中一方发生的不超过当年销售（营业）收入税前扣除限额比例内的广告费和业务宣传费支出可以在本企业扣除，也可以将其中的部分或全部按照分摊协议归集至另一方扣除。另一方在计算本企业广告费和业务宣传费支出企业所得税税前扣除限额时，可将按照上述办法归集至本企业的广告费和业务宣传费不计算在内。

（2）烟草企业的烟草广告费和业务宣传费支出，一律不得在计算应纳税所得额时扣除。

（3）企业在筹建期间，发生的广告费和业务宣传费，可按实际发生额计入企业筹办费，并按有关规定在税前扣除。

（二）佣金和手续费支出

1. 扣除比例

（1）一般企业的扣除比例。

根据《财政部 国家税务总局关于企业手续费及佣金支出税前扣除政策的通知》（财税〔2009〕29号）规定，企业发生与生产经营有关的手续费及佣金支出，按与具有合法经营资格中介服务机构或个人（不含交易双方及其雇员、代理人和代表人等）所签订服务协议或合同确认的收入金额的5%计算限额，不超过限额以内的部分，准予扣除；超过部分，不得扣除。

（2）保险企业的扣除比例。

根据《财政部 税务总局关于保险企业手续费及佣金支出税前扣除政策的公告》（财政部 税务总局公告 2019 年第 72 号）规定，保险企业发生与其经营活动有关的手续费及佣金支出，不超过当年全部保费收入扣除退保金等后余额的 18%（含本数）的部分，在计算应纳税所得额时准予扣除；超过部分，允许结转以后年度扣除。

（3）房地产企业的扣除比例。

《国家税务总局关于印发〈房地产开发经营业务企业所得税处理办法〉的通知》（国税发〔2009〕31 号）第二十条规定，企业委托境外机构销售开发产品的，其支付境外机构的销售费用（含佣金或手续费）不超过委托销售收入 10% 的部分，准予据实扣除。

（4）电信企业的扣除比例。

根据《国家税务总局关于企业所得税应纳税所得额若干税务处理问题的公告》（国家税务总局公告 2012 年第 15 号）规定，电信企业在发展客户、拓展业务等过程中（如委托销售电话入网卡、电话充值卡等），需向经纪人、代办商支付手续费及佣金的，其实际发生的相关手续费及佣金支出，不超过企业当年收入总额 5% 的部分，准予在企业所得税前据实扣除。

2. 佣金和手续费支出税前扣除的要求

（1）企业应与具有合法经营资格中介服务企业或个人签订代办协议或合同，并按国家有关规定支付手续费及佣金。除委托个人代理外，企业以现金等非转账方式支付的手续费及佣金不得在税前扣除。企业为发行权益性证券支付给有关证券承销机构的手续费及佣金不得在税前扣除。

（2）企业不得将手续费及佣金支出计入回扣、业务提成、返利、进场费等费用。

（3）企业已计入固定资产、无形资产等相关资产的手续费及佣金支出，应当通过折旧、摊销等方式分期扣除，不得在发生当期直接扣除。

（4）企业支付的手续费及佣金不得直接冲减服务协议或合同金额，并如实入账。

（5）企业应当如实向当地主管税务机关提供当年手续费及佣金计算分配表和其他相关资料，并依法取得合法真实凭证。

（三）业务招待费

根据《中华人民共和国企业所得税法实施条例》第四十三条规定，企业发生的与生产经营活动有关的业务招待费支出，按照发生额的 60% 扣除，但最高不得超过当年销售（营业）收入的 5‰。

需要注意的是，企业在筹建期间，发生的与筹办活动有关的业务招待费支出，可按实际发生额的 60% 计入企业筹办费，并按有关规定在税前扣除。

三 以年度利润为基数的限额扣除项目 ● ● ●

公益性捐赠

1. 扣除比例

《财政部 国家税务总局关于公益性捐赠支出企业所得税税前结转扣除有关政策的通知》（财税〔2018〕15 号）规定，企业通过公益性社会组织或者县级以上（含县级）人民政府及其组成部门和直属机构，用于慈善活动、公益事业的捐赠支出，在年度利润总额 12% 以内的部分，准予在计算应纳税所得额时扣除；超过年度利润总额 12% 的部分，准予结转以后 3 年内在计算应纳税所得额时扣除。

2. 税前扣除注意事项

（1）企业扶贫捐赠据实扣除。《财政部 税务总局 国务院扶贫办关于企业扶贫捐赠所得税税前扣除政策的公告》（财政部 税务总局 国务院扶贫办公告 2019 年第 49 号）及《财政部 税务总局 人力资源社会保障部 国家乡村振兴局关于延长部分扶贫税收优惠政策执行期限的公告》（财政部 税务总局 人力资源社会保障部 国家乡村振兴局公告 2021 年第 18 号）相关文件规定，自 2019 年 1 月 1 日至 2025 年 12 月 31 日期间，企业通过公益性社会组织或者县级以上（含县级）人民政府及其组成部门和直属机构，用于目标脱贫地区的扶贫捐赠支出，准予在计算企业所得税应纳税所得额时据实扣除。

（2）疫情防控捐赠据实扣除。根据《关于支持新型冠状病毒感染的肺炎疫情防控有关捐赠税收政策的公告》（财政部 国家税务总局公告 2020 年第 9 号）等文件规定，自 2020 年 1 月 1 日至 2021 年 3 月 31 日，企业和个人通过公益性社会组织或者县级以上人民政府及其部门等国家机关，捐赠用于应对新型冠状病毒感染的肺炎疫情的现金和物品，允许在计算应纳税所得额时全额扣除。企业和个人直接向承担疫情防治任务的医院捐赠用于应对新型冠状病毒感染的肺炎疫情的物品，允许在计算应纳税所得额时全额扣除。

2.18 只要取得飞机票，就能抵扣进项税吗

跑客户、谈业务，一个月下来机票、车票等差旅费票据一大堆，那么这些票据

能抵扣进项税额吗？都有哪些税务要求？需要注意哪些事项？下面我们就来了解一下机票、车票抵扣的正确知识。

一 政策规定 ●●●

根据《财政部　税务总局　海关总署关于深化增值税改革有关政策的公告》（财政部　税务总局　海关总署公告 2019 年第 39 号）第六条规定，纳税人购进国内旅客运输服务，其进项税额允许从销项税额中抵扣。

纳税人未取得增值税专用发票的，暂按照以下规定确定进项税额：

（1）取得增值税电子普通发票的，为发票上注明的税额；

（2）取得注明旅客身份信息的航空运输电子客票行程单的，为按照下列公式计算的进项税额：

航空旅客运输进项税额＝（票价＋燃油附加费）÷（1＋9%）×9%

（3）取得注明旅客身份信息的铁路车票的，为按照下列公式计算的进项税额：

铁路旅客运输进项税额＝票面金额÷（1＋9%）×9%

（4）取得注明旅客身份信息的公路、水路等其他客票的，为按照下列公式计算的进项税额：

公路、水路等其他旅客运输进项税额＝票面金额÷（1＋3%）×3%

二 注意事项 ●●●

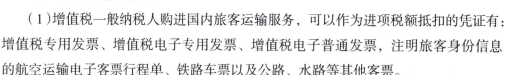

（一）可抵扣进项税额的范围

1. 可抵扣的票据类型

（1）增值税一般纳税人购进国内旅客运输服务，可以作为进项税额抵扣的凭证有：增值税专用发票、增值税电子专用发票、增值税电子普通发票，注明旅客身份信息的航空运输电子客票行程单、铁路车票以及公路、水路等其他客票。

（2）车票取得增值税电子普通发票的，按发票上注明的税额来抵扣增值税。取得的纸质增值税普通发票不能抵扣进项税额。

（3）纳税人取得旅行社、航空票务代理等票务代理机构依 6% 税率开具的代理旅客运输费用电子普通发票，是购进"现代服务—商务辅助服务"，不属于购进国内旅客运输服务，不能适用《财政部　税务总局　海关总署关于深化增值税改革有关政策的公告》（财政部　税务总局　海关总署公告 2019 年第 39 号）第六条关于其他票据计算抵扣的特殊规定。

（4）对于机票来说，可以抵扣的是注明旅客身份信息的航空运输电子客票行程单，仅仅取得登机牌的不能抵扣进项税额。

（5）一般纳税人购进国际旅客运输服务不得抵扣。例如员工到法国、韩国等国外出差等取得的机票。

2. 可抵扣的人员范围

增值税一般纳税人购进国内旅客运输服务，其进项税额允许从销项税额中抵扣。人员限于与本单位签订了劳动合同的员工，以及本单位作为用工单位接受的劳务派遣员工发生的国内旅客运输服务。纳税人如果为非雇员支付的旅客运输费用，不能纳入抵扣范围。例如，纳税人为非雇员（如客户、邀请讲课专家等存在业务合作关系的人员）支付的旅客运输费用，则不能抵扣。

需要注意的是，上述允许抵扣的进项税额，应用于生产经营所需，如属于集体福利或者个人消费，其进项税额不得从销项税额中抵扣。

（二）可抵扣票据的票面要求

按照规定，一般纳税人购进国内旅客运输服务，除取得增值税专用发票（含电子专票）和增值税电子普通发票外，需凭注明旅客身份信息的航空运输电子客票行程单、铁路车票以及公路、水路等其他客票抵扣进项税额。

因此，未注明旅客身份信息的其他票证（手写无效），暂不允许作为扣税凭证。对于纳税人取得的未注明旅客身份信息的出租车票、公交车票、长途客运手撕票、手写票等，不能抵扣进项税额。

三 纳税申报 ● ● ●

纳税申报的方法

纳税人购进国内旅客运输服务，取得增值税专用发票，按规定可抵扣的进项税额，在申报时填写在《增值税纳税申报表附列资料（二）》第1栏"（一）认证相符的增值税专用发票"对应栏次中。

纳税人购进国内旅客运输服务，取得增值税电子普通发票或取得注明旅客身份信息的航空运输电子客票行程单、铁路车票等票据，按规定可抵扣的进项税额，在申报时填写在《增值税纳税申报表附列资料（二）》第8b栏"其他"中，同时还需将相关数据填报在第10栏"（四）本期用于抵扣的旅客运输服务扣税凭证"。

【案例2-18：纳税申报】2021年4月份，甲公司销售人员出差拜访国内客户，取得了多张旅客运输服务票据：

（1）取得注明身份证号码的高铁火车票 20 份，票价合计 10 900 元。

（2）取得注明身份证号码的公路汽车客运票 100 份，票价合计 10 300 元。

（3）取得航空运输电子客票行程单 10 份，合计 10 900 元（含燃油税）。

请问：甲公司 2021 年 4 月增值税如何申报？

【分析】

（1）计算可抵扣进项税额

甲公司 2021 年 4 月可抵扣进项税额如下：

①火车票可抵扣进项税额 ＝ $10\,900 \div (1 + 9\%) \times 9\% = 900$（元）

②公路汽车客运票可抵扣进项税额 ＝ $10\,300 \div (1 + 3\%) \times 3\% = 300$（元）

③航空运输电子客票行程单可抵扣进项税额 ＝ $10\,900 \div (1 + 9\%) \times 9\% = 900$（元）

合计旅客运输服务可抵扣进项税额 ＝ $900 + 300 + 900 = 2\,100$（元）。

（2）纳税申报表的填报

2021 年 4 月纳税申报表填报如表 2-29 所示。

表 2-29　增值税纳税申报表附列资料（二）

（本期进项税额明细）

税款所属时间：　　年　月　日至　　年　月　日

纳税人名称：（公章）　　　　　　　　　　　　　　　　　　　金额单位：元至角分

一、申报抵扣的进项税额				
项目	栏次	份数	金额	税额
（一）认证相符的增值税专用发票	1＝2+3			
其中：本期认证相符且本期申报抵扣	2			
前期认证相符且本期申报抵扣	3			
（二）其他扣税凭证	4=5+6+7+8a+8b	130	30 000	2 100
其中：海关进口增值税专用缴款书	5			
农产品收购发票或者销售发票	6			
代扣代缴税收缴款凭证	7		—	
加计扣除农产品进项税额	8a	—	—	
其他	8b	130	30 000	2 100
（三）本期用于购建不动产的扣税凭证	9			
（四）本期用于抵扣的旅客运输服务扣税凭证	10	130	30 000	2 100
（五）外贸企业进项税额抵扣证明	11	—	—	
当期申报抵扣进项税额合计	12=1+4+11	130	30 000	2 100

2.19 "两套账"不能要

先来解释一下什么是"两套账"。"两套账"就是指账外账，又叫内外账。一套账对内，主要提供给老板，相对真实地反映企业经营情况，叫内账；一套账对外，根据使用目的不同提供不同账，有融资用的、招投标用的、申请高新用的、报税用的等，叫外账。

一般情况下，"两套账"出现的原因是什么呢？主要是同一会计主体，对于同一个会计期间发生的经济业务，使用了不同的会计核算方法，而不同方法的核算口径或者依据存在差异，因此企业为了方便就根据不同的要求或目的形成了多套账。例如，税法上相关成本费用如果没有取得合规票据不能税前扣除，而企业管理者了解企业成本利润情况，需要对这些实际发生的、没有发票的成本费用进行确认、核算，所以，有很多企业就会根据实际情况编制一套对内的账簿，再根据税务规定编制一套对外的外账。

但是在实务中，很多企业采取了不正确的方式进行"两套账"处理。建立外账用于报税，采取少计收入、多记成本费用的方式做账，目的是少交税；建立内账用于反映实际情况。这种类型的"两套账"在民营中小企业中比较常见，但不论出于什么原因，我们需要明确的是："两套账"不能要！下面我们就为大家详细解析"两套账"产生的原因、特点以及风险。

一 "两套账"产生的原因 ●●●

（一）财务管理制度不健全

1. 新公司未设置财务部门或人员

很多企业在成立之初，为了节约成本，将记账报税等工作委托给代理记账公司。代理记账公司工作人员见票记账，不了解业务实质，使一些无票的账外收支未进行账务处理，游离在账外。企业自己为了准确核算收入、成本费用、利润，自己又记了一套流水账，从而形成了"两套账"。

2. 财务管理不到位

购销受限于客户要求、发票无法如数开出或取得；缺乏存货成本核算管理制度；单纯以是否取得税前扣除凭证作为入账基础，导致部分成本费用未入账……财务部门对于业务前端的参与度较小，在相关业务木已成舟的时候，只能通过其他方式进行事后控制。

（二）规避或偷逃税款

企业税负偏高，企业或财务人员不具备合法规划税务成本的能力，只能粗暴地使用"两套账"。内账真实反映，外账则采取收入少计或者不计、资金直接进入老板个人的账户、成本费用多计等方法，从而达到少缴税或者延缓缴税的目的。

（三）处理非正常事项

企业存在灰色事项，无法体现在账面上，只能通过"两套账"处理。例如，有些企业为了业务推广支付不合规的红包、回扣、佣金、礼品等，这些不合规的东西，不能体现在正常账目上。

（四）满足特殊目的要求

业务上，为了满足招投标的财务指标要求；融资上，需要面对银行贷款能力审查；税务上，需要满足税法的要求与规定；优惠政策上，需要满足高新技术企业标准等……为了满足这些不同目的的要求，采取了"两套账"的做法。

二 "两套账"的特点 ●●●

一般来说，很多企业的内账和外账的差异如表2-30所示。

表2-30　内账与外账的差异

目的	内账为内部管理需要提供数据支持
	外账应付税务稽查、企业融资、审计等
依据	内账真实反映收入、成本费用、利润
	外账根据会计或税法规定，假账真做
数据	内账重实质，按实际的业务来做，白条也可入账，甚至没有凭据也记录
	外账重形式，根据合法有效凭据做账，力求形式合规
要求	内账没有一定之规，也可以只是流水台账
	外账必须规范，总账、明细账、报表等缺一不可
阅者	内账只对企业内部，且只有权限较高的少数人能看到
	外账主要对税局等外部机构

三 "两套账"的风险 ●●●

财务人员做"两套账"，要负哪些法律责任呢？会面临哪些从业风险呢？

1. 行政处罚风险

《中华人民共和国会计法》第四十二条规定，不依法设置会计账簿的；私设会计账簿的；未按照规定填制、取得原始凭证或者填制、取得的原始凭证不符合规定的；向不同的会计资料使用者提供的财务会计报告编制依据不一致的；有上列行为之一的，由县级以上人民政府财政部门责令限期改正，可以对单位并处 3 000 元以上 50 000 以下的罚款；对其直接负责的主管人员和其他直接责任人员，可以处 2 000 元以上 20 000 元以下的罚款。

《中华人民共和国会计法》第四十三条规定，伪造、变造会计凭证、会计账簿，编制虚假财务会计报告，构成犯罪的，依法追究刑事责任。尚不构成犯罪的，由县级以上人民政府财政部门予以通报，可以对单位并处 5 000 元以上 100 000 元以下的罚款；对其直接负责的主管人员和其他直接责任人员，可以处 3 000 元以上 50 000 元以下的罚款。

2. 行业禁入风险

（1）《会计人员管理办法》（财会〔2018〕33 号印发）第六条规定，因发生与会计职务有关的违法行为被依法追究刑事责任的人员，单位不得任用（聘用）其从事会计工作。因违反《中华人民共和国会计法》有关规定受到行政处罚 5 年内不得从事会计工作的人员，处罚期届满前，单位不得任用（聘用）其从事会计工作。

（2）《中华人民共和国会计法》第四十条规定，因有提供虚假财务会计报告，做假账，隐匿或者故意销毁会计凭证、会计账簿、财务会计报告，贪污，挪用公款，职务侵占等与会计职务有关的违法行为被依法追究刑事责任的人员，不得再从事会计工作。

【案例 2-19】许某某（会计）逃税案——设立真假"两套账"隐藏收入偷逃税款案件

许某某为平顶山市某陶瓷有限责任公司会计，在担任会计期间，其受该公司总经理黄某某（已判刑）和财务总监张某某（已判刑）的指使，设立真假两套公司财务账，隐藏主营业务收入。

检察院指控，该公司在 2005 年 1 月 1 日至 2005 年 12 月 31 日期间，隐瞒主营业务收入 7 973 730.68 元（含税），少缴增值税 451 343.25 元；在 2006 年 1 月 1 日至 2006 年 4 月 30 日期间，隐瞒主营业务收入 2 081 269.66 元（含税），少缴增值税 117 807.71 元，以上共计少缴增值税 569 150.96 元。

检察院认为，被告人许某某伪造记账凭证少列主营业务收入，少缴应纳税款，数额巨大，其行为已触犯了《中华人民共和国刑法》第二百零一条第一款、第二十五条之规定，犯罪事实清楚、证据确实充分，应当以逃税罪追究其刑事责任，请求在有期徒刑 3 年到 4 年之间依法判决。

许某某辩称：在平顶山市某陶瓷有限责任公司工作期间，公司财务由张某某负责，他是主管，我是会计。我做会计后，公司的领导黄某某和张某某让我做两套公司账目，一套是公司经营的实际账目，是真账；另一套是张某某把报表做好后给我，我把他提供给我的数据记到账上，这套是假账。从我 2005 年做会计到 2008 年一直就是这样，公司的真假"两套账"都是张某某、黄某某他们让我做的。为什么做"两套账"，当时我不知道，后来公司因为偷税被查处后，我才知道公司让我做假账是为了隐瞒公司的实际收入，偷税用的。我不知道做假账是用来干什么的。公司每年主营业务收入是多少我不知道，我做会计期间公司共隐藏多少收入、偷了多少税我也不知道，我只负责记账。

法院认为，许某某伙同他人采取隐瞒、伪造记账凭证少列主营业务收入，逃避缴纳税款，数额巨大，且占应纳税额 30% 以上，其行为已构成逃税罪。判决被告人许某某犯逃税罪，判处有期徒刑 3 年，缓刑 3 年，并处罚金人民币 100 000 元。

【案例点评】通过这个法院判例，我们要警醒：防范风险、不踩法律红线，保护好自己！随着税收监管环境越来越严，财务人员的风险意识也要不断提高，企业的合规意识也要不断增强。

2.20 不规范账务的处理技巧

一 不规范账务处理的定义及表现

不规范账务处理是指在会计科目应用、账务处理、报表出具等方面不符合国家会计法律法规及相关制度规定的账务处理，以及税收政策理解有偏差的财税处理。主要表现为：

（1）会计科目使用错误，扩大了会计科目的核算范围，导致基础账务处理混乱；

（2）收入费用的核算未遵循权责发生制原则，导致利润失真，企业所得税核算不准确；

（3）财务报表列示、披露不合规；

（4）税收政策理解不当，导致纳税申报不准确，产生税务风险。

二 不规范账务处理产生的原因

（1）会计人员业务水平不高，政策掌握不准确。这是造成不规范账务处理的主要原因。例如，会计准则的使用不规范，不能准确把握《企业会计准则》和《小企业会计准则》的业务处理的规则。

（2）单位管理混乱，财务内控不严。这类情况在中小企业中比较常见。

三 不规范账务处理的情形 ●●●

（一）不规范账务处理的常见情形

1. 公私资产不分

（1）公司出资购买的房屋、汽车，所有人记为股东个人，而不是单位。

（2）股东个人消费和单位费用混淆不清，个人费用在公司报账。

（3）账面存在大量股东借款，记在"其他应收款"或"其他应付款"科目下。

2. 会计凭证不齐

（1）生产企业在计算成品成本、生产成本时，记账凭证后未附料、工、费耗用清单，无计算依据。

（2）计算产品（商品）销售成本时，未附销售成本计算表。

（3）在以现金方式支付员工工资时，无员工签领确认的工资单，工资单与用工合同、社保清单三者均不能有效衔接。

3. 账务处理混乱

（1）生产性企业原材料暂估入库，把相关的进项税额也暂估在内，若该批材料当年耗用，可能会对当年的销售成本造成影响。

（2）未遵循权责发生制的原则，没有依据地随意计提期间费用；或在年末预提无合理依据的费用。

（3）固定资产折旧计提不合规，在申报企业所得税时又未做纳税调整，或者存在跨纳税年度补提折旧。

4. 税务处理错误

（1）员工采用过期发票、失控发票等不合规票据报销，造成相关费用不能税前列支。

（2）因债权人注销等原因无法偿付，应付款项挂账多年，但企业未做纳税调整。

（3）商业保险计入当期费用，未做纳税调整。

（4）运用"发出商品"科目核算发出的存货，但未确认增值税收入。

（5）企业因管理不善造成存货的损耗，增值税进项税额没有转出。

（6）销售废料，没有计提并缴纳增值税。

（7）对外捐赠原材料、产成品，没有视同销售，没有确认收入和增值税。

（8）公司组织员工旅游，直接作为公司费用支出，未合并计入工资总额计提并缴纳个人所得税。

（9）有租赁业务没有确认租赁收入，房产税没有如实申报。

（二）不规范账务处理的日常实例

1. 往来科目使用混乱

【案例2-20】大明公司销售给甲公司货物一批，价钱100万元，增值税13万元，货款尚未收回。同时大明公司参加甲公司的招标业务，支付投标保证金10万元，银行付款。大明公司将上述业务合并记录，"应收账款—甲公司"借方金额记为103万元。

【解析】

（1）常见不规范点。

①把投标保证金记入"应收账款"科目。

②对于一个单位，既是供应商又是客户，科目余额互相抵消。

（2）规范处理思路。

应收账款是指企业在正常的经营过程中因销售商品、产品、提供劳务等业务，应向购买单位收取的款项，包括应由购买单位或接受劳务单位负担的税金、代购买方垫付的各种运杂费等。

其他应收款是指企业除应收票据、应收账款、预付账款、应收股利和应收利息以外的其他各种应收及暂付款项。

①销售货物

借：应收账款—甲公司　　　　　　　　　　　　　　　　　113

　　贷：主营业务收入　　　　　　　　　　　　　　　　　100

　　　　应交税费—应交增值税（销项税额）　　　　　　　　13

②支付投标保证金

借：其他应收款—甲公司　　　　　　　　　　　　　　　　10

　　贷：银行存款　　　　　　　　　　　　　　　　　　　10

2. 公私资产不分

【案例2-21】单位大股东张三参加清华大学的MBA学习，在单位报销学费30 000元，记入职工教育经费。张三私家车车险在单位报销，记入公司财产保险费。张三个人购买健康保险，在单位报销50 000元。

【解析】

（1）常见不规范点。

①公司费用与股东个人消费混杂。

②高管参加在职教育，挤占企业的职工教育培训经费。

（2）规范处理思路。

公司是企业法人，享有独立的法人财产，股东个人消费和公司成本费用需要明确区分；企业职工参加社会上的学历教育以及个人为取得学位而参加的在职教育，所需费用应由个人承担，不能挤占企业的职工教育培训经费。

上述案例处理错误，公司不能将以上支出记入单位的费用，不能将上述费用在企业所得税税前扣除。

四 不规范账务处理的技巧 ● ● ●

（一）往来类科目不规范的处理技巧

1. 应收账款科目

（1）常见的不规范问题。

①未制定应收账款坏账准备计提政策，未定期对应收账款进行账龄分析。

②未定期与客户对账，没有对账记录，或者对账没有相关人员完整的签字确认记录。

③存在应收账款与预收账款双边长期挂账、冲账、未核销的情形。

（2）规范处理的方法。

①制定应收账款坏账准备计提比例及政策，同时建立客户档案，对各客户的信誉、经济实力、财务状况和货款回款情况建档造册。

②建立完整的会计制度，财务部应定期（每月末）分析应收账款明细账，及时反映每一客户应收账款余额变动情况，进行相关账龄分析；年末根据坏账计提政策计提坏账。

③应收账款的确认凭证后附原始单据应齐全，如出库单、托运单、放行条、发票、客户验收单、对账单等。

④应定期与客户对账，与客户结算的月结单、对账单必须要有客户核对确认后的盖章签字，确保收入的真实性，并保存好对账单。呆账、减免款项应及时清理，督促业务人员催款，对账时应核对财务系统的数据，确保账面与实际相符，对应收账款进行有效管理。

⑤双方挂账的客户应及时调整，对于长期挂账的待核查款项，根据实际情况进行处理。

2. 应付账款科目

（1）常见的不规范问题。

①"应付账款—暂估款"未如实进行账务处理，或者未进行暂估账务处理。

②部分先货后款的采购业务直接记入"借：原材料""贷：银行存款"，未经过"应付账款"科目处理，或未完全经过"应付账款"和"预付账款"科目处理，不方便日后查询统计。

③存在同一供应商双边挂账的情形，且长期没有进行处理。

（2）规范处理的方法。

①对于货到票未到业务，暂估入账。拿到发票后，及时冲回已经暂估入库的原材料。

②双方挂账的供应商应及时冲抵，对于长期挂账的待核查款项，根据实际情况进行处理。

③所有先货后款采购项目均要通过"应付账款"或"预付账款"科目核算。

④涉及应付账款／预付账款的记账应规范，凭证后应附齐单据，应取得相关发票并及时入账。

（二）费用类科目不规范的处理技巧

1. 财务费用科目

（1）常见的不规范问题。

财务费用科目常见的主要问题是科目设置不合理，未根据实际业务设置明细科目。例如只设置"财务费用—利息收入"，财务费用利息支出、其他涉及业务都列入"财务费用—其他"；未设置利息支出明细科目，利息支出核算不清晰；将所有涉及银行的手续费都列入"财务费用—手续费"，未按照贴现、融资区分核算。

（2）规范处理的方法。

建议根据经济业务实质设置会计明细科目，例如设置以下明细科目：

①财务费用—利息收入；

②财务费用—利息支出—银行借款利息支出、内部单位借款、其他借款利息支出；

③财务费用—手续费；

④财务费用—贴现利息；

⑤财务费用—融资费用；

⑥财务费用—汇兑收益；

⑦财务费用—汇兑损益；

⑧财务费用—其他。

2. 管理费用科目

（1）常见的不规范问题。

①公司的房租水电是按部门的经营范围及部门人数等在各个部门进行分摊。

②福利费未通过"应付职工薪酬—福利费"计提核算，直接记入"借：相关费用""贷：银行存款"。

③管理费用按照实际报销时间入账。例如管理部门报销，已经将发票交付财务部，财务部未支付相关款项，就未进行账务处理。

④管理费用中的会议费与销售费用未严格区分处理，存在混乱情形。

（2）规范处理的方法。

①费用的归集和分配应根据公司的运营情况按合理的比例进行分配。

②员工的货币性和非货币性福利性费用，计提时通过费用科目核算，支付时冲减"应付职工薪酬"科目。

③严格按照权责发生制进行费用类会计处理，对于跨期费用规范处理。

④准确划分会议费与销售费用，严格按照经济业务实质进行会计处理。

3. 销售费用科目

（1）常见的不规范问题。

①销售部门相关费用已经发生，但销售人员在外地，相关单据未及时传递，所以未记账。

②涉及销售费用的相关记账附件，只有发票，没有合同、其他单据等辅助证明材料。

③销售费用科目设置不合理，存在根据单据上的人员部门归属来进行会计处理的问题。如销售人员偶发地替公司购买全公司使用的物品或用品，会计人员根据销售人员的部门归属记入"销售费用"科目。

④按照销售人数来分摊公司办公用地的房租等相关费用。

⑤销售费用中会务费、会议费，相关附件不齐全，详细证明资料缺失。

（2）规范处理的方法。

①按照权责发生制原则，费用入账应及时，警惕费用跨期。

②记账要规范，附件要齐全，应取得相应发票。

③费用的归集和分配应根据公司的运营情况按合理的比例进行分配。

④结合业务实际和相关单据来进行会计处理，不单纯根据人员部门归属确定费用分摊。

⑤对于客户研讨会、培训会、产品推广会、展览会等各种会议发生的费用，可设三级科目进行明细核算，留存相关会议费的参加人员名单、会议记录、会议日程及照片等证明资料。

（三）资产类科目不规范的处理技巧

1. 原材料科目

（1）常见的不规范问题。

①财务核算的原材料分类口径与仓库账的原材料分类口径有差异。

②货到票未到的材料暂估不及时，实际已耗用未及时暂估。

③相关原材料等存货发生减值损失情形，未计提跌价准备。

（2）规范处理的方法。

①对于企业原材料种类繁多的企业，每种原材料均有各种不同规格型号，建议企业采购专门的存货管理软件进行库存管理。

②严格按照权责发生制原则，对货到票未到的材料暂估入库。

③严格按照《企业会计准则》的规定，在资产负债表日，对存货按照成本与可变现净值孰低计量。存货成本高于其可变现净值的，应当计提存货跌价准备，计入当期损益。

2. 无形资产科目

（1）常见的不规范问题。

企业购入的软件，作为长期待摊费用进行核算，未作为无形资产核算。

（2）规范处理的方法。

符合无形资产确认条件的，建议按照《企业会计准则》的规定确认为无形资产，并按无形资产的使用寿命分期摊销。

3. 固定资产科目

（1）常见的不规范问题。

①设备购入未取得发票，也未作为固定资产入账。

②税法上按照规定一次性税前扣除，会计上也一次性折旧计入了相关费用。

（2）规范处理的方法。

①对所有账内、账外固定资产进行盘点。针对从股东或者其他个人手中购买的

固定资产，如果未取得发票、未入账，可以采取税务机关代开发票的形式取得发票、入账。

②税务上按照税法规定一次性税前扣除，会计上依然按照会计规定处理。

（四）收入类科目不规范的处理技巧

（1）常见的不规范问题。

①收入确认不及时。公司发出货物，在与客户完成对账后开具发票，然后按开票时间确认收入。由于客户一般不会在收到货物时与公司对账，部分客户与公司对账时间较收货时间延迟较长，甚至超过几个月，按开票时间确认时候，造成收入确认不及时。

②主营业务收入下未设置相应的明细科目。

③公司存在内外"两套账"的情况，部分收入未开具发票并且不在外账中反映。

（2）规范处理的方法。

①改变按照发票确认会计收入的做法，根据最新收入准则制定相应的企业会计收入确认政策。

②结合公司自身情况在主营业务收入下设置相对应的明细科目。

③根据销售订单、出库单、签收单等资料重新梳理年度所有真实的收入。

2.21 会计必会的乱账整理技巧

一 什么是乱账 ●●●●

【小剧场】

张会计：我刚入职一家企业的时候，前一任会计已经离职一段时间了，没有工作交接，不知道要如何展开自己的工作。

王会计：接手的公司前面的账乱得一塌糊涂，存货对不上，往来也比较乱，该如何处理呀？

李会计：我到这个公司以后，公司根本就没有账，只有几本凭证，也不全，这怎么办呢？

孙会计：我们的上任会计连会计科目都用错了，导致账目特别乱，报表也不平，报税系统和账务系统完全对不上。

老板赵：我们公司的账一直在个人代理会计那边，现在那个会计联系不上了，我所有的会计资料都拿不回来了，怎么办？

以上种种场景，归结起来，可以统称为乱账。

乱账，是指企业在经营过程中，财务管理不当，内部业务流转混乱，单据传递无序，出现账账不符、账实不符、往来不清的情况。错账也是乱账的一种。

这种情况将导致所有财务指标不能反映企业真实的经营情况，账实"两张皮"。

（1）账实不符：有账无实、有实无账、账实不匹配。

（2）账账不符：总账与明细账不符，业务账与财务账不符。

（3）错账：不符合财务会计制度和税收法律制度等规定。

二 乱账形成的主要原因 ●●●

正确的账务处理不仅需要高水平的财务人员，还需要公司管理层面的支持。因此，乱账错账的出现，一般主要原因就在于财务人员水平不高和公司内部管理不佳。

（一）财务人员水平不高

1. 专业水平差

会计人员理论水平或实战经验不充分，责任心不强，在做账环节弄错科目或写错数据，单据取得不及时，对账不清楚等，由于人为因素使得账簿出错。

2. 职业道德缺失

财务人员违背职业道德，为了偷税漏税或谋取个人私利等目的做假账。

3. 财务工作交接或沟通不到位

企业财务部门人员更换比较频繁，相关岗位人员没有交接或没有交接到位，聘请的代理记账公司记账、核算过于简单，相关业务未进行对账、未及时沟通，由此导致账目混乱、账簿缺失。

4. 缺乏账表之间的核对

在手工账的情况下没有发挥科目汇总表对账务的统筹作用，以科目汇总表过总账，以记账凭证过明细账，明细账结出余额不与总账核对，特别是往来、存货等账目，平时不找平衡关系，年末结账时也不加计总额，以致出现总账与明细账不符。

（二）公司内部管理不佳

1. 财务管理不规范

公司设置"两套账"，由于会计人员水平差，内账外账做不清，账务处理弄混淆。

2. 会计制度不健全

企业老板重业务轻财务；财务会计制度不健全不完善，财务管理内控缺失，互不牵制，不盘点不对账；各部门形成独立的个体，部门之间缺乏交流，信息不对称，财务和业务完全脱节。这一现象在中小企业普遍存在。

3. 企业不建账

一些企业由于规模较小或者业务单一，从来没有建过账；还有一些企业由于采取了定额征收、核定征收等方式，因此没有建立规范的账簿。

三 乱账调整流程

乱账调整看起来比较麻烦，实务中如果抓住几个关键步骤，其实也不难。具体来说，乱账调整流程主要有以下 3 个步骤。

（一）乱账调整前的准备工作

乱账调整前，需要对公司的基础情况进行了解。主要包括：了解公司业务情况、业务流程；了解公司财务管理制度；收集整理会计相关档案资料，如公司原先旧的会计凭证、会计账簿和财务报表以及银行流水单据、仓库入库与出库单据、生产领料单据、销售送货单据、合同、各种报表等资料。通过上述工作，基本上能够对旧账的混乱情况做到心中有数。

（二）清产核资

清产核资简单说就是盘点，盘点公司全部资产与负债。账目混乱的公司，往往资产管理混乱、产权不清，因此理清资产产权是重中之重。清产核资主要步骤如下：

（1）确定时间点。清产核资时，首先应确定一个统一的时点，最好是确定在 1 月 1 日；如果不行的话，确定在其他时点也可以，建议选取某月 1 日。

（2）确定资产归属。形式上，要确保所有资产都得到盘点人、复盘人、领导的签字。对产权不清的资产，做一个待处理文件，推动公司高层确定全部资产归属。尤其关联企业之间、股东与企业之间、母子公司之间，一定要推动产权清晰。

（3）确定成本。理清资产产权后，要确定资产成本。通过发票、合同、付款凭证等能够证明成本价值的资料确定资产成本。

（4）确定债权债务。所有有记录的债权，全部制成表格，宁多勿漏，每笔债权要确定责任部门或人员，形成领导签字批准的债权表。债务方面，所有债务包括金额最好发函询证，领导签字。

（5）试算平衡。完成相关清查后，进行试算平衡的工作。将上述盘点表的资产与负债归集入相关科目制作平衡表，资产与负债的差额就是所有者权益。所有者权益中，除非有确凿依据，否则尽量不要确认资本公积。用科目汇总表中资产与负债的差额，减去实收资本和资本公积，该差额就是未分配利润。这么一来，理论上讲，清产核资的成果——资产负债表也就出来了。

（三）建账或调账

将资料收集整理、清产核资后，对于原来没有建账的，准备建账。对于原来有账的，要根据实际情况进行调账处理。找出差异原因，取得相关调账证据。分清主次，确定重点调整对象。进行调账时，必须要附详细的调整说明作为原始凭证。

四 乱账如何调整 ●●●

在进行乱账调整时，首先要在清查、清理的基础上，确定需要调账的重点项目，分析并查找差异原因，然后根据具体项目进行调整。

（一）主要项目的分析与调整方法

1. 货币资金

公司所有的业务和经营事项都是围绕资金来的，只有把资金捋清楚，业务真实的面貌才能梳理出来，才知道真实的情况和当前会计账簿上的情况差距有多大。货币资金的清理方法如下：

（1）先看企业报税系统中的财务报表，根据财务报表的数据和银行对账单确定银行存款实有数和其他货币资金数，倒挤现金数。

（2）若库存现金账实不符，必须找到相应层级的管理人员或者老板，确定账实不符的原因，并如实调账。

①如果现金盘亏的原因是企业老板借用企业资金，则及时挂往来。

借：其他应收款

　　贷：库存现金

②如果现金盘亏的原因是已经支付的费用没有入账，则及时取得发票补记费用。

借：管理费用

　　贷：库存现金

③如果现金盘盈，属于收入未入账，则及时记账，并补缴税款；无票收入的话，可以在调账当期进行纳税申报；不属于收入的话，如果是老板的钱，可以退回老板，也可以记为往来借款。

借：库存现金

贷：其他应付款

现金必须当场确认，领导签字。

（3）银行存款核对及处理与库存现金类似，一般以银行对账单的余额为准。另外，银行存款可能会存在未达账项，要找到负责人或老板，查明"未达账项"，编制《银行存款余额调节表》。

2. 债权债务

债权债务的清理一般主要是对往来款项的清理，往来需要按二级明细科目余额逐一核对。

（1）如果属于已经实际收付，但没有入账的，取得收付款证明（如银行收付款回单、收据等），补计账目。

借：银行存款/库存现金

　　贷：应收账款

借：应付账款

　　贷：银行存款/库存现金

（2）如果属于长期不清的往来，比如长时间通过"上年结转"而"结转下年"的往来，应请示领导，根据实际情况，及时核销。

①应收账款无法收回的，确认为坏账，冲减坏账准备或者直接记入营业外支出。

②应付账款无法支付的，确认为营业外收入。

【注意】

（1）往来差异的核对首先与公司业务部门核对，再与对方单位进行核对，形成对账工作底稿，根据核对后的差异结果，调整账务。

（2）应收账款按客户名称逐一进行余额核对。先将余额对上，余额对不上的，再逐笔核对明细，一定要按照发票明细来进行核对，做核对工作底稿的时候建议注明发票信息。

如果是因为收入没有及时入账或者收到货款没有冲减往来，要及时进行账务调整。此过程也是对公司业务部门工作的一个检验，比如发现业务员收款不及时报账。

（3）对应收账款管理比较混乱的企业，应重点关注以下几个方面：

①月初月末是否有大笔相同的金额转出和转入；

②对摘要模糊、金额较大的记录要重点审查；

③对挂账期间非常长的金额，判断应收账款是否真实存在；

④是否按备抵法计提坏账，发生坏账后是否直接转销；

⑤是否随意变更坏账准备的计提范围和计提比率来调节利润；

⑥检查应收账款的明细科目，是否有重分类的预收账款挂账，虚减期末余额，虚增利润；

⑦是否为了隐瞒利润，虚增期末余额，多计提坏账，期末不做重分类，把一部分已收到的应收转移到预收账款中。

（4）应付账款按供应商名称进行核对。一般来说应付账款付错的概率并不大。通常情况下较大的客户也会定期主动发送对账单，我们根据对账单进行核对即可。需要注意的是，如果跟供应商的对账单出现差异，一定要检查之前是否付过款，避免重复支付。

（5）应付账款清查核对过程中，要重点关注：

①应付账款长期挂账是否真实；

②现金结算货款、委托个人付款、付款给销售方以外的第三方是否如实入账；

③是否存在虚列应付账款增加成本，虚列制造费用；

④是否存在用商品直接抵应付账款但会计上没有如实入账的情形。

（6）其他应收应付的核对，要落实到明细账户上，逐一核实。其他应收款应重点关注：

①隐形成本支出在其他应收款下挂账；

②是否存在股东分红逃税的情形；

③没有发票报销的业务不做处理或者延迟处理；

④是否存在协助员工偷逃个税、工资入借款的情形；

⑤是否存在股东挪用资金的情形；

⑥是否存在利用其他应收款套取现金的情形；

⑦是否存在利用"其他应收款"科目隐匿收入的情形。

（7）经过核对以后，往来款项仍然对不上的部分（往往实际对账结果会小于报表数），可以记到"其他"或者"综合调账"二级科目下，待以后视情况调整。

3. 实物资产

调账时需要进行存货、固定资产等实物资产清查，确定资产成本。

（1）存货的盘点，有发票、白条、合同、付款凭证等能够证明资产的价值，如实入账；没有发票、价值不明的，可以按近期采购价格估价入账。

【注意】没有发票的资产，对应的支出所得税前不能扣除，在企业所得税汇算清缴的时候，要做成本调增。

（2）固定资产的盘点。找发票、找合同，尽量确认到原值。没有发票的，可以记为借入股东的资产或者估价入账，但是因为没有发票，所计提的折旧就不得在税前扣除，在企业所得税汇算清缴时需要作纳税调整。清查核对过程中，应建立固定资产台账。

（3）盘点结果与账面记录相比，账实不符的，通过"待处理财产损溢"科目进行调账处理。企业需要重新建账的，以盘点结果建账，与报表不符的部分，按盘盈盘亏处理。

（二）记账差错的更正方法

记账差错的调整一般有划线更正法、红字更正法、补充登记法 3 种方法。

1. 划线更正法

划线更正法适用于手工制单和记账的单位。在结账前发现账簿记录有文字或数字错误，而记账凭证没有错误，采用划线更正法。

具体做法：先在错误的文字或数字上划一条红线，表示注销，划线时必须使原有字迹仍可辨认；然后将正确的文字或数字用蓝字写在划线处的上方，并由记账人员在更正处盖章，以明确责任。

2. 红字更正法

红字更正法一般适用于两种情况：

（1）记账以后，发现账簿记录的错误是因为记账凭证中的会计科目或记账方向有错误而引起的，应用红字记账法进行更正。

（2）记账以后，发现记账凭证和账簿记录金额大于应记的正确金额，而会计科目没有错误，应用红字更正法进行更正。

具体做法：用红字填写一张与原记账凭证完全相同的记账凭证，在摘要栏内写明"注销某月某日某号凭证"，并据以用红字登记入账，以示注销原记账凭证，然后用蓝字填写一张正确的记账凭证，并据以用蓝字登记入账。

3. 补充登记法

补充登记法适用于记账后发现记账凭证中应借、应贷的会计科目正确，但所填的金额小于正确金额的情况。采用补充登记法时，将少填的金额用蓝字填制一张记账凭证，并在"摘要"栏内注明"补充第 × 号凭证少计数"，并据以登记入账。这样便将少记的金额补充登记入账簿了。

（三）新建账的思路和方法

上文针对乱账主要项目如何清查、分析、调整已经为大家做了细致的解读。但在实务中，有时候我们会遇到一些中小企业根本未建账的情况。对于这类企业，我们就需要进行财产清查，根据清查结果进行期初建账。主要的思路和做法是：

1. 盘点出纳库存现金

与出纳一同盘点库存现金数量，清查之后填写"现金盘点报告表"作为原始凭证调节现金日记账的账面记录。

2. 核对开户银行存款

打印所有开户银行的对账单，根据对账单余额建账。

3. 盘点仓库存货

组织人员对公司所有存货进行大盘点，编制盘点表，根据盘点结果建账。

4. 盘点公司固定资产

对公司固定资产进行盘点核账，建立固定资产卡片，编制盘点表，根据盘点结果建账。

5. 与客户核对应收账款

主要核对销售合同、报价单、送货单等单据。制作每个客户应收账款对账单，先交销售人员核对，再由销售人员将对账单发给客户进行核对，对方核实后，盖章确认相符，并返回。

6. 与供应商核对应付账款

核对时主要核对合同、入库单等单据。要求供应商提供应付账款对账单，先发给采购员进行核对，采购员核对完后，交由财务人员进行核对。

7. 核查税务纳税申报情况

查阅纳税申报系统报税情况，根据申报表数据，建立与税费相关会计科目。

8. 收集各种单据

收集银行流水单据、仓库入库与出库单据、生产领料单据、销售送货单据、合同、各种报表等财务建账做账需用到的单证。

第三章

聊聊纳税实务那些事

　　企业经营需要交哪些税？企业生产经营：增值税、消费税、关税、所得税等。企业拥有财产：购买房屋——房产税、契税；转让土地——土地增值税、城镇土地使用税；购置车辆——车船税、车辆购置税。企业的经营活动离不开纳税，要掌握纳税实务的基本原理，力求解决企业实际的涉税问题，实现企业财务管理各个环节的合规化。

3.1 纳税申报实务——企业所得税汇算清缴

一 企业所得税汇算清缴概述 ● ● ●

（一）企业所得税汇算清缴相关概念

1. 企业所得税的征税对象

企业所得税是以纳税人实现的所得作为课税对象的一个税种。征税对象包括纳税人的生产经营所得及其他所得，纳税人包括各类企业、事业单位、社会团体、民办非企业单位和从事经营活动的其他组织。

2. 企业所得税的征收管理方式

根据《中华人民共和国企业所得税法》《中华人民共和国企业所得税法实施条例》等相关规定，企业所得税施行分月或者分季预缴、年度汇算清缴的征收管理方式。企业应当自月份或者季度终了之日起 15 日内，向税务机关报送预缴企业所得税纳税申报表，预缴税款。企业应当自年度终了之日起 5 个月内，向税务机关报送年度企业所得税纳税申报表，并汇算清缴，结清应缴应退税款。

3. 企业所得税汇算清缴定义

企业所得税汇算清缴，就是指纳税人自纳税年度终了之日起 5 个月内或实际经营终止之日起 60 日内，依照税收法律、法规、规章及其他有关企业所得税的规定，自行计算本纳税年度应纳税所得额和应纳所得税额，根据月度或季度预缴企业所得税的数额，确定该纳税年度应补或者应退税额，并填写企业所得税年度纳税申报表，向主管税务机关办理企业所得税年度纳税申报、提供税务机关要求提供的有关资料、结清全年企业所得税税款的行为。

纳税人应当按照《企业所得税法》及其实施条例和企业所得税的有关规定，正确计算应纳税所得额和应纳所得税额，如实、正确填写企业所得税年度纳税申报表及其附表，完整、及时报送相关资料，并对纳税申报的真实性、准确性和完整性负法律责任。

（二）企业所得税申报表的框架体系

1. 按照申报期限分类

按照申报期限的不同，现行企业所得税申报表一般可以分为月（季）预缴申报表、年度申报表。对于有关联交易行为的企业，以及注销清算企业，还需要填报关联业务往来报告表、企业清算所得税纳税申报表。

2. 按照征收方式分类

根据征收方式的不同，填报的申报表也不同。企业所得税征收方式有两种：查账征收和核定征收。一般来说，财务健全、符合规定的，多采用查账征收方式。纳税人具有下列情形之一的，核定征收企业所得税：

（1）依照法律、行政法规的规定可以不设置账簿的；

（2）依照法律、行政法规的规定应当设置但未设置账簿的；

（3）擅自销毁账簿或者拒不提供纳税资料的；

（4）虽设置账簿，但账目混乱或者成本资料、收入凭证、费用凭证残缺不全，难以查账的；

（5）发生纳税义务，未按照规定的期限办理纳税申报，经税务机关责令限期申报，逾期仍不申报的；

（6）申报的计税依据明显偏低，又无正当理由的。

3. 企业所得税报表体系

根据企业所采用的不同的征收方式，填报的申报表分别为：查账征收的，预缴申报表和年度申报表填报 A 类表；核定征收的，预缴申报表和年度申报表填报 B 类表。

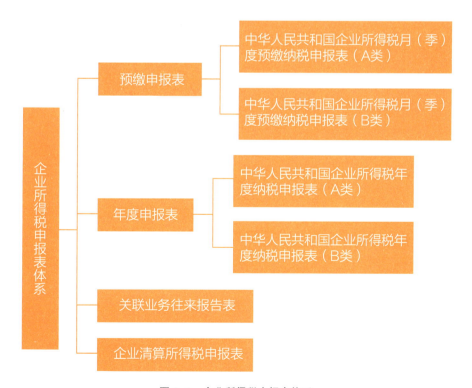

图 3-1　企业所得税申报表体系

二 企业所得税汇算清缴指南 ●●●

（一）企业所得税税率

1. 居民企业

就其来源于中国境内、境外的所得，按 25% 的税率征税。

2. 非居民企业

（1）在中国境内设立机构、场所的，取得所得与设立机构、场所有实际联系的，就其来源于中国境内的所得，以及发生在中国境外但与其所设机构、场所有实际联系的所得，按 25% 的税率征税。

（2）在中国境内设立机构、场所的，取得所得与设立机构、场所没有实际联系的，或者未在我国设立机构、场所，却有来源于我国的所得的，就来源于中国境内的所得，按低税率 20%（实际减按 10%）的税率征收。

3. 特殊税率

（1）符合条件的小型微利企业适用 20% 税率，分段计算企业所得税。

对小型微利企业年应纳税所得额不超过 100 万元的部分，减按 25% 计入应纳税所得额，按 20% 的税率缴纳企业所得税；对年应纳税所得额超过 100 万元但不超过 300 万元的部分，减按 50% 计入应纳税所得额，按 20% 的税率缴纳企业所得税。

2021 年 1 月 1 日至 2022 年 12 月 31 日期间，对小型微利企业年应纳税所得额不超过 100 万元的部分，减按 12.5% 计入应纳税所得额，按 20% 的税率缴纳企业所得税。

（2）国家需要重点扶持的高新技术企业，减按 15% 税率征税。

（二）居民企业应纳税额的计算

居民企业应缴纳所得税额等于应纳税所得额乘以适用税率。基本计算公式为：

应纳税额＝应纳税所得额 × 适用税率－减免税额－抵免税额

应纳税所得额＝收入总额－不征税收入－免税收入－各项扣除－弥补以前年度亏损

（三）收入总额

收入总额包括以货币形式和非货币形式从各种来源取得的收入。具体有：销售货物收入，提供劳务收入，转让财产收入，股息、红利等权益性投资收益，利息收入，租金收入，特许权使用费收入，接受捐赠收入，其他收入。

企业取得收入的货币形式，包括现金、存款、应收账款、应收票据、准备持有至到期的债券投资以及债务的豁免等；纳税人以非货币形式取得的收入，包括固定资产、生物资产、无形资产、股权投资、存货、不准备持有至到期的债券投资、劳务以及有关权益等，这些非货币资产应当按照公允价值确定收入额，公允价值是指按照市场价格确定的价值。

1. 一般收入的确认

（1）销售货物收入，是指企业销售商品、产品、原材料、包装物、低值易耗品以及其他存货取得的收入。

（2）提供劳务收入，是指企业从事建筑安装、修理修配、交通运输、仓储租赁、金融保险、邮电通信、咨询经纪、文化体育、科学研究、技术服务、教育培训、餐饮住宿、中介代理、卫生保健、社区服务、旅游、娱乐、加工以及其他劳务服务活动取得的收入。

（3）转让财产收入，是指企业转让固定资产、生物资产、无形资产、股权、债权等财产取得的收入。

（4）股息、红利等权益性投资收益，是指企业因权益性投资从被投资方取得的收入。股息、红利等权益性投资收益，除国务院财政、税务主管部门另有规定外，应以被投资企业股东会或股东大会作出利润分配决定的日期确认收入的实现。

（5）利息收入，是指企业将资金提供他人使用但不构成权益性投资，或者因他人占用本企业资金取得的收入，包括存款利息、贷款利息、债券利息、欠款利息等收入。利息收入按照合同约定的债务人应付利息的日期确认收入的实现。

（6）租金收入，是指企业提供固定资产、包装物或者其他有形资产的使用权取得的收入。租金收入，按照合同约定的承租人应付租金的日期确认收入的实现。如果交易合同或协议中规定租赁期限跨年度，且租金提前一次性支付的，根据《企业所得税法实施条例》第九条规定的收入与费用配比原则，出租人可对上述已确认的收入，在租赁期内，分期均匀计入相关年度收入。

（7）特许权使用费收入，是指企业提供专利权、非专利技术、商标权、著作权以及其他特许权的使用权取得的收入。特许权使用费收入，按照合同约定的特许权使用人应付特许权使用费的日期确认收入的实现。

（8）接受捐赠收入，是指企业接受的来自其他企业、组织或者个人无偿给予的货币性资产、非货币性资产。接受捐赠收入，按照实际收到捐赠资产的日期确认收入的实现。

（9）其他收入，是指企业取得的除上述收入外的其他收入，包括企业资产溢余收入、逾期未退包装物押金收入、确实无法偿付的应付款项、已作坏账损失处理后又收回的应收款项、债务重组收入、补贴收入、违约金收入、汇兑收益等。

2. 特殊收入的确认

（1）以分期收款方式销售货物的，按照合同约定的收款日期确认收入的实现。

（2）企业受托加工制造大型机械设备、船舶、飞机，以及从事建筑、安装、装配工程业务或者提供其他劳务等，持续时间超过 12 个月的，按照纳税年度内完工进度或者完成的工作量确认收入的实现。

（3）采取产品分成方式取得收入的，按照企业分得产品的日期确认收入的实现，其收入额按照产品的公允价值确定。

（4）企业发生非货币性资产交换，以及将货物、财产、劳务用于捐赠、偿债、赞助、集资、广告、样品、职工福利或者利润分配等用途的，应当视同销售货物、转让财产或者提供劳务，但国务院财政、税务主管部门另有规定的除外。

3. 处置资产收入的确认

（1）企业发生下列情形的处置资产，除将资产转移至境外以外，由于资产所有权属在形式和实质上均不发生改变，可作为内部处置资产，不视同销售确认收入，相关资产的计税基础延续计算。

①将资产用于生产、制造、加工另一产品；

②改变资产形状、结构或性能；

③改变资产用途（如自建商品房转为自用或经营）；

④将资产在总机构及其分支机构之间转移；

⑤上述两种或两种以上情形的混合；

⑥其他不改变资产所有权属的用途。

（2）企业将资产移送他人的下列情形，因资产所有权属已发生改变而不属于内部处置资产，应按规定视同销售确定收入。

①用于市场推广或销售；

②用于交际应酬；

③用于职工奖励或福利；

④用于股息分配；

⑤用于对外捐赠；

⑥其他改变资产所有权属的用途。

企业发生上述视同销售情形时，除另有规定外，应按照被移送资产的公允价值确定销售收入。

4. 相关收入实现的确认

除《企业所得税法》及其实施条例另有规定外，企业销售收入的确认，必须遵循权责发生制原则和实质重于形式原则。

（1）销售商品收入的确认条件

企业销售商品同时满足下列条件的，应确认收入的实现：

①商品销售合同已经签订，企业已将商品所有权相关的主要风险和报酬转移给购货方；

②企业对已售出的商品既没有保留通常与所有权相联系的继续管理权，也没有实施有效控制；

③收入的金额能够可靠地计量；

④已发生或将发生的销售方的成本能够可靠地核算。

（2）销售商品收入的确认时点

企业销售商品符合收入确认条件的，根据商品销售方式不同，按以下规定确认收入实现时间：

①销售商品采用托收承付方式的，在办妥托收手续时确认收入。

②销售商品采取预收款方式的，在发出商品时确认收入。

③销售商品需要安装和检验的，在购买方接受商品以及安装和检验完毕时确认收入。如果安装程序比较简单，可在发出商品时确认收入。

④销售商品采用支付手续费方式委托代销的，在收到代销清单时确认收入。

表 3-1　销售商品收入的确认时点

商品销售方式	确认时点
托收承付方式	办妥托收手续时
预收款方式	发出商品时
需要安装和检验	购买方接受商品及安装和检验完毕时
如安装程序比较简单	发出商品时
采用支付手续费方式委托代销	收到代销清单时

（3）售后回购方式销售收入实现的确认

采用售后回购方式销售商品的，销售的商品按售价确认收入，回购的商品作为购进商品处理。有证据表明不符合销售收入确认条件的，如以销售商品方式进行融资，收到的款项应确认为负债，回购价格大于原售价的，差额应在回购期间确认为利息费用。

（4）以旧换新方式销售收入实现的确认

销售商品以旧换新的，销售商品应当按照销售商品收入确认条件确认收入，回收的商品作为购进商品处理。

（5）商业折扣等销售方式收入实现的确认

企业为促进商品销售而在商品价格上给予的价格扣除属于商业折扣，商品销售涉及商业折扣的，应当按照扣除商业折扣后的金额确定销售商品收入金额。

债权人为鼓励债务人在规定的期限内付款而向债务人提供的债务扣除属于现金折扣，销售商品涉及现金折扣的，应当按扣除现金折扣前的金额确定销售商品收入金额，现金折扣在实际发生时作为财务费用扣除。

企业因售出商品的质量不合格等原因而在售价上给的减让属于销售折让；企业因售出商品质量、品种不符合要求等原因而发生的退货属于销售退回。企业已经确认销售收入的售出商品发生销售折让和销售退回的，应当在发生当期冲减当期销售商品收入。

企业以买一赠一等方式组合销售本企业商品的，不属于捐赠，应将总的销售金额按各项商品的公允价值的比例来分摊确认各项的销售收入。

（6）劳务收入实现的确认

企业在各个纳税期末，提供劳务交易的结果能够可靠估计的，应采用完工进度（完工百分比）法确认提供劳务收入。企业应按照从接受劳务方已收或应收的合同或协议价款确定劳务收入总额，根据纳税期末提供劳务收入总额乘以完工进度扣除以前纳税年度累计已确认提供劳务收入后的金额，确认为当期劳务收入；同时，按照提供劳务估计总成本乘以完工进度扣除以前纳税期间累计已确认劳务成本后的金额，结转为当期劳务成本。

部分特殊劳务应按照以下规定进行收入确认：

①安装费。应根据安装完工进度确认收入。安装工作是商品销售附带条件的，安装费在确认商品销售实现时确认收入。

②宣传媒介的收费。应在相关的广告或商业行为出现于公众面前时确认收入。广告的制作费，应根据制作广告的完工进度确认收入。

③软件费。为特定客户开发软件的收费，应根据开发的完工进度确认收入。

④服务费。包含在商品售价内可区分的服务费，在提供服务的期间分期确认收入。

⑤艺术表演、招待宴会和其他特殊活动的收费。在相关活动发生时确认收入。收费涉及几项活动的，预收的款项应合理分配给每项活动，分别确认收入。

⑥会员费。申请入会或加入会员，只允许取得会籍，所有其他服务或商品都要另行收费的，在取得该会员费时确认收入。申请入会或加入会员后，会员在会员期内不再付费就可得到各种服务或商品，或者以低于非会员的价格销售商品或提供服务的，该会员费应在整个受益期内分期确认收入。

⑦特许权费。属于提供设备和其他有形资产的特许权费，在交付资产或转移资产所有权时确认收入；属于提供初始及后续服务的特许权费，在提供服务时确认收入。

⑧劳务费。长期为客户提供重复的劳务收取的劳务费，在相关劳务活动发生时确认收入。

三 不征税收入和免税收入 ●···

（一）不征税收入

1. 财政拨款

财政拨款，是指各级人民政府对纳入预算管理的事业单位、社会团体等组织拨付的财政资金，但国务院和国务院财政、税务主管部门另有规定的除外。

2. 依法收取并纳入财政管理的行政事业性收费、政府性基金

行政事业性收费，是指依照法律法规等有关规定，按照国务院规定程序批准，在实施社会公共管理，以及在向公民、法人或者其他组织提供特定公共服务过程中，向特定对象收取并纳入财政管理的费用。

政府性基金，是指企业依照法律、行政法规等有关规定，代政府收取的具有专项用途的财政资金。

3. 国务院规定的其他不征税收入

国务院规定的其他不征税收入，是指企业取得的，由国务院财政、税务主管部门规定专项用途并经国务院批准的财政性资金。财政性资金，是指企业取得的来源于政府及其有关部门的财政补助、补贴、贷款贴息，以及其他各类财政专项资金，包括直接减免的增值税和即征即退、先征后退、先征后返的各种税收，但不包括企业按规定取得的出口退税款。

（二）免税收入

（1）国债利息收入。

（2）符合条件的居民企业之间的股息、红利等权益性投资收益。该投资收益是指居民企业直接投资于其他居民企业取得的投资收益，不包括连续持有居民企业公开发行并上市流通的股票不足 12 个月取得的投资收益。

（3）在中国境内设立机构、场所的非居民企业从居民企业取得与该机构、场所有实际联系的股息、红利等权益性投资收益。该收益不包括连续持有居民企业公开发行并上市流通的股票不足 12 个月取得的投资收益。

（4）符合条件的非营利组织的收入。

四 各项扣除 ●●●

（一）扣除范围

企业实际发生的与取得收入有关的、合理的支出，包括成本、费用、税金、损失和其他支出，准予在计算应纳税所得额时扣除。在计算应纳税所得额时需要注意：企业发生的支出应当区分收益性支出和资本性支出。收益性支出在发生当期直接扣除；资本性支出应当分期扣除或者计入有关资产成本，不得在发生当期直接扣除。企业的不征税收入用于支出所形成的费用或者财产，不得扣除或者计算对应的折旧、摊销扣除。

（1）成本，是指企业在生产经营活动中发生的销售成本、销货成本、业务支出以及其他耗费。

（2）费用，是指企业在生产经营活动中发生的销售费用、管理费用和财务费用。已经计入成本的有关费用除外。

（3）税金，是指企业发生的除企业所得税和允许抵扣的增值税以外的各项税金及其附加。

（4）损失，是指企业在生产经营活动中发生的固定资产和存货的盘亏、毁损、报废损失，转让财产损失，呆账损失，坏账损失，自然灾害等不可抗力因素造成的损失以及其他损失。

企业发生的损失，减除责任人赔偿和保险赔款后的余额，依照国务院财政、税务主管部门的规定扣除。企业已经作为损失处理的资产，在以后纳税年度又全部收回或者部分收回时，应当计入当期收入。

（5）其他支出，是指除成本、费用、税金、损失外，企业在生产经营活动中发生的与生产经营活动有关的、合理的支出。

（二）扣除项目及标准

1．工资、薪金支出

企业发生的合理的工资薪金支出，准予扣除。工资薪金，是指企业每一纳税年度支付给在本企业任职或者受雇的员工的所有现金形式或者非现金形式的劳动报酬，包括基本工资、奖金、津贴、补贴、年终加薪、加班工资，以及与员工任职或者受雇有关的其他支出。

合理的工资薪金，是指企业按照股东大会、董事会、薪酬委员会或相关管理机构制订的工资薪金制度规定实际发放给员工的工资薪金。税务机关在对工资薪金进行合理性确认时，可按以下原则掌握：

（1）企业制订了较为规范的员工工资薪金制度；

（2）企业所制订的工资薪金制度符合行业及地区水平；

（3）企业在一定时期所发放的工资薪金是相对固定的，工资薪金的调整是有序进行的；

（4）企业对实际发放的工资薪金，已依法履行了代扣代缴个人所得税义务；

（5）有关工资薪金的安排，不以减少或逃避税款为目的。

2. 职工福利费

企业发生的职工福利费支出，不超过工资薪金总额14%的部分，准予扣除。

3. 工会经费

企业拨缴的工会经费，不超过工资薪金总额2%的部分，准予扣除。

4. 职工教育经费

企业发生的职工教育经费支出，不超过工资薪金总额8%的部分，准予在计算企业所得税应纳税所得额时扣除；超过部分，准予在以后纳税年度结转扣除。

5. 社会保险费

（1）企业依照国务院有关主管部门或者省级人民政府规定的范围和标准为职工缴纳的基本养老保险费、基本医疗保险费、失业保险费、工伤保险费、生育保险费等基本社会保险费和住房公积金，准予扣除。

（2）企业为投资者或者职工支付的补充养老保险费、补充医疗保险费，在国务院财政、税务主管部门规定的范围和标准内，准予扣除。

（3）企业根据国家有关政策规定，为在本企业任职或者受雇的全体员工支付的补充养老保险费、补充医疗保险费，分别在不超过职工工资总额5%标准内的部分，在计算应纳税所得额时准予扣除；超过的部分，不予扣除。

6. 商业保险费

（1）企业参加财产保险，按照规定缴纳的保险费，准予扣除。

（2）除企业依照国家有关规定为特殊工种职工支付的人身安全保险费和国务院财政、税务主管部门规定可以扣除的其他商业保险费外，企业为投资者或者职工支付的商业保险费，不得扣除。

（3）企业参加雇主责任险、公众责任险等责任保险，按照规定缴纳的保险费，准予在企业所得税税前扣除。

7. 业务招待费

企业发生的与生产经营活动有关的业务招待费支出，按照发生额的 60% 扣除，但最高不得超过当年销售（营业）收入的 5‰。

8. 广告费和业务宣传费

（1）一般企业：企业发生的符合条件的广告费和业务宣传费支出，不超过当年销售（营业）收入 15% 的部分，准予扣除；超过部分，准予在以后纳税年度结转扣除。

（2）化妆品制造或销售、医药制造和饮料制造企业：对化妆品制造或销售、医药制造和饮料制造（不含酒类制造）企业发生的广告费和业务宣传费支出，不超过当年销售（营业）收入 30% 的部分，准予扣除；超过部分，准予在以后纳税年度结转扣除。

（3）烟草企业的烟草广告费和业务宣传费支出，一律不得在计算应纳税所得额时扣除。

9. 利息费用

企业在生产、经营活动中发生的利息费用，可以按照以下规定扣除：

（1）非金融企业向金融企业借款的利息支出、金融企业的各项存款利息支出和同业拆借利息支出、企业经批准发行债券的利息支出，可据实扣除。

（2）非金融企业向非金融企业借款的利息支出，不超过按照金融企业同期同类贷款利率计算的数额的部分可据实扣除，超过部分不得扣除。

（3）关联企业利息费用的扣除。企业从其关联方接受的债权性投资与权益性投资的比例超过规定标准而发生的利息支出，不得在计算应纳税所得额时扣除。其接受关联方债权性投资与其权益性投资比例为：金融企业为 5∶1；其他企业为 2∶1。

（4）企业向自然人借款的利息支出在企业所得税税前的扣除，需要满足下列条件：

①企业与个人之间的借贷是真实、合法、有效的，并且不具有非法集资目的或其他违反法律法规行为；

②企业与个人之间签订了借款合同。

10. 借款费用

（1）企业在生产经营活动中发生的合理的不需要资本化的借款费用，准予扣除。

（2）企业为购置、建造固定资产、无形资产和经过 12 个月以上的建造才能达到预定可销售状态的存货发生借款的，在有关资产购置、建造期间发生的合理的借款费用，应当作为资本性支出计入有关资产的成本，并按照有关规定扣除。

11. 租赁费

企业根据生产经营活动的需要租入固定资产支付的租赁费，按照以下方法扣除：

（1）以经营租赁方式租入固定资产发生的租赁费支出，按照租赁期限均匀扣除；

（2）以融资租赁方式租入固定资产发生的租赁费支出，按照规定构成融资租入固定资产价值的部分应当提取折旧费用，分期扣除。

12. 环境保护专项资金

企业依照法律、行政法规有关规定提取的用于环境保护、生态恢复等方面的专项资金，准予扣除。上述专项资金提取后改变用途的，不得扣除。

13. 劳动保护费

企业发生的合理的劳动保护支出，准予扣除。

14. 公益性捐赠支出

公益性捐赠，是指企业通过公益性社会团体或者县级以上人民政府及其部门，用于《中华人民共和国公益事业捐赠法》规定的公益事业的捐赠。

（1）一般公益性捐赠

企业通过公益性社会组织或者县级（含县级）以上人民政府及其组成部门和直属机构，用于慈善活动、公益事业的捐赠支出，在年度利润总额 12% 以内的部分，准予在计算应纳税所得额时扣除；超过年度利润总额 12% 的部分，准予结转以后 3 年内在计算应纳税所得额时扣除。

企业当年发生及以前年度结转的公益性捐赠支出，准予在当年税前扣除的部分，不能超过企业当年年度利润总额的 12%。

企业发生的公益性捐赠支出未在当年税前扣除的部分，准予向以后年度结转扣除，但结转年限自捐赠发生年度的次年起计算最长不得超过 3 年。

（2）疫情防控捐赠

企业通过公益性社会组织或者县级以上人民政府及其部门等国家机关，捐赠用于应对新型冠状病毒感染的肺炎疫情的现金和物品，允许在计算应纳税所得额时全额扣除。

企业直接向承担疫情防治任务的医院捐赠用于应对新型冠状病毒感染的肺炎疫情的物品，允许在计算应纳税所得额时全额扣除。

（3）扶贫捐赠

自 2019 年 1 月 1 日至 2025 年 12 月 31 日，企业通过公益性社会组织或者县级以上（含县级）人民政府及其组成部门和直属机构，用于目标脱贫地区的扶贫捐赠支出，准予在计算企业所得税应纳税所得额时据实扣除。

15. 资产损失

资产损失，是指企业在生产经营活动中发生的固定资产和存货的盘亏、毁损、报废损失，转让财产损失，呆账损失，坏账损失，自然灾害等不可抗力因素造成的损失以及其他损失。

企业发生的损失，依照《企业资产损失所得税税前扣除管理办法》及相关规定扣除。

16. 手续费及佣金支出

（1）保险企业

保险企业发生与其经营活动有关的手续费及佣金支出，不超过当年全部保费收入扣除退保金等后余额的 18%（含本数）的部分，在计算应纳税所得额时准予扣除；超过部分，允许结转以后年度扣除。

（2）其他企业

按与具有合法经营资格中介服务机构或个人（不含交易双方及其雇员、代理人和代表人等）所签订服务协议或合同确认的收入金额的 5% 计算限额。

17. 其他依照有关法律法规、税法规定准予扣除的项目

如汇兑损失、会员费、合理的会议费、差旅费、违约金、诉讼费用、符合条件的总机构分摊费用等。

五　不得扣除的项目 ● ● ●

在计算应纳税所得额时，下列支出不得扣除：

（1）向投资者支付的股息、红利等权益性投资收益款项。

（2）企业所得税税款。

（3）税收滞纳金。

（4）罚金、罚款和被没收财物的损失。

（5）赞助支出。是指企业发生的与生产经营活动无关的各种非广告性质支出。

（6）未经核定的准备金支出。是指不符合国务院财政、税务主管部门规定的各项资产减值准备、风险准备等准备金支出。

（7）企业之间支付的管理费、企业内营业机构之间支付的租金和特许权使用费，以及非银行企业内营业机构之间支付的利息。

（8）与取得收入无关的其他支出。

六 亏损弥补 ● ● ●

亏损，是指企业依照《企业所得税法》及其实施条例的规定将每一纳税年度的收入总额减除不征税收入、免税收入和各项扣除后小于零的数额。

1. 一般规定

企业纳税年度发生的亏损，准予向以后年度结转，用以后年度的所得弥补，但结转年限最长不得超过 5 年。

2. 特殊规定

（1）受疫情影响较大的困难行业企业 2020 年度发生的亏损，最长结转年限由 5 年延长至 8 年。困难行业企业，包括交通运输、餐饮、住宿、旅游（指旅行社及相关服务、游览景区管理两类）四大类，具体判断标准按照现行《国民经济行业分类》执行。困难行业企业 2020 年度主营业务收入须占收入总额（剔除不征税收入和投资收益）的 50% 以上。

（2）自 2018 年 1 月 1 日起，当年具备高新技术企业或科技型中小企业资格的企业，其具备资格年度之前 5 个年度发生的尚未弥补完的亏损，准予结转以后年度弥补，最长结转年限由 5 年延长至 10 年。

【汇算清缴实操】

会计学堂汇算清缴系统，带你体验全真模拟年度汇算处理，教你汇算清缴填报技能。

3.2 纳税申报实务——个人所得税汇算清缴

下文所称的"年度汇算"，是指个人所得税综合所得汇算清缴，纳税人即为居民个人。

一 什么是个人所得税年度汇算

年度汇算指的是年度终了后，纳税人汇总工资薪金、劳务报酬、稿酬、特许权使用费等四项综合所得的全年收入额，减去全年的费用和扣除，得出应纳税所得额并按照综合所得年度税率表，计算全年应纳个人所得税，再减去年度内已经预缴的税款，向税务机关办理年度纳税申报并结清应退或应补税款的过程。简言之，就是在平时已预缴税款的基础上"查遗补漏，汇总收支，按年算账，多退少补"。

需要说明的是：

第一，年度汇算的主体，仅指依据《个人所得税法》规定的居民个人。非居民个人，无须办理年度汇算。

第二，年度汇算的范围和内容，仅指纳入综合所得范围的工资薪金、劳务报酬、稿酬、特许权使用费等四项所得。经营所得、利息股息红利所得、财产租赁所得等分类所得均不纳入年度汇算。

同时，按照有关文件规定，纳税人取得的可以不并入综合所得计算纳税的收入，也不在年度汇算范围内，如选择单独计税的全年一次性奖金等。当然，如果纳税人取得全年一次性奖金时是单独计算纳税的，年度汇算时也可选择并入综合所得计算纳税。

二 年度汇算的范围

（一）需要办理年度汇算的纳税人

依据税法规定，符合下列情形之一的，纳税人需要办理年度汇算：

（1）已预缴税额大于年度应纳税额且申请退税的；

（2）综合所得收入全年超过 12 万元且需要补税金额超过 400 元的。

（二）无须办理年度汇算的纳税人

经国务院批准，依据《财政部　税务总局关于个人所得税综合所得汇算清缴涉及有关政策问题的公告》（财政部　税务总局公告 2019 年第 94 号）有关规定，纳税人在 2020 年度已依法预缴个人所得税且符合下列情形之一的，无须办理年度汇算：

（1）年度汇算需补税但综合所得收入全年不超过 12 万元的；

（2）年度汇算需补税金额不超过 400 元的；

（3）已预缴税额与年度应纳税额一致或者不申请退税的。

三 个人所得税年度汇算的计算公式 ● ● ●

依据税法规定，2020 年度终了后，居民个人（以下称"纳税人"）需要汇总 2020 年 1 月 1 日至 12 月 31 日取得的工资薪金、劳务报酬、稿酬、特许权使用费等四项所得（以下称"综合所得"）的收入额，减除费用 6 万元以及专项扣除、专项附加扣除、依法确定的其他扣除和符合条件的公益慈善事业捐赠（以下简称"捐赠"）后，适用综合所得个人所得税税率并减去速算扣除数，计算本年度最终应纳税额，再减去 2020 年度已预缴税额，得出应退或应补税额，向税务机关申报并办理退税或补税。具体计算公式如下：

应退或应补税额＝〔（综合所得收入额－60 000 元－"三险一金"等专项扣除－子女教育等专项附加扣除－依法确定的其他扣除－捐赠）× 适用税率－速算扣除数〕－2020 年已预缴税额

依据税法规定，年度汇算不涉及财产租赁等分类所得，以及纳税人按规定选择不并入综合所得计算纳税的全年一次性奖金等所得。

四 个人所得税综合所得适用税率 ● ● ●

综合所得，适用 3% 至 45% 的超额累进税率。

表 3-2　个人所得税税率表（综合所得适用）

级数	全年应纳税所得额	税率（%）	速算扣除数
1	不超过 36 000 元的	3	0
2	超过 36 000 元至 144 000 元的部分	10	2 520
3	超过 144 000 元至 300 000 元的部分	20	16 920
4	超过 300 000 元至 420 000 元的部分	25	31 920
5	超过 420 000 元至 660 000 元的部分	30	52 920
6	超过 660 000 元至 960 000 元的部分	35	85 920
7	超过 960 000 的部分	45	181 920

五 年度汇算案例 ● ● ●

【案例 3-1】李先生在甲企业任职，2020 年 1 月至 12 月每月在甲企业取得工资薪金收入 16 000 元，无免税收入，每季度最后一个月取得 30 000 元季度考核奖金收入；每月缴纳三险一金 3 200 元，每月可以办理的专项附加扣除为 3 000 元，无其他扣除。另外，2020 年 3 月取得劳务报酬收入 3 000 元，稿酬收入 2 000 元，6 月取得劳务报酬收入 30 000 元，特许权使用费收入 2 000 元。

【分析】

预缴税款情况如下：

（1）2020 年度工资薪金所得共预缴税款 18 600 元。

（2）2020 年 3 月取得劳务报酬收入 3 000 元，稿酬收入 2 000 元，共预缴税款 608（440 ＋ 168）元。

（3）2020 年 6 月，取得劳务报酬 30 000 元，特许权使用费所得 2 000 元，共预缴税款 5 440（5 200 ＋ 240）元。

2020 年年度汇算如下：

（1）工资薪金收入额 ＝ 192 000（工资）＋ 120 000（季度考核奖金）＝ 312 000（元）

（2）劳务报酬收入额 ＝（3 000 ＋ 30 000）×（1 － 20%）＝ 26 400（元）

（3）稿酬收入额 ＝ 2 000×（1 － 20%）×70% ＝ 1 120（元）

（4）特许权使用费收入额 ＝ 2 000×（1 － 20%）＝ 1 600（元）

收入总额 ＝ 312 000 ＋ 26 400 ＋ 1 120 ＋ 1 600 ＝ 341 120（元）

应纳税所得额 ＝ 341 120 － 60 000 － 38 400 － 36 000 ＝ 206 720（元）

应纳税额 ＝ 206 720×20% － 16 920 ＝ 24 424（元）

已交税额 ＝ 18 600 ＋ 440 ＋ 168 ＋ 5 200 ＋ 240 ＝ 24 648（元）

应退税额 ＝ 24 648 － 24 424 ＝ 224（元）

六 年度汇算可减除的扣除项目

下列在 2020 年度发生的，且未申报扣除或未足额扣除的税前扣除项目，纳税人可在年度汇算期间办理扣除或补充扣除：

（1）基本减除费用 6 万元。

（2）专项扣除，包括居民个人按照国家规定的范围和标准缴纳的基本养老保险、基本医疗保险、失业保险等社会保险费和住房公积金等。

（3）专项附加扣除，包括子女教育、继续教育、大病医疗、住房贷款利息或者住房租金、赡养老人等支出。

①子女教育。纳税人的子女接受全日制学历教育的相关支出，按照每个子女每月 1 000 元的标准定额扣除。

②继续教育。纳税人在中国境内接受学历（学位）继续教育的支出，在学历（学位）教育期间按照每月400元定额扣除。同一学历（学位）继续教育的扣除期限不能超过48个月。纳税人接受技能人员职业资格继续教育、专业技术人员职业资格继续教育的支出，在取得相关证书的当年，按照3 600元定额扣除。

③大病医疗。在一个纳税年度内，纳税人发生的与基本医保相关的医药费用支出，扣除医保报销后个人负担（指医保目录范围内的自付部分）累计超过15 000元的部分，由纳税人在办理年度汇算清缴时，在80 000元限额内据实扣除。

④住房贷款利息。纳税人本人或者配偶单独或者共同使用商业银行或者住房公积金个人住房贷款为本人或者其配偶购买中国境内住房，发生的首套住房贷款利息支出，在实际发生贷款利息的年度，按照每月1 000元的标准定额扣除，扣除期限最长不超过240个月。

⑤住房租金。纳税人在主要工作城市没有自有住房而发生的住房租金支出，可以按照以下标准定额扣除：

a. 直辖市、省会（首府）城市、计划单列市以及国务院确定的其他城市，扣除标准为每月1 500元；

b. 除第一项所列城市以外，市辖区户籍人口超过100万的城市，扣除标准为每月1 100元；市辖区户籍人口不超过100万的城市，扣除标准为每月800元。

⑥赡养老人。纳税人赡养一位及以上被赡养人的赡养支出，统一按照以下标准定额扣除：

a. 纳税人为独生子女的，按照每月2 000元的标准定额扣除；

b. 纳税人为非独生子女的，由其与兄弟姐妹分摊每月2 000元的扣除额度，每人分摊的额度不能超过每月1 000元。可以由赡养人均摊或者约定分摊，也可以由被赡养人指定分摊。

表3-3　专项附加扣除项目总结表

扣除项目	主体	内容	扣除标准	扣除方式
子女教育	父母	全日制学历教育、年满3岁至小学入学前处于学前教育阶段	每个子女每月1 000元的标准定额扣除	父母可以选择由其中一方按扣除标准的100%扣除，也可以选择由双方分别按扣除标准的50%扣除

扣除项目	主体	内容	扣除标准	扣除方式
继续教育	本人/父母	学历（学位）继续教育	在学历（学位）教育期间按照每月400元定额扣除，同一学历（学位）继续教育的扣除期限不能超过48个月	个人接受本科及以下学历（学位）继续教育，可以选择由其父母扣除，也可以选择由本人扣除
		职业资格继续教育、专业技术人员职业资格继续教育	在取得相关证书的当年，按照3 600元定额扣除	
大病医疗	本人或者其配偶/父母	扣除医保报销后个人负担部分	扣除医保报销后个人负担累计超过15 000元的部分，由纳税人在办理年度汇算清缴时，在80 000元限额内据实扣除	可以选择由本人或者其配偶扣除；未成年子女发生的医药费用支出可以选择由其父母一方扣除
住房贷款利息	本人或者配偶	首套住房贷款利息支出	按照每月1 000元的标准定额扣除，扣除期限最长不超过240个月	可以选择由夫妻其中一方扣除。夫妻双方婚前分别购买住房发生的首套住房贷款，其贷款利息支出，婚后可以选择其中一套购买的住房，由购买方按扣除标准的100%扣除，也可以由夫妻双方对各自购买的住房分别按扣除标准的50%扣除
住房租金	签订租赁住房合同的承租人	直辖市、省会（首府）城市、计划单列市	每月1 500元	纳税人及其配偶在一个纳税年度内不能同时分别享受住房贷款利息和住房租金专项附加扣除
		市辖区户籍人口超过100万的城市	每月1 100元	
		市辖区户籍人口不超过100万的城市	每月800元	
赡养老人	子女	独生子女	每月2 000元的标准定额扣除	可以由赡养人均摊或者约定分摊，也可以由被赡养人指定分摊。约定或者指定分摊的须签定书面分摊协议，指定分摊优先于约定分摊
		非独生子女	由其与兄弟姐妹分摊每月2 000元的扣除额度，每人分摊的额度不能超过每月1 000元	

（4）依法确定的其他扣除，包括个人缴付符合国家规定的企业年金、职业年金，个人购买符合国家规定的商业健康保险、税收递延型商业养老保险的支出，以及国务院规定可以扣除的其他项目。

（5）纳税人符合条件的捐赠支出。

①一般规定。个人将其所得对教育、扶贫、济困等公益慈善事业进行捐赠，捐赠额未超过纳税人申报的应纳税所得额 30% 的部分，可以从其应纳税所得额中扣除；国务院规定对公益慈善事业捐赠实行全额税前扣除的，从其规定。

②特殊规定。

a. 对企事业单位、社会团体和个人等社会力量，通过非营利性的社会团体和国家机关对公益性青少年活动场所（其中包括新建）的捐赠，在缴纳企业所得税和个人所得税前准予全额扣除。

b. 纳税人通过中国境内非营利的社会团体、国家机关向教育事业的捐赠，准予在企业所得税和个人所得税前全额扣除。

c. 2020 年 1 月 1 日至 2021 年 3 月 31 日期间，个人通过公益性社会组织或者县级以上人民政府及其部门等国家机关，捐赠用于应对新型冠状病毒感染的肺炎疫情的现金和物品，允许在计算应纳税所得额时全额扣除。

d. 2020 年 1 月 1 日至 2021 年 12 月 31 日期间，对参加疫情防治工作的医务人员和防疫工作者按照政府规定标准取得的临时性工作补助和奖金，免征个人所得税。

七 年度汇算的办理时间

《中华人民共和国个人所得税法》第十一条第一款规定，居民个人取得综合所得，按年计算个人所得税；需要办理汇算清缴的，应当在取得所得的次年 3 月 1 日至 6 月 30 日内办理汇算清缴。

2020 年年度汇算时间为 2021 年 3 月 1 日至 6 月 30 日。在中国境内无住所的纳税人在 2021 年 3 月 1 日前离境的，可以在离境前办理年度汇算。

八 年度汇算的办理方式

纳税人可自主选择下列办理方式：

（1）自行办理年度汇算。纳税人可以通过手机个人所得税 APP、自然人电子税务局网页端（https://etax.chinatax.gov.cn）、办税服务厅、邮寄等渠道自行办理年度汇算。

（2）通过任职受雇单位代为办理。

纳税人提出代办要求的，单位应当代为办理，或者培训、辅导纳税人通过网上税务局（包括手机个人所得税 APP）完成年度汇算申报和退（补）税。

由单位代为办理的，纳税人应在 2021 年 4 月 30 日前与单位以书面或者电子等方式进行确认，补充提供其 2020 年度在本单位以外取得的综合所得收入、相关扣除、享受税收优惠等信息资料，并对所提交信息的真实性、准确性、完整性负责。纳税人未与单位确认请其代为办理年度汇算的，单位不得代办。

（3）委托涉税专业服务机构或其他单位及个人办理，受托人需与纳税人签订授权书。

单位或受托人为纳税人办理年度汇算后，应当及时将办理情况告知纳税人。纳税人发现申报信息存在错误的，可以要求单位或受托人办理更正申报，也可自行办理更正申报。

九 接受年度汇算申报的税务机关 ●●●

按照方便就近原则，纳税人自行办理或受托人为纳税人代为办理年度汇算的，向纳税人任职受雇单位的主管税务机关申报；有两处及以上任职受雇单位的，可自主选择向其中一处申报。

纳税人没有任职受雇单位的，向其户籍所在地、经常居住地或者主要收入来源地的主管税务机关申报。主要收入来源地，是指纳税人纳税年度内取得的劳务报酬、稿酬及特许权使用费三项所得累计收入最大的扣缴义务人所在地。

单位为纳税人代办年度汇算的，向单位的主管税务机关申报。

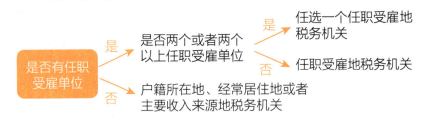

图 3-2　接受年度汇算申报的税务机关

十 年度汇算的退税、补税 ●●●

（一）办理退税

1. 哪些纳税人需要办理退税

退税就是指年度汇算时计算的税款小于预缴的税款，通常有以下几种情况：

（1）2020 年年度有符合条件的专项附加扣除，但预缴税款时没有申报抵扣的。

【案例3-2】某纳税人每月工资10 000元、个人缴付"三险一金"2 000元，有两个上小学的孩子，按规定可以每月享受2 000元（全年24 000元）的子女教育专项附加扣除。但因其在预缴环节未填报，使得计算个税时未减除子女教育专项附加扣除，全年预缴个税1 080元。其在年度汇算时填报了相关信息后，可补充扣除24 000元，扣除后全年应纳个税360元，按规定其可以申请退税720元。

（2）2020年综合所得年收入不足6万元，但平时预缴过个人所得税的。

【案例3-3】某纳税人2020年1月领取工资10 000元、个人缴付"三险一金"2 000元，假设没有专项附加扣除，当月预缴个税90元；其他月份每月工资4 000元，无须预缴个税。全年看，因纳税人年收入额不足6万元无须缴税，因此预缴的90元税款可以申请退还。

（3）取得劳务报酬、稿酬、特许权使用费所得，日常预扣预缴适用税率高于全年综合所得税适用税率的。

【案例3-4】某纳税人每月固定一处取得劳务报酬10 000元，适用20%预扣率后预缴个税1 600元，全年19 200元；全年算账，全年劳务报酬120 000元，减除60 000元费用（不考虑其他扣除）后，适用3%的综合所得税率，全年应纳税款1 080元。因此，可申请18 120元退税。

（4）预缴税款时，未申报享受或者未足额享受综合所得税收优惠的。

（5）有符合条件的公益捐赠，但预缴税款时未办理扣除的。

2. 如何申请办理退税

纳税人申请年度汇算退税，应当提供其在中国境内开设的符合条件的银行账户。税务机关按规定审核后，按照国库管理有关规定，在文件确定的接受年度汇算申报的税务机关所在地（即汇算清缴地）就地办理税款退库。纳税人未提供本人有效银行账户，或者提供的信息资料有误的，税务机关将通知纳税人更正，纳税人按要求更正后依法办理退税。

为方便纳税人获取退税，综合所得全年收入额不超过6万元且已预缴个人所得税的，税务机关在网上税务局提供便捷退税功能。纳税人可以在2021年3月1日至5月31日期间，通过简易申报表办理年度汇算退税。

申请2020年度汇算退税的纳税人，如存在应当办理2019年度汇算补税但未办理，或者经税务机关通知2019年度汇算申报存在疑点但拒不更正或说明情况的，需在办理2019年度汇算申报补税、更正申报或者说明有关情况后依法申请退税。

（1）一般退税流程：

图 3-3　一般退税流程

（2）年综合所得收入额不足 6 万元并已预缴税款，还可以更快捷地退税：

图 3-4　年综合所得收入不足 6 万的快捷退税流程

（二）办理补税

纳税人办理年度汇算补税的，可以通过网上银行、办税服务厅 POS 机刷卡、银行柜台、非银行支付机构等方式缴纳。纳税人因申报信息填写错误造成年度汇算多退或少缴税款的，纳税人主动或经税务机关提醒后及时改正的，税务机关可以按照"首违不罚"原则免予处罚。

3.3 "三代"手续费那些事

一 "三代"是什么

"三代"是代扣代缴、代收代缴和委托代征的简称。根据《中华人民共和国税收征收管理法》及其他有关法律、行政法规的规定，扣缴义务人依照法律、行政法规的规定履行代扣、代收税款的义务。《财政部　税务总局 人民银行关于进一步加强代扣代收代征税款手续费管理的通知》（财行〔2019〕11 号）文件进一步明确了"三代"的具体范围（见表 3-4）。

表 3-4　"三代"的具体范围

"三代"范围	具体内容
代扣代缴	指税收法律、行政法规已经明确规定负有扣缴义务的单位和个人在支付款项时，代税务机关从支付给负有纳税义务的单位和个人的收入中扣留并向税务机关解缴的行为
代收代缴	指税收法律、行政法规已经明确规定负有扣缴义务的单位和个人在收取款项时，代税务机关向负有纳税义务的单位和个人收取并向税务机关缴纳的行为

"三代"范围	具体内容
委托代征	指税务机关根据《中华人民共和国税收征收管理法》及其实施细则关于有利于税收控管和方便纳税的要求，按照双方自愿、简便征收、强化管理、依法委托的原则和国家有关规定，委托有关单位和人员代征零星、分散和异地缴纳的税收的行为

注：委托代征和代扣代缴、代收代缴很不一样，委托代征是根据双方自愿、简便征收、强化管理、依法委托的原则和国家有关规定，委托有关单位和人员代征的双方互利的行为，实质上可以理解为一种合同。

二 "三代"的管理 ●●●

（1）税务机关应依据国家税务总局有关规定，对负有代扣代缴、代收代缴的扣缴义务人办理登记。对法律、行政法规没有规定负有代扣代缴、代收代缴税款义务的单位和个人，税务机关不得要求履行代扣代缴、代收代缴税款义务。

（2）税务机关应严格按照法律、行政法规，以及国家税务总局委托代征相关规定确定委托代征范围，不得将法律、行政法规已确定的代扣代缴、代收代缴税款，委托他人代征。

三 "三代"税款手续费支付比例和限额 ●●●

（1）法律、行政法规规定的代扣代缴税款，税务机关按不超过代扣税款的2%支付手续费，且支付给单个扣缴义务人年度最高限额70万元，超过限额部分不予支付。对于法律、行政法规明确规定手续费比例的，按规定比例执行。

【备注】

①《中华人民共和国个人所得税法》第十七条规定，对扣缴义务人按照所扣缴的税款，付给百分之二的手续费。

②《国家税务总局关于发布〈个人所得税扣缴申报管理办法（试行）〉的公告》（国家税务总局公告2018年第61号）第十七条规定，对扣缴义务人按照规定扣缴的税款，按年付给百分之二的手续费。不包括税务机关、司法机关等查补或者责令补扣的税款。

（2）法律、行政法规规定的代收代缴车辆车船税，税务机关按不超过代收税款的3%支付手续费。

（3）法律、行政法规规定的代收代缴委托加工消费税，税务机关按不超过代收税款的2%支付手续费。委托受托双方存在关联关系的，不得支付代收手续费。关联关系依据《中华人民共和国企业所得税法》及其实施条例有关规定确定。

（4）法律、行政法规规定的代收代缴其他税款，税务机关按不超过代收税款的2%支付手续费。

（5）税务机关委托交通运输部门海事管理机构代征船舶车船税，税务机关按不超过代征税款的5%支付手续费。

（6）税务机关委托代征人代征车辆购置税，税务机关按每辆车支付15元手续费。

（7）税务机关委托证券交易所或证券登记结算机构代征证券交易印花税，税务机关按不超过代征税款的0.03%支付代征手续费，且支付给单个代征人年度最高限额1 000万元，超过限额部分不予支付。委托有关单位代售印花税票按不超过代售金额的5%支付手续费。

（8）税务机关委托邮政部门代征税款，税务机关按不超过代征税款的3%支付手续费。

（9）税务机关委托代征人代征农贸市场、专业市场等税收以及委托代征人代征其他零星分散、异地缴纳的税收，税务机关按不超过代征税款的5%支付手续费。

表3-5 "三代"税款手续费支付比例明细表

代扣代缴、代收代缴	手续费比例	委托代征	手续费比例
法律、行政法规规定代扣代缴税款，没有明确手续费比例的	代扣税款的2%且最高限额70万元	委托交通运输部门海事管理机构代征船舶车船税	代征税款的5%
法律、行政法规规定代扣代缴，明确了手续费比例的	按照规定比例	委托代征人代征车辆购置税	每辆车支付15元
代收代缴车辆车船税	代收税款的3%	委托证券交易所或证券登记结算机构代征证券交易印花税	代征税款的0.03%且最高限额1 000万元
代收代缴委托加工消费税	代收税款的2%（关联关系不支付）	委托有关单位代售印花税票	代售金额的5%
代收代缴其他税款	代收税款的2%	委托邮政部门代征税款	代征税款的3%
		委托代征农贸市场、专业市场等税收以及其他零星分散、异地缴纳的税收	代征税款的5%

四 "三代"手续费管理

（1）"三代"税款手续费纳入预算管理，由财政通过预算支出统一安排。法律、行政法规另有规定的，按法律、行政法规的规定执行。

（2）"三代"税款手续费按年据实清算。代扣、代收扣缴义务人和代征人应于每年 3 月 30 日前，向税务机关提交上一年度"三代"税款手续费申请相关资料，因"三代"单位或个人自身原因，未及时提交申请的，视为自动放弃上一年度"三代"税款手续费。各级税务机关应严格审核"三代"税款手续费申请情况，并以此作为编制下一年度部门预算的依据。

（3）代扣、代收扣缴义务人和代征人在年度内扣缴义务终止或代征关系终止的，应在终止后 3 个月内向税务机关提交手续费申请资料，由税务机关办理手续费清算。

（4）各级税务机关应主动、及时支付"三代"税款手续费。

（5）税务机关对单位和个人未按照法律、行政法规或者委托代征协议规定履行代扣、代收、代征义务的，不得支付"三代"税款手续费。

五 "三代"手续费的会计处理 ● ● ●

根据《财政部　税务总局　人民银行关于进一步加强代扣代收代征税款手续费管理的通知》（财行〔2019〕11 号）规定，"三代"单位所取得的手续费收入应单独核算，计入本单位收入，用于与"三代"业务直接相关的办公设备、人员成本、信息化建设、耗材、交通费等管理 支出。上述支出内容，国家已有相关支出标准的，严格执行有关规定；没有支出标准的，参照当地物价水平及市场价格，按需支出。

根据《财政部关于修订印发 2019 年度一般企业财务报表格式的通知》（财会〔2019〕6 号）的规定，"其他收益"项目，反映计入其他收益的政府补助，以及其他与日常活动相关且计入其他收益的项目。该项目应根据"其他收益"科目的发生额分析填列。企业作为个人所得税的扣缴义务人，根据《中华人民共和国个人所得税法》收到的扣缴税款手续费，应作为其他与日常活动相关的收益在该项目中填列，发生支出时，计入"管理费用"科目。

因此，对于执行《企业会计准则》的企业来说，其取得的"三代"税款手续费，计入"其他收益"。发生与"三代"相关的支出，计入"管理费用"。

对于执行《小企业会计准则》的企业来说，其取得的"三代"税款手续费，一般计入"其他业务收入"。对外发生支出时，比如企业会在收到手续费后才对办税人员进行奖励，计入"其他业务成本"科目。

六 "三代"手续费的税务处理 ● ● ●

（一）增值税

对于"三代"手续费是否征税，目前没有具体文件明确，但是国家税务总局 12366 纳税服务平台曾给出过答复：企业办理"三代"手续费返还后取得的手续费，属于增值税征税范围，需要按"经纪代理服务"缴纳增值税。增值税一般纳税人适用 6% 税率，小规模纳税人适用 3% 征收率。

（二）企业所得税

《中华人民共和国企业所得税法》第六条规定，企业以货币形式和非货币形式从各种来源取得的收入，为收入总额。根据《中华人民共和国企业所得税法》及其实施条例有关规定，单位取得"三代"手续费收入属于企业所得税上的其他收入，应缴纳企业所得税。同时，对用于"三代"工作的支出也可以按照规定税前扣除。

《财政部 税务总局 人民银行关于进一步加强代扣代收代征税款手续费管理的通知》（财行〔2019〕11号）第四条第（三）项规定，"三代"单位所取得的手续费收入应单独核算，计入本单位收入，用于与"三代"业务直接相关的办公设备、人员成本、信息化建设、耗材、交通费等管理支出。上述支出内容，国家已有相关支出标准的，严格执行有关规定；没有支出标准的，参照当地物价水平及市场价格，按需支出。单位取得的"三代"税款手续费以及手续费的使用，应按照法律、法规有关规定执行。

【案例3-5】甲公司收到个人所得税代扣代缴的手续费返还 2 000 元，将其中的 500 元用于代扣代缴相关的档案管理支出，该企业的企业所得税应如何确认收入及支出？

【分析】企业取得代扣代缴的手续费返还 2 000 元，应当全额计入企业所得税的收入总额，同时发生的代扣代缴相关档案管理支出 500 元，可以作为管理费用在企业所得税税前依法扣除。

（三）个人所得税

《财政部 国家税务总局关于个人所得税若干政策问题的通知》（财税字〔1994〕20号）第二条第（五）项规定，个人办理代扣代缴税款手续，按规定取得的扣缴手续费暂免征收个人所得税。

《国家税务总局关于代扣代缴储蓄存款利息所得个人所得税手续费收入征免税问题的通知》（国税发〔2001〕31号）第二条规定，储蓄机构内从事代扣代缴工作的办税人员取得的扣缴利息税手续费所得免征个人所得税。

因此，个人办理代扣代缴税款手续，按规定取得的扣缴手续费奖励，免征个人所得税。

3.4 长期零申报，到底好不好

随着大众创业万众创新蓬勃发展，创新创业环境持续改善，创新创业社会氛围不断浓厚，创新创业理念日益深入人心，各类企业如雨后春笋般拔地而起。但是在税务上，很多企业以无经营、无业务为由，长期进行零申报；还有的企业因为享受税收优惠后没有税款，就认为可以全部零申报。那么这种做法对不对呢？会面临哪些风险呢？

一 公司登记管理上的风险 ●●●

1. 吊销营业执照的风险

《中华人民共和国公司登记管理条例》第六十七条规定，公司成立后无正当理由超过 6 个月未开业的，或者开业后自行停业连续 6 个月以上的，可以由公司登记机关吊销营业执照。

2. 不得担任董监高的风险

《中华人民共和国公司法》第一百四十六条规定，担任因违法被吊销营业执照的公司、企业的法定代表人，并对该企业违法行为负有个人责任，自该公司、企业被吊销营业执照之日起未逾 3 年的，不得担任公司的董事、监事、高级管理人员。

二 税务管理上的风险 ●●●

1. 纳入重点监控范围

长期零申报，税务机关可能会将纳税人纳入重点监控范围，并按照相关规定进行纳税评估，在评估过程中发现其存在隐瞒收入、虚开发票等行为，可能会要求其补缴当期税款及滞纳金，并可按规定对其处以罚款，情节严重的移送稽查。

2. 纳税信用等级受损

根据《国家税务总局关于明确纳税信用管理若干业务口径的公告》（国家税务总局公告 2015 年第 85 号）规定，非正常原因一个评价年度内增值税或营业税连续 3 个月或者累计 6 个月零申报、负申报的，不能评为 A 级。有非正常户记录或者由非正常户直接责任人员注册登记或者负责经营的，直接判为 D 级。

3. 更严格的税务管理

长期零申报的纳税人，在发票的使用上或将受到限制，降低数量和限额。经税务机关核查有风险的，还可能要求企业采用核定征收方式申报企业所得税。

三 零申报常见问题

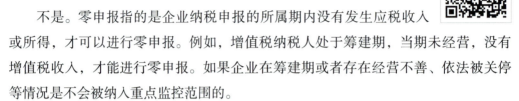

1. 是不是所有的长期零申报户都会纳入重点监控?

不是。零申报指的是企业纳税申报的所属期内没有发生应税收入或所得，才可以进行零申报。例如，增值税纳税人处于筹建期，当期未经营，没有增值税收入，才能进行零申报。如果企业在筹建期或者存在经营不善、依法被关停等情况是不会被纳入重点监控范围的。

2. 符合增值税减免税条件，可以零申报吗?

不可以。符合增值税免税条件且按照规定办理了增值税减免备案，虽然应纳税额为零，但也应该向税务机关进行如实申报当期免税收入，不能零申报。

3. 企业长期亏损，企业所得税可以零申报吗?

不能。企业的亏损是可以向以后五个纳税年度结转弥补的，如果做了零申报，则第二年盈利就不能弥补以前年度亏损了，会造成企业损失。如果当年做了企业所得税零申报，却将亏损延长到以后年度扣除，是违反税法规定的，所以亏损企业要慎重零申报。

3.5 注销清算怎么办

一 公司注销的基本流程

（1）召开股东会，作出解散决议。

（2）进行清算分配。具体步骤如下：

①成立清算组；

②展开清算工作；

③通知债权人申报债权；

④提出清算方案；

⑤清偿债务。

（3）注销登记。先进行税务登记注销，后进行市场监管部门注销，最后注销公司开户许可证和银行基本户等其他账户。

对向市场监管部门申请简易注销的纳税人，符合下列情形之一的，可免予到税务机关办理清税证明，直接向市场监管部门申请办理注销登记：

①未办理过涉税事宜的；

②办理过涉税事宜但未领用发票、无欠税（滞纳金）及罚款的。

二 公司注销清算的财税处理 ● ● ●

1. 公司注销清算，在税务上涉及的两个层面

一是企业层面，从事实体生产经营的公司（清算的公司）应进行企业所得税的清算。

二是股东层面，企业投资者就投资行为而取得的所得，进行企业（个人）所得税清算。

2. 税务清算要进行三项申报

（1）对注销当年的收入进行纳税申报。对当年正常经营业务的企业所得税进行汇算清缴，对注销期间的增值税及相关税费进行纳税申报。

（2）对清算过程中的清算所得进行企业所得税申报。

（3）对公司股东的清算分配税款代扣代缴。

3. 税务注销前需要注意的事项

（1）是否存在多交税款的情况。如果存在，先办理退税。

（2）是否有欠税。如果有，需要先缴纳欠税税款。

（3）是否已注销出口退税资格。税务注销前，需要先注销出口退税资格。

（4）如果纳税人处于非正常状态且申请办理注销税务登记，则需要先解除非正常状态，补办纳税申报手续后，才能按照规定程序办理注销税务登记。

4. 税务注销中可能涉及的风险

（1）股东放弃了对企业的债权，企业面临着经营所得纳税调增的风险。

（2）注销时账面库存大于实物库存，可能存在被税务局确认为漏记收入的风险。

（3）注销时将剩余货物分配给股东，未按照视同销售确认增值税收入处理。

（4）投资者长期未归还的借款，面临补缴个税的风险。

（5）企业注销后的账簿及涉税资料，未按照规定保管的风险。

三 公司注销清算中的增值税规定 ● ● ●

增值税一般纳税人在资产重组过程中，满足一定条件的，其在办理注销登记前尚未抵扣的进项税额可结转至新纳税人处继续抵扣。

【案例 3-6】甲公司为增值税一般纳税人，账上有增值税留抵税额 100 万元，由于经营管理不善造成企业经营困难。其与乙公司（乙公司为增值税一般纳税人）磋商，将全部资产、负债和劳动力一并转让给乙公司，甲公司办理注销税务登记。请问，甲公司的增值税期末留抵税额能否继续抵扣？具体应如何办理？

【分析】根据《国家税务总局关于纳税人资产重组增值税留抵税额处理有关问题的公告》（国家税务总局公告 2012 年第 55 号）第一条规定，增值税一般纳税人在资产重组过程中，将全部资产、负债和劳动力一并转让给其他增值税一般纳税人，并按程序办理注销税务登记的，其在办理注销登记前尚未抵扣的进项税额可结转至新纳税人处继续抵扣。

由此可见，甲公司将其全部资产、负债和劳动力合并转移给乙公司后注销税务登记，其尚未抵扣的留抵税额可结转给乙公司进行抵扣。

原纳税人主管税务机关核实并出具《增值税一般纳税人资产重组进项留抵税额转移单》，新纳税人根据税务机关的《增值税一般纳税人资产重组进项留抵税额转移单》申报抵扣。

四 公司注销清算中的企业所得税规定

根据《财政部 国家税务总局关于企业清算业务企业所得税处理若干问题的通知》（财税〔2009〕60 号）规定，企业清算的所得税处理，是指企业在不再持续经营，发生结束自身业务、处置资产、偿还债务以及向所有者分配剩余财产等经济行为时，对清算所得、清算所得税、股息分配等事项的处理。

1. 企业清算的所得税处理内容

企业清算所得税处理包括以下内容：

（1）全部资产均应按可变现价值或交易价格，确认资产转让所得或损失；

（2）确认债权清理、债务清偿的所得或损失；

（3）改变持续经营核算原则，对预提或待摊性质的费用进行处理；

（4）依法弥补亏损，确定清算所得；

（5）计算并缴纳清算所得税；

（6）确定可向股东分配的剩余财产、应付股息等。

2. 清算所得的计算

企业的全部资产可变现价值或交易价格，减除资产的计税基础、清算费用、相关税费,加上债务清偿损益等后的余额,为清算所得。企业应将整个清算期作为一个独立的纳税年度计算清算所得。

3. 企业股东的税务处理

(1)剩余资产的计算。

企业全部资产的可变现价值或交易价格减除清算费用,职工的工资、社会保险费用和法定补偿金,结清清算所得税、以前年度欠税等税款,清偿企业债务,按规定计算可以向所有者分配的剩余资产。具体公式如下:

剩余资产=企业全部资产的可变现价值或交易价格—清算费用—职工的工资—社会保险费用和法定补偿金—所得税—以前年度欠税等税款—清偿企业债务

(2)分配剩余资产如何计税?

被清算企业的股东分得的剩余资产的金额,其中相当于被清算企业累计未分配利润和累计盈余公积中按该股东所占股份比例计算的部分,应确认为股息所得;剩余资产减除股息所得后的余额,超过或低于股东投资成本的部分,应确认为股东的投资转让所得或损失。

被清算企业的股东从被清算企业分得的资产应按可变现价值或实际交易价格确定计税基础。

五 公司注销清算中的个人所得税规定 ● ● ●

《国家税务总局关于个人终止投资经营收回款项征收个人所得税问题的公告》(国家税务总局公告 2011 年第 41 号)第一条规定,个人因各种原因终止投资、联营、经营合作等行为,从被投资企业或合作项目、被投资企业的其他投资者以及合作项目的经营合作人取得股权转让收入、违约金、补偿金、赔偿金及以其他名目收回的款项等,均属于个人所得税应税收入,应按照"财产转让所得"项目适用的规定计算缴纳个人所得税。

应纳税所得额的计算公式如下:

应纳税所得额=个人取得的股权转让收入、违约金、补偿金、赔偿金及以其他名目收回款项合计数—原实际出资额(投入额)及相关税费

六 企业清算案例 ● ● ●

【案例3-7】长江公司由甲有限责任公司、自然人张三共同出资设立。长江公司注册资本 200 万元,其中甲有限责任公司出资 100 万元,持股比例 50%;张三出资

100 万元，持股比例 50%。

2021 年 3 月，长江公司召开股东会，会议决议自 2021 年 3 月 31 日停止营业，清算解散。2021 年 4 月 1 日，长江公司向税务机关提交申请，开始清算。

截至 2021 年 3 月 31 日，长江公司的财务数据如表 3-6 所示。

表 3-6 长江公司财务数据

资产	期末余额（元）	负债和所有者权益	期末余额（元）
货币资金	230 000	应付账款	480 000
应收账款	250 000	实收资本（或股本）	2 000 000
存货	500 000	盈余公积	50 000
固定资产	2 550 000	未分配利润	1 000 000
资产合计	3 530 000	负债和所有者权益总计	3 530 000

具体情况如下：

（1）长江公司拥有一套房产，该房产系 2016 年 3 月购入，购入发票注明价格 300 万元，截至 2021 年 3 月 31 日，已提折旧 45 万元。清算期间将该房屋出售丁公司，售价 600 万元（含税）（公司采用简易计税方法，过户时，公司不能向税务机关提供评估价格）。

（2）该公司尚有存货 50 万元（不含税），清算期间销售价格 70 万元（不含税）。

（3）应付账款 48 万元，因对方注销，无法支付。

（4）2021 年形成的应收账款 25 万元，由于对方被吊销营业执照，无法收回。

（5）企业发生清算费用 45 万元。

【分析】

（1）长江公司处置房产

①增值税 =（600 − 300）÷ 1.05 × 0.05 = 14.29（万元）

②增值税附加税费 = 14.29 ×（7% + 3% + 2%）= 1.71（万元）

③印花税 = 600 × 0.5‰ = 0.3（万元）

④土地增值税

扣除项目 = 300 ×（1 + 5 × 5%）= 375（万元）。《财政部　国家税务总局关于土地增值税若干问题的通知》（财税〔2006〕21 号）规定，纳税人转让旧房及建筑物，凡不能取得评估价格，但能提供购房发票的，经当地税务部门确认，《土地增值税暂行条例》第六条第（一）、（三）项规定的扣除项目的金额，可按发票所载金额并从购买年度起至转让年度止每年加计 5% 计算。

增值额 ＝（ 600 － 14.29 ）－ 375 － 1.71 － 0.3 ＝ 208.7（万元）

增值率 ＝ 208.7 ÷ 375 ＝ 55.65%

土地增值税款 ＝ 208.7 × 40% － 375 × 5% ＝ 64.73（万元）

附：土地增值税税率表（表 3-7）。

表 3-7 土地增值税税率表

级数	增值额与扣除项目金额的比率	税率	速算扣除系数
1	不超过 50% 的部分	30%	0
2	超过 50% 至 100% 的部分	40%	5%
3	超过 100% 至 200% 的部分	50%	15%
4	超过 200% 的部分	60%	35%

（2）长江公司处置存货

增值税销项税额 ＝ 70 × 13% ＝ 9.1（万元）

（3）长江公司债务处理

① 2021 年形成的应收账款 25 万元无法收回，可以按照企业资产损失所得税前扣除相关规定列为清算损失。

②应付账款 48 万元无法支付，应作为企业收益。

（4）申报表的填写。

根据上述分析计算结果，相关报表填报如下：

①资产处置损益明细表。

表 3-8 资产处置损益明细表

（单位：元）

行次	项目	账面价值（1）	计税基础（2）	可变现价值或交易价格（3）	资产处置损益（4）=（3）-（2）
1	货币资金	230 000	230 000	230 000	0
5	应收账款	250 000	250 000	0	−250 000
11	存货	500 000	500 000	700 000	200 000
21	固定资产	2 550 000	2 550 000	5 857 100	3 307 100
32	总计	3 530 000	3 530 000	6 787 100	3 257 100

②负债清偿损益明细表。

表3-9　负债清偿损益明细表

（单位：元）

行次	项目	账面价值（1）	计税基础（2）	清偿金额（3）	负债清偿损益 （4）＝（3）－（2）
4	应付账款	480 000	480 000	0	−480 000
23	总计	480 000	480 000	0	−480 000

③中华人民共和国企业清算所得税申报表。

表3-10　中华人民共和国企业清算所得税申报表

（单位：元）

类别	行次	项目	金额
应纳税所得额计算	1	资产处置损益（填附表一）	3 257 100
	2	负债清偿损益（填附表二）	480 000
	3	清算费用	450 000
	4	清算税金及附加	667 400
	5	其他所得或支出	
	6	清算所得（1+2−3−4+5）	2 619 700
	7	免税收入	
	8	不征税收入	
	9	其他免税所得	
	10	弥补以前年度亏损	
	11	应纳税所得额（6−7−8−9−10）	2 619 700
应纳所得税额计算	12	税率（25%）	25%
	13	应纳所得税额（11×12）	654 925
应补（退）所得税额计算	14	减（免）企业所得税额	
	15	境外应补所得税额	
	16	境内外实际应纳所得税额（13−14+15）	
	17	以前纳税年度应补（退）所得税额	
	18	实际应补（退）所得税额（16+17）	654 925

④剩余财产计算和分配明细表。

表 3-11　剩余财产计算和分配明细表

（单位：元）

类别	行次	项目	金额
剩余财产计算	1	资产可变现价值或交易价格	6 787 100
	2	清算费用	450 000
	3	职工工资	
	4	社会保险费用	
	5	法定补偿金	
	6	清算税金及附加	667 400
	7	清算所得税额	654 925
	8	以前年度欠税额	
	9	其他债务	
	10	剩余财产（1－2－…－9）	5 014 775
	11	其中：累计盈余公积	50 000
	12	累计未分配利润	1 000 000

类别	行次	股东名称	持有清算企业权益性投资比例（%）	投资额	分配的财产金额	其中：确认为股息金额
剩余财产分配	13	甲有限责任公司	50%	1 000 000	2 507 388	525 000
	14	张三	50%	1 000 000	2 507 387	

（5）相关纳税主体的税务处理。

①甲有限责任公司。

甲有限责任公司分得的剩余资产为 2 507 388 元，其中相当于被清算企业累计未分配利润和累计盈余公积中按该股东所占股份比例计算的部分 525 000（1 050 000×50%）元，应确认为股息所得；剩余资产减除股息所得后的余额，超过或低于股东投资成本的部分，应确认为股东的投资转让所得或损失。

股东甲有限责任公司股息所得 525 000 元可享受免税（居民企业直接投资于其他居民企业，取得的股息、红利等权益性投资收益，免税）。

甲有限责任公司应缴纳企业所得税=（2 507 388－525 000）×25%＝495 597（元）

②自然人张三。

张三持股比例 50%，分得剩余资产为 2 507 387 元（5 014 775×50%，有去除小数位数因素）。

按照"财产转让所得"缴纳个人所得税=（2 507 387－1 000 000）×20%＝301 477.4（元）

第四章

透视纳税筹划，"筹"税不愁税

"外行看热闹，内行看门道。"增值税、企业所得税、个税、年终奖等纳税筹划都有哪些门道？

一般来说，纳税筹划就是充分理解和运用国家给予的各项税收优惠政策，合理合法降低企业成本，实现真正意义上的"合理避税"。

4.1 什么是纳税筹划

一 纳税筹划的含义 ●●●

纳税筹划也称税务筹划，是指纳税人在实际纳税义务发生之前，在遵守税法或不违反税法的前提下，通过对企业组织形式、投资、经营、理财及利益分配活动进行筹划和安排，充分利用税法所提供的包括减免税在内的一切优惠政策及可选择性条款，从而获得最大节税利益的一种规划和安排行为。

纳税筹划与偷税有着本质的区别。偷税是指纳税人有意识违反税法，减轻或者逃避纳税义务的行为，其行为的后果要受到国家法律的制裁；纳税筹划是在完全符合税法或不违反税法的前提下进行的，是在纳税义务没有确定、存在多种纳税方法可供选择时，企业作出的降低税负的决策。纳税筹划是在纳税方案实施前的规划和设计安排，具有合法性、超前性、专业性、时效性等特点。

二 纳税筹划遵循的基本原则 ●●●

（一）合法性原则

合法性原则要求纳税人在进行税务筹划时必须遵守国家的各项税收法律法规，或者不违反国家税收法律法规。

（二）整体性原则

要全局性考虑问题，在进行纳税筹划时，不能只注重某一纳税环节中个别税种的税负高低，而要着眼于企业整体税负的轻重。另外还要注意，在企业财务管理中，不能只以税负轻重作为选择纳税方案的唯一标准，还要系统考虑企业的融资、投资、经营回报等目标。理想的纳税筹划应该是企业总体收益最多，并不一定是纳税最少。

（三）时效性原则

纳税筹划具有时效性。一是要事前做好筹划。如果事先没有筹划，相关经济业务已经发生，纳税义务或者应税收入已经确定，则筹划的作用和意义大大削弱。二是要考虑政策的时效。企业应该随着税收法律、法规及政策的变动，相应调整税务筹划的方式、方法。如果税收法律、法规及政策变动了，企业仍然按照原来的规定进行筹划，可能造成偷税、漏税等违法行为，并受到处罚。

三 纳税筹划的基本方法 •••

纳税筹划的核心是减轻税收负担，即选择合适的经营活动方式，以使当期或以后的应纳税额减少，实现直接或间接减轻税收负担的目的。通常来说，可以降低税收负担的纳税筹划方法，主要有以下几种：

（一）利用不予征税

利用不予征税方法是指选择国家税收法律、法规或政策规定的不予征税的经营、投资、理财等活动的方案，以减轻税收负担的方法。

每一种税都规定有明确的税收征税范围，相对于具体税种而言，只对纳入征税范围的经营行为、所得或财产征税，对于没有纳入征税范围的则不予征税。例如现行增值税政策规定，在资产重组过程中，通过合并、分立、出售、置换等方式，将全部或者部分实物资产以及与其相关联的债权、负债和劳动力一并转让给其他单位和个人，其中涉及的货物、不动产、土地使用权转让行为属于不征收增值税项目。纳税人可以在对照税收政策、权衡各方面利益的前提下，对相关经济活动事先作出安排，寻求不予征税的筹划方案。

（二）利用减免税

利用减免税方法是指选择国家税收法律、法规或政策规定的可以享受减税或免税优惠的经营、投资、理财等活动方案，以减轻税收负担的方法。

为了对特殊的行业或者经营活动进行鼓励或支持，税法制定了一系列减免税优惠政策。纳税人可以对照国家减免税的优惠政策条件，事前对其经营活动进行安排，以求符合优惠政策的条件，从而享受减税或免税。

（三）利用税率差异

在我国，一些税种根据地区、行业、经济成分、所得项目、企业类型的不同，规定了有差异的税率或不同幅度的税率。这就使得纳税人可以对照政策规定，利用税率差异，选择税率较低的经营方案，以减轻税收负担。例如，现行企业所得税法规定：高新技术企业减按15%的税率征收企业所得税；对小型微利企业年应纳税所得额不超过100万元的部分，减按12.5%计入应纳税所得额，按20%的税率缴纳企业所得税。

（四）利用分劈计税

利用分劈计税方法是指在合法和合理的情况下，使收入、所得、财产在两个或更多个经营项目之间、纳税人之间进行分劈，从而减轻税收负担的方法。例如将一个企业的两个生产车间分劈成两个独立公司，从而满足小型微利企业条件，降低企业所得税税负。

（五）利用税收扣除

利用税收扣除方法是指依据国家税收法律、法规或政策规定，使计税依据中尽量增多可以扣除的项目或金额，以减轻税收政策负担的方法。例如利用现行企业所得税规定中的加速折旧、一次性税前扣除等条款，增加税前扣除项目或金额，以减少应纳税额。

（六）利用税收抵免

利用抵免方法指依据国家税收法律、法规或政策规定，在纳税人的应纳税额中抵扣相关已纳税额或支出，从而减轻税收负担的方法。例如现行《企业所得税法》规定，企业购置用于环境保护、节能节水、安全生产等专用设备的投资额，可以按10%的比例抵免企业所得税额。纳税人可以根据自身的经营情况，对照相关政策条款规定，事前作出安排，实现税收抵免。

（七）利用延期纳税

利用延期纳税方法是指依据国家税收法律、法规或政策规定，将当期应纳税额予以延期缴纳，获取资金的时间价值，提升资金周转效率的一种方法。例如在销售货物中采用分期收款、赊销或代销方式的纳税期要比直接销售的纳税期迟一些。

（八）利用退税

利用退税筹划方法是指依据国家税收法律、法规或政策规定，使税务机关退还纳税人已纳税款而直接节税的税务筹划方法。例如，现行增值税规定，增值税一般纳税人销售其自行开发生产的软件产品，按13%税率征收增值税后，对其增值税实际税负超过3%的部分实行即征即退政策。增值税一般纳税人将进口软件产品进行本地化改造后对外销售，也可以享受即征即退政策。纳税人就可以根据实际情况筹划安排，获取退税，降低税负。

4.2 增值税纳税筹划

一 纳税人身份的筹划 ●●●

（一）增值税纳税人身份的划分

现行增值税政策将增值税纳税人分为两类：一般纳税人和小规模纳税人。划分的标准主要是年应税销售额。根据《财政部　税务总局关于统一增值税小规模纳税人标准的通知》（财税〔2018〕33号）及相关规定，增值税小规模纳税人标准为年应征增值税销售额500万元及以下。增值税纳税人年应税销售额超过财政部、国家税务总局规定的小规模纳税人标准的，除另有规定外，应当向主管税务机关办理一般纳税人登记。

不同身份的增值税纳税人，其计税方法是不同的。具体来说：

（1）一般纳税人适用一般计税方法，可以抵扣进项税额，应纳税额的基本计算公式为：应纳税额＝当期销项税额－当期进项税额＝销售额×税率－当期进项税额。

（2）小规模纳税人适用简易计税方法，不能抵扣进项税额，应纳税额的基本计算公式为：应纳税额＝销售额×征收率。

由于计税方式的不同，税率、征收率的不同，不同身份的增值税纳税人税收负担差别很大。我们下面通过一个具体案例来了解一下。

【案例4-1】山东黄河公司为增值税一般纳税人，商业企业，主要业务为销售建筑用砂石（备注：砂石难以取得进项发票），客户主要是混凝土生产企业。由于混凝土生产企业享受增值税简易征收政策，不需要增值税专票来抵扣，所以要求黄河公司开具增值税普通发票。2020年4月至12月，黄河公司销售砂石取得总价款为900万元。全年应纳增值税额＝900÷（1＋13%）×13%＝103.54万元。

【分析】

筹划：假定黄河公司改变纳税人身份，注册成立两家业务相同的增值税小规模纳税人销售公司，由两家小规模纳税人给混凝土生产企业供应砂石。则两家公司合计全年应交增值税额＝450÷（1＋1%）×1%×2＝8.91万元。（备注：疫情期间增值税小规模纳税人适用3%征收率的应税销售收入，减按1%征收率征收增值税。）

节税：103.54－8.91＝94.63（万元）。

（二）如何筹划和选择增值税纳税人身份

通过上述政策及案例的分析，我们可以看到，通过改变纳税人的身份，可以实现税收负担的大幅降低。那么，如何选择增值税纳税人身份？应该怎样来筹划？下面我们就为大家介绍一下如何通过无差别平衡点增值率来判定、选择恰当的身份。

增值税一般纳税人以不含税的增值额为计税基础，小规模纳税人以不含税销售额为计税基础，在销售价格相同的情况下，税负的高低主要取决于增值率的大小。一般来说，增值率高的企业，选择小规模纳税人身份比较合适；反之，选择一般纳税人身份比较合适。当增值率达到某一数值时，两类纳税人的税负相同，这一数值被称为无差别平衡点增值率，其计算过程如下：

设 Y 为增值率，S 为含税销售额，P 为不含税购进额，假定一般纳税人适用的增值税税率为 a，小规模纳税人的征收率为 b，则：

增值率 $Y = [S \div (1+a) - P] \div [S \div (1+a)]$

一般纳税人应纳增值税额 $= S \div (1+a) \times a - P \times a = S \div (1+a) \times Y \times a$

小规模纳税人应纳增值税 $= S \div (1+b) \times b$

令：$S \div (1+a) \times Y \times a = S \div (1+b) \times b$

得：$Y = [b(1+a)] / [a(1+b)]$

由以上计算可知，一般纳税人与小规模纳税人的无差别平衡点的增值率为 $[b(1+a)] / [a(1+b)]$，当一般纳税人适用的税率为 13%，小规模纳税人适用的征收率为 3% 时，所计算出的无差别平衡点增值率为 25.32%。

若企业的增值率等于 25.32%，选择成为一般纳税人或小规模纳税人在税负上没有差别，其应纳增值税额相同。

若企业的增值率小于 25.32%，选择成为一般纳税人税负较轻；反之，选择成为小规模纳税人较为有利。

需要注意的是，上述测算结论是基于纳税人取得进项、销项均适用同一税率而得出的，实际业务中，可能还要考虑进项、销项税率不同等情况，测算过程会更加复杂一些。

三 供应商的选择与筹划 •••

企业从不同类型的纳税人处采购货物或服务，所承担的税收负担也不一样。一般纳税人从一般纳税人处采购货物或服务，进项税额可以抵扣得较多。一般纳税人从小规模纳税人处采购货物或服务，进项税额不能抵扣或抵扣得少。

不过，为了弥补购货人的损失，小规模纳税人有时会在价格上给予优惠，在选择购货对象时，要综合考虑由于价格优惠所带来的成本的减少以及不能抵扣或少抵扣进项所带来的成本费用的增加。

【案例 4-2】光明公司为增值税一般纳税人，主要生产并销售 A 产品，A 产品含税单价为 113 元。现有 X、Y、Z 三家公司可以为其提供生产所需原材料，且质量无差别。三家公司情况如下：

X 为一般纳税人，原材料含税单价为 90.40 元，可以提供增值税专用发票，适用的增值税税率为 13%。

Y 为小规模纳税人，原材料含税单价为 84.46 元，可以自行开具增值税税率为 3%

的专用发票。

Z 为个体工商户，原材料含税单价为 79 元，只能开具增值税普通发票。

光明公司适用的增值税税率为 13%，城市维护建设税税率为 7%，教育费附加率为 3%，企业所得税税率为 25%。不考虑其他条件，从利润最大化角度考虑，光明公司应该选择哪家公司作为原材料供应商？

【分析】

A 产品的不含税单价 = 113÷（1 + 13%） = 100（元）；A 产品的销项税额 = 100×13% = 13（元）。

（1）从 X 处购货

单位成本 = 90.4÷（1 + 13%） = 80（元）

可抵扣进项税额 = 80×13% = 10.40（元）

光明公司单位产品应纳增值税 = 13 − 10.40 = 2.60（元）

税金及附加 = 2.60×（7% + 3%） = 0.26（元）

单位产品税后利润 =（100 − 80 − 0.26）×（1 − 25%） = 14.805（元）

（2）从 Y 处购货

单位成本 = 84.46÷（1 + 3%） = 82（元）

可抵扣进项税额 = 82×3% = 2.46（元）

光明公司单位产品应纳增值税 = 13 − 2.46 = 10.54（元）

税金及附加 = 10.54×（7% + 3%） = 1.054（元）

单位产品税后利润 =（100 − 82 − 1.054）×（1 − 25%） = 12.7095（元）

（3）从 Z 处购货

单位成本 = 79（元）

可抵扣进项税额 = 0（元）

光明公司单位产品应纳增值税 = 100×13% = 13（元）

税金及附加 = 13×（7% + 3%） = 1.3（元）

单位产品税后利润 =（100 − 79 − 1.3）×（1 − 25%） = 14.775（元）

【结论】通过上述计算分析可知，从 X 处购买原材料所获利润最大，所以应该选择 X 公司作为原材料供应商。

💡【提示】采购的结算方式包括赊购、现金、预付等。

在价格无明显差异的情况下，采用赊购方式不仅可以获得推迟付款的好处，还可以在赊购当期抵扣进项税额；采用预付方式不仅要提前支付货款，在付款的当期如果未取得增值税专用发票，相应的增值税进项税额不能被抵扣。因此，在购货价格无明显差异时，要尽可能选择赊购方式。

在结算方式和购货价格有差异的情况下，需要综合考虑货物价格、付款时间和进项税额抵扣时间的综合因素，选择最优方案。

三 销售方式的纳税筹划 ●●●

销售在企业经营管理中占有非常重要的地位，销售收入的大小不仅关系到当期增值税、消费税等，也关系到企业所得税，是影响企业税收负担的主要环节。

（一）结算方式的纳税筹划

不同的销售结算方式，纳税义务的发生时间不同，这为企业进行纳税筹划提供了可能。销售结算方式的筹划是指在税法允许的范围内，尽量采取有利于本企业的结算方式，以推迟纳税时间，获得纳税期的递延。

【案例4-3】东兴公司为增值税一般纳税人，主营业务为生产销售电气设备。2020年10月份电气设备不含税销售额共计3 000万元。企业销货全部按照直接收款方式签订合同，实际上客户在支付完毕第一笔货款后，企业发货，但根据行业惯例，客户一般都会在收到设备之日起两个月后，再支付第二笔货款（以防设备存在故障）。2020年10月该公司的销售货款中有30%（900万元）延迟至2021年1月支付。

【分析】

根据增值税规定，上述业务，企业应当于2020年10月当月全部计算销售额，并计提销项税额390（3 000×13%）万元。

改变合同：根据行业惯例，客户一般都会在收到设备之日起两个月后，再支付第二笔货款。针对这种业务情况，只要直接与购买方签订分期收款的合同，约定2个月的收款账期，就可以延缓2个月的纳税时间。则2020年10月份东兴公司只需计提销项税额273（2 100×13%）万元，为企业节约的流动资金为117（390－273）万元。

（二）促销方式的纳税筹划

不同促销方式下，同样的产品计税销售额会有所不同，其应交增值税也有可能不一样。在销售环节，常见的促销销售方式包括现金折扣和商业折扣等。

现金折扣是指销货方在销售货物或提供应税劳务和应税服务后，为了鼓励购货方及早支付货款而许诺给予购货方的一种优惠条件。现金折扣不得从销售额中减除，不能减少增值税纳税义务，但是可以尽早收到货款，提高企业资金周转效率。

商业折扣，是给予消费者购货价格上的优惠，如打折销售。如果销售额和折扣额在同一张发票上注明，可以以销售额扣除折扣额后的余额作为计税金额，减少企业的销项税额，也叫折扣销售。

在零售环节，常见的促销方式有折扣销售、买赠销售和以旧换新等。买赠销售，是指销货方在销售过程中，当购买方购买货物时对其附赠一定数量的货物。根据增值税相关规定，将自产、委托加工或购买的货物无偿赠送他人，需要视同销售计征增值税。以旧换新，一般应按新货物的同期销售价格确定销售额，不得扣减旧货物的收购价格。

因此，从税负角度考虑，企业需要结合业务情况，整体考虑，选择适合自身实际情况的促销方式。

【案例4-4】助兴公司是从事产品经销的一般纳税人，为了吸引更多客户，决定拿出10 000件甲产品进行促销活动，现有两种促销方案：

方案一：打八折销售，销售额和折扣额开在同一张发票上。

方案二：买4件甲商品送1件甲商品（增值税发票上只列明4件甲商品的销售金额）。

助兴公司采用现金购货和现金销售的方式，甲产品的不含税售价为每件10元，不含税进价为每件5元。助兴公司增值税税率为13%，企业所得税税率为25%。不考虑其他税费及优惠政策。根据以往经验，无论采用哪种促销方式，甲产品都会很快被抢购一空，但是从纳税筹划角度上考虑，这两种方式可能面临不同的纳税义务。

要求：计算两种销售方式所产生的净现金流量，并判断助兴公司应该采取哪种促销方式。

【分析】

（1）方案一：打八折销售

应纳增值税额 $= 10 \times 80\% \times 10\ 000 \times 13\% - 5 \times 10\ 000 \times 13\% = 3\ 900$（元）

应纳税所得额 $= 10 \times 80\% \times 10\ 000 - 5 \times 10\ 000 = 30\ 000$（元）

应交所得税 $= 30\ 000 \times 25\% = 7\ 500$（元）

净现金流量 $= 10 \times 80\% \times 10\ 000 \times (1 + 13\%) - 5 \times 10\ 000 \times (1 + 13\%) - 3\ 900 - 7\ 500 = 22\ 500$（元）

（2）方案二：买4赠1

企业销售的甲商品为8 000件，赠送的甲商品为2 000件。在增值税上，如果销售者将自产、委托加工和购买的货物用于赠送他人，且未在发票金额中注明的，应按"视同销售货物"处理，故2 000件赠品应按售价计算销项税额。

应纳增值税额＝10×（8 000＋2 000）×13%－5×10 000×13%＝6 500（元）

应纳税所得额＝10×8 000－5×10 000＝30 000（元）

应交所得税＝30 000×25%＝7 500（元）

净现金流量＝10×8 000×（1＋13%）－5×10 000×（1＋13%）－6 500－7 500＝19 900（元）

通过计算可知，上述两种促销方式，在打八折销售的方式下，企业的净现金流量更大。这是因为增值税作为一种流转税本该由产品的最终使用者负担，本身并不是企业的一项成本费用。但在买4赠1时，消费者在取得赠品时，并未支付相应的增值税销项税额，而在税法上，赠送的商品需要按"视同销售"计征增值税，相当于企业为消费者负担了赠品的增值税销项税额，因此其净现金流量低于打八折销售的方式，并且二者的差额刚好为赠送的2 000件商品的增值税销项税额。由上可知，企业应该采取折扣方式销售货物，即打八折销售的促销方式。

在实务中，公司在采取买4赠1的促销方式时，可以按照折扣销售的方式开票，即在增值税专用发票上列明10 000件甲商品，其销售金额为100 000元，折扣为20 000元，则增值税销项税额为10 400元，这样也可以达到节税目的。

四 业务合同的纳税筹划

（一）改变合同扩大抵扣范围的筹划

【案例4-5】丁公司聘请某培训机构刘教授进行财税培训，签订了培训合同，培训费用共计50 000元，合同约定：刘教授的机票5 000元由丁公司承担报销。

问题：5 000元的机票能否抵扣进项税额？

【分析】

这5 000元的机票丁公司不得抵扣增值税。根据《国家税务总局关于国内旅客运输服务进项税抵扣等增值税征管问题的公告》（国家税务总局公告2019年第31号）规定，增值税一般纳税人购进国内旅客运输服务，其进项税额允许从销项税额中抵扣。此处所称"国内旅客运输服务"，限于与本单位签订了劳动合同的员工，以及本单位作为用工单位接受的劳务派遣员工发生的国内旅客运输服务。因此，企业为非雇员支付的旅客运输费用，不能纳入增值税抵扣范围。

改变合同：丁公司聘请刘教授进行财税培训，签订了培训合同。合同约定改为：刘教授的机票等所有车旅费用由其单位承担，培训费用共计55 000元。合同经此约定后，丁公司取得55 000元的培训费增值税专用发票，就可以抵扣进项税额了。

（二）合同分劈降低税基的筹划

【案例 4-6】大华公司将一幢 2015 年取得的门市房对外出租，签订房屋租赁合同，一年租金 1 200 万元（合同约定含物业管理费 200 万元），租金于 2020 年初一次性收取。

【分析】

大华公司承担的主要税金如下：

增值税＝1 200×5%＝60（万元）

房产税＝1 200×12%＝144（万元）

假定不考虑附加税费、印花税等，合计税费 204 万元。

改变合同：大华公司签订合同时，根据实际情况就房租和物业服务分别签订合同。签订房屋租赁合同，一年租金 1 000 万元。签订物业管理服务合同，一年物业费 200 万元。

分别签订合同的情况下，则大华公司承担的主要税金如下：

房租收入增值税＝1 000×5%＝50（万元）

物业费收入增值税＝200×6%＝12（万元）

房产税＝1 000×12%＝120（万元）

假定不考虑附加税费、印花税等，合计税费 182 万元。

【结论】上述业务在合同分别如实签订的情况下，实现节税 22 万元。

企业出租房屋时，会附带房屋内部或外部的一些附属设施及配套服务费，比如机器设备、办公用具、附属用品、物业管理服务等，如果把这些设施及服务的费用与房屋不加区别地同时约定在租赁合同的租金收入里，那这些设施及服务的费用也要交纳房产税，企业在无形中增加了税收负担。

（三）不同税率业务的合同筹划

【案例 4-7】科兴公司为增值税一般纳税人，主要业务为销售电梯。每部电梯平均不含税售价 100 万元（含安装费和 3 年维护保养）。2020 年签订电梯销售合同，销售电梯 300 部，不含税合同价 100 万元，销售合同约定免费安装和 3 年免费保养。

【分析】

根据上述业务，科兴公司 2020 年应纳增值税额＝100×13%×300＝3 900（万元）

改变合同：签订电梯销售合同，电梯不含税售价 70 万元；合同中单独条款约定（或单独签订一份合同），收取安装费 10 万元，收取 3 年的电梯保养费 20 万元，且合同中分别注明发票按照具体项目开具、款项按照具体项目支付。

则科兴公司应纳增值税额＝（70×13%＋10×3%＋20×6%）×300＝3 180（万元）

【结论】节税：3 900 － 3 180 ＝ 720（万元）

【注意】一般纳税人销售电梯的同时提供安装服务，其安装服务可以按照甲供工程选择适用简易计税方法计税。纳税人对安装运行后的电梯提供的维护保养服务，按照"其他现代服务"缴纳增值税。

（四）改变合同业务名称的筹划

【案例 4-8】黄河公司为增值税一般纳税人，其在销售化工产品过程中，为了便于客户盛放化工产品，将一些特大型号的钢瓶出租给客户，2020 年收取租金 113 万元。

【分析】

按照税法规定，钢瓶出租属于有形动产租赁，应按照 13% 税率缴纳增值税。当年计提销项税额 ＝ 113÷1.13×13% ＝ 13（万元）。会计处理如下：

借：银行存款   113

    贷：其他业务收入   100

        应交税费—应交增值税（销项税额）   13

改变合同：在签订合同时，把收取客户租金变为押金，并单独记账核算，则收取款项时不需要缴纳增值税。在 12 个月后押金逾期，再按照税法规定计征、缴纳增值税。会计处理如下：

（1）收取押金时：

借：银行存款   113

    贷：其他应付款—押金   113

（2）12 个月后押金逾期时：

借：其他应付款—押金   113

    贷：其他业务收入   100

        应交税费—应交增值税（销项税额）   13

政策依据

（1）《国家税务总局关于印发〈增值税若干具体问题的规定〉的通知》（国税发〔1993〕154 号）第二条第（一）项规定：纳税人为销售货物而出租出借包装物收取的押金，单独记账核算的，不并入销售额征税。但对因逾期未收回包装物不再退还的押金，应按所包装货物的适用税率征收增值税。

（2）《国家税务总局关于取消包装物押金逾期期限审批后有关问题的通知》（国税函〔2004〕827号）规定：纳税人为销售货物出租出借包装物而收取的押金，无论包装物周转使用期限长短，超过一年（含一年）以上仍不退还的均并入销售额征税。

五 业务剥离的纳税筹划 ● ● ●

一些企业业务范围较广，兼营项目较多。在纳税人兼营销售货物、劳务、服务、无形资产或者不动产的情况下，适用不同税率或征收率的，应当分别核算适用不同税率或者征收率的销售额；未分别核算的，从高适用税率。很多纳税人对于自身业务没办法分开核算，因此承担了较高的税率。如果将相关业务剥离开来，整体税负就会降低。

【案例4-9】戊公司属于增值税一般纳税人，主要生产、研发、销售13%税率的自动化设备，同时也对外提供6%税率的技术服务。根据政策规定，允许生产性服务业纳税人按照当期可抵扣进项税额加计10%，抵减应纳税额。但戊公司主要业务是销售设备，一直没法享受该优惠。

【分析】筹划方案：将戊公司的技术服务业务单独剥离出来，成立一家技术服务公司，登记为一般纳税人。把公司部分购进业务放到服务公司来实现（比如购进办公品、车辆、劳保品、维修辅料等），注意保证该公司的服务业务占据主导。这样技术服务公司的所有进项税额都可以享受增值税加计抵减10%优惠政策了。

🔨 政策依据

《财政部 税务总局 海关总署关于深化增值税改革有关政策的公告》（财政部 税务总局 海关总署公告2019年第39号）第七条规定：自2019年4月1日至2021年12月31日，允许生产性服务业纳税人按照当期可抵扣进项税额加计10%，抵减应纳税额。本公告所称生产性服务业纳税人，是指提供邮政服务、电信服务、现代服务、生活服务取得的销售额占全部销售额的比重超过50%的纳税人。

六 改变资产用途的纳税筹划 ● ● ●

【案例4-10】科华公司购买了一栋价值1 090万元的不动产专门作

为员工宿舍、食堂，取得了税率9%、税额90万元的增值税专用发票，却没法抵扣，因为增值税政策明确规定：专用于集体福利的固定资产进项税额不得抵扣。该怎么办呢？

【分析】筹划方案：用途由专用变混用！科华公司可以考虑把该栋建筑的二楼用作会议室，把三楼当作办公室用，这样90万元的进项税额就可以抵扣了。

政策依据

《财政部　国家税务总局关于全面推开营业税改征增值税试点的通知》（财税〔2016〕36号）附件一《营业税改征增值税试点实施办法》第二十七条规定，下列项目的进项税额不得从销项税额中抵扣：用于简易计税方法计税项目、免征增值税项目、集体福利或者个人消费的购进货物、加工修理修配劳务、服务、无形资产和不动产。其中涉及的固定资产、无形资产、不动产，仅指专用于上述项目的固定资产、无形资产（不包括其他权益性无形资产）、不动产。

4.3 增值税税收风险预警与应对

一 增值税税收风险分析预警指标 ●●●

（一）比率分析指标

1. 增值税专用发票用量变动异常

（1）指标。

①指标值1＝（一般纳税人本期专票使用量－一般纳税人上期专票使用量）÷一般纳税人上期专票使用量×100%

②指标值2＝一般纳税人本期专票使用量－一般纳税人上期专票使用量

（2）问题指向：增值税专用发票用量骤增，除正常业务变化外，可能有虚开现象。

（3）预警范围：指标值1 ≥ 30% 并且指标值2 ≥ 10份。

（4）检查重点：检查纳税人的购销合同是否真实，检查纳税人的生产经营情况是否与签订的合同情况相符并实地检查存货等。主要检查存货类"原材料""产成品"以及货币资金"银行存款""库存现金"以及应收账款、预收账款等科目。对于临时增量购买专用发票的还应重点审查其合同履行情况。

2. 增值税一般纳税人税负变动异常

（1）指标。

税负率变动率＝（本期税负率－上期税负率）÷上期税负率×100%

税负率＝应纳税额÷应税销售收入×100%

（2）问题指向：纳税人自身税负变化过大，可能存在账外经营、已实现纳税义务而未结转收入、取得进项税额不符合规定、享受税收优惠政策期间购进货物不取得可抵扣进项税额发票或虚开发票等问题。

（3）预警范围：指标值≥30%或者指标值≤-30%。

（4）检查重点：检查纳税人的销售业务，从原始凭证到记账凭证、销售、应收账款、货币资金、存货等将本期与其他各时期进行比较分析，对异常变动情况进一步查明原因，以核实是否存在漏记、隐瞒或虚记收入的行为。检查企业固定资产抵扣是否合理、有无将外购的存货用于职工福利、个人消费、对外投资、捐赠等情况。

3. 海关完税凭证抵扣进项占比异常

（1）指标值＝海关完税凭证抵扣进项÷当期进项税额×100%

（2）问题指向：纳税人可能存在取得虚开、虚假或不合规定的海关完税凭证抵扣进项税额及虚列费用的问题。

（3）预警范围：对纳税人取得海关完税凭证抵扣进项占当期进项税额比例过高或月单笔抵扣进项超过20万元（含）情况进行监控。

（4）检查重点：海关完税凭证及抵扣进项。

4. 进项税额大于进项税额控制额

（1）指标。

指标值＝（本期进项税额÷进项税额控制额－1）×100%

进项税额控制额＝（本期期末存货金额－本期期初存货金额＋本期主营业务成本）×本期外购货物税率＋本期运费进项税额合计

（2）问题指向：将纳税人申报进项税额与进项税额控制额进行比较，若申报进项税额大于进项税额控制额，则可能存在虚抵进项税额的问题，应重点核查纳税人购进固定资产是否抵扣；用于非应税项目、免税项目、集体福利、个人消费的购进货物或应税劳务及非正常损失的购进货物是否按照规定做进项税额转出；是否存在取得虚开的专用发票和其他抵扣凭证问题。

（3）预警范围：指标值≥10%。

（4）检查重点：检查纳税人"在建工程""固定资产"等科目变化，判断是否存在将外购的不符合抵扣标准的固定资产发生的进项税额申报抵扣，结合"营业外支出""待处理财产损溢"等科目的变化，判断是否将存货损失转出进项税额；结合增值税申报表附表二分析其他、农产品等变化情况，判断是否存在虚假抵扣进项税额问题。实地检查原材料等存货的收发记录，确定用于非应税项目的存货是否作进项税转出；检查是否存在将外购存货用于职工福利、个人消费、无偿赠送等而未转出进项税额问题；检查农产品发票的开具、出售人资料、款项支付情况，判断是否存在虚开问题。

5. 进项税额变动率高于销项税额变动率

（1）指标。

指标值＝（进项税额变动率－销项税额变动率）÷销项税额变动率×100%

进项税额变动率＝（本期进项－上期进项）÷上期进项×100%

销项税额变动率＝（本期销项－上期销项）÷上期销项×100%

（2）问题指向：纳税人进项税额变动率高于销项税额变动率，纳税人可能存在少计收入或虚抵进项税额的问题，应重点核查纳税人购销业务是否真实，是否为享受税收优惠政策已满的纳税人。

（3）预警范围：指标值≥10%。

（4）检查重点：检查纳税人的购销业务是否真实，是否存在销售已实现，而收入却长期挂在"预收账款""应收账款"科目的问题。是否存在虚假申报抵扣进项税问题。结合进项税额控制额的指标进行分析，控制额超过预警值，而销售与基期比较没有较大幅度的提高的话，实地查看其库存，如果已没有库存，说明企业有销售未入账情况；如果有库存，检查有无将购进的不符合抵扣标准的固定资产、非应税项目、免税项目进行虚假申报抵扣的情况。

6. 运费发票抵扣进项占比异常

（1）指标值＝当期运费发票抵扣进项÷当期进项税额×100%

（2）问题指向：纳税人可能存在取得虚开、虚假或不合规定的运费发票抵扣进项税额及虚列费用的问题。

（3）预警范围：对纳税人取得运费发票抵扣进项占当期进项税额比例超过10%或月单笔抵扣进项超过10万元（含）情况进行监控。

（4）检查重点：实地核实纳税人生产能力、库存商品的情况，核实购进业务的真实性，对运费发票的历程、单价进行询问并判断其合理性，检查支付款项。

（二）弹性分析指标

1. 纳税人销售额变动率与应纳税额变动率弹性系数异常

（1）指标。

指标值＝销售额变动率 ÷ 应纳税额变动率

销售额变动率＝（本期销售额－上期销售额）÷ 上期销售额 ×100%

应纳税额变动率＝（本期应纳税额－上期应纳税额）÷ 上期应纳税额 ×100%

（2）问题指向：判断企业是否存在实现销售收入而不计提销项税额或扩大抵扣范围而多抵进项的问题。正常情况下两者应基本同步增长，弹性系数应接近1。

（3）预警范围：指标值不接近1。

（4）检查重点：检查企业的主要经营范围，查看营业执照、税务登记、经营方式以及征管范围界定情况，以及是否兼营不同税率的应税货物；查阅仓库货物收发登记簿，了解材料购进、货物入库、发出数量及库存数量，并与申报情况进行比对；审核企业明细分类账簿，重点核实"应收账款""应付账款""预付账款""在建工程"等明细账，并与主营业务收入、应纳税金明细核对，审核有无将收入长期挂往来账、少计销项税额以及多抵进项税等问题；审核进项税额抵扣凭证、检查有无将购进的不符合抵扣标准的固定资产、非应税项目、免税项目进行税额申报抵扣的情况。

2. 纳税人销售毛利率变动率与税负率变动率弹性系数异常

（1）指标。

指标值＝毛利率变动率 ÷ 税负率变动率

毛利率＝（主营业务收入－主营业务成本）÷ 主营业务收入 ×100%

毛利率变动率＝（本期毛利率－基期毛利率）÷ 基期毛利率 ×100%

税负率＝应纳税额 ÷ 应税销售收入 ×100%

税负率变动率＝（本期税负率－基期税负率）÷ 基期税负率 ×100%

（2）问题指向：判断企业是否存在实现销售收入而不计提销项税额或扩大抵扣范围而多抵进项的问题。正常情况下两者应基本同步增长，弹性系数应接近1。

（3）预警范围：指标值不接近1。

（4）检查重点：针对收入疑点，核实原材料等购进、验收、入库、领用、周转等收发货登记记录；调查用电量，测算产品能耗，检查工资表和费用，推算生产能力；检查账单，了解资金流量，结合购销合同，分析材料购进及货物销售数量及价格；审核收款记录，将收款与开票情况进行核对；检查存货分配情况及"生产成本""制造费用"等借方发生额，是否用于非应税项目；检查"经营费用""管理费用"业务，是否存在将外购存货用于非应税项目、职工福利、个人消费等情况；检查农产品发票的开具，判断是否存在虚开问题。

（三）对比分析指标

1. 所得税申报收入与流转税申报收入差异

（1）指标值＝流转税申报收入－所得税申报收入

（2）问题指向：所得税申报收入小于流转税申报收入，可能存在收入未申报等问题。

（3）预警范围：指标值不等于0。

（4）检查重点：企业申报时，流转税申报收入与所得税申报收入。

2. 消费税申报收入与增值税申报收入差异

（1）指标值＝增值税申报收入－消费税申报收入

（2）问题指向：消费税申报收入小于增值税申报收入，可能存在增值税收入未申报缴纳消费税等问题。

（3）预警范围：指标值不等于0。

（4）检查重点：企业申报时，增值税申报收入与消费税申报收入。

二 增值税主要风险点及应对 ● ● ●

（一）增值税主要风险点核查

（1）申报的增值税金额与申报的各项附加税费比对是否一致。

（2）公司的实际经营范围与对外开具发票的项目进行比对，从而发现是否存在"变名虚开"的问题。

（3）理论销售收入与公司实际的销售收入比对是否相符。

（4）纳税系统申报的销售额与防伪税控中的开票销售额以及财务报表中的销售额比对是否异常。

（5）开具发票的时候进项、销项的品名是否严重背离。

（6）企业的增值税发票增量、使用量情况与往期比对是否存在异常。

（7）农产品进项税抵扣情况与实际农副产品数量、金额、产地、面积等是否做到相符。

（8）企业的期末存货与增值税留抵税额是否做到匹配。

（9）商贸企业一定时期内进项销项税率是否异常。

（10）企业的进项税额变动率是否大大高于销项税额变动率。

（11）企业的运费抵扣与经营收入比对是否异常。

（二）增值税风险应对

增值税风险应对及防范策略主要有：

1. 企业账务处理与合同相匹配

例如，在采用分期收款方式销售商品时，购销双方往往会在销售合同中约定分期收款的具体时间。销售合同中约定了分期收款时间，但采购方在合同约定付款的时间没有真正向销售方支付采购货款，销售方就没有进行账务处理，往往等到采购方实际支付采购货款时，才进行账务处理和税务处理。此时，账务和税务处理与销售合同的分期收款结算这种条款约定是严重不匹配的，存在税收风险。

【案例 4-11】某生产企业 2020 年 10 月份采取赊销方式销售货物一批，成本为 120 万元，销售金额为 226 万元，其中价款 200 万元，增值税额 26 万元，合同约定 2021 年 6 月 20 日收款。

发出商品时的账务处理为：

借：发出商品　　　　　　　　　　　　　　　　　　　　　　　　120

　　贷：库存商品　　　　　　　　　　　　　　　　　　　　　　120

但由于购货方到期未付款，企业在 2021 年 6 月 20 日就未作销售处理，直到 2021 年 8 月 20 日收到货款，才确认收入并纳税。

【分析】

根据《中华人民共和国增值税暂行条例实施细则》第三十八条的规定，采取赊销和分期收款方式销售货物，增值税纳税义务时间为书面合同约定的收款日期的当天，无书面合同的或者书面合同没有约定收款日期的，则为货物发出的当天。基于以上规定，该企业 2020 年 10 月份采取赊销方式销售货物一批，合同约定 2021 年 6 月 20 日收款，虽然购货方到期未付款，但已经发生了增值税纳税义务，根据合同与账务相匹配的原理，应确认收入并交税。即应作会计处理如下：

借：应收账款　　　　　　　　　　　　　　　　　　　　　　　226

　　贷：主营业务收入　　　　　　　　　　　　　　　　　　　200

　　　　应交税费——应交增值税（销项税额）　　　　　　　　26

当然，如果不按照以上办法进行处理，且想要规避税务风险，则必须修改合同。把原来销售合同中的购货方的付款时间修改为 2021 年 8 月 20 日，这样增值税的纳税义务时间就变更为了 2021 年 8 月 20 日。

2. 依法进行账务处理，规避纳税风险

企业一定要财务手续健全，账务处理准确。

3. 纳税自查，排查账务中的纳税盲点

4. 进行账务处理时，应以税务会计核算为主

（1）如果税法与会计对一笔经济业务的核算规定没有差异时，应实行财务会计核算。

（2）如果税法与会计对一笔经济业务的核算规定有差异时，应实行税务会计核算。

（3）如果对一笔经济业务的核算，只有会计上的规定，而税法上没有规定时，实行会计核算。

4.4 企业所得税纳税筹划

一 通过纳税人身份筹划

企业所得税的纳税人分为居民企业和非居民企业。居民企业，是指依法在中国境内成立，或者依照外国（地区）法律成立但实际管理机构在中国境内的企业。非居民企业，是指依照外国（地区）法律成立且实际管理机构不在中国境内，但在中国境内设立机构、场所的，或者在中国境内未设立机构、场所，但有来源于中国境内所得的企业。

居民企业应就来源于中国境内、境外的全部所得纳税，承担全面纳税义务。非居民企业一般情况下只就其来源于中国境内的所得纳税，承担有限纳税义务。

因此，外资若在中国境内设立为具有法人资格的企业，包括中外合资企业、中外合作企业和外资企业，就会成为中国的居民纳税人，对在中国境内注册的企业的境内、境外所得全部在中国纳税；若设立为外国企业的分支机构，成为中国的非居民纳税人，其纳税义务就会不同，仅就其来源于中国境内的所得以及发生在中国境外但与其所设机构、场所有实际联系的所得，缴纳企业所得税。所以，这里就存在税收筹划的空间。

二 通过企业组织形式筹划

（一）公司制企业与非公司制企业的筹划

企业组织形式一般分为三类，即公司企业、合伙企业和独资企业。

在税负的承担上，公司制企业与个人独资企业或合伙企业相比，税收负担明显不同。

若设立为具有法人资格的公司制企业，就会面临双重纳税的责任，即企业在获利时要缴纳一次企业所得税，在将税后利润分配给自然人股东时还要缴纳一次个人所得税，造成双重征税。若设立为个人独资企业或合伙企业，就仅需要缴纳个人所得税，不需缴纳企业所得税，从而避免了双重征税的发生，这显然会产生税收筹划利益。

（二）子公司与分公司的筹划

在公司对外经营拓展业务时，面临设立子公司还是分公司的选择。子公司是独立法人，如果盈利或亏损，均不能并入母公司利润，应当作为独立的居民企业单独缴纳企业所得税。分公司不是独立法人，不属于形成所得税的居民企业，其实现的利润或亏损应当并入总公司，由总公司汇总纳税。

如果设立的是子公司，在子公司微利的情况下，子公司可以享受小微企业优惠政策，使集团公司整体税负降低，并且子公司向母公司分配现金股利或利润时，还可以享受免税政策。

如果设立的是分公司，如果分公司是微利，总公司就其实现的利润在缴纳所得税时不能减少公司的整体税负；如果分公司是亏损，则可抵减总公司的应纳税所得额，在巨额亏损的情况下，能够达到降低总公司的整体税负的效果。

企业投资设立下属公司，在下属公司微利的情况下，企业应选择设立子公司的组织形式；在下属公司亏损的情况下，企业应选择设立分公司的组织形式。

三 通过企业分立进行筹划

（一）通过新设分立的筹划

新设分立是指一个公司将其全部财产分割，解散原公司，组成两个或两个以上的新公司。通过这种分立，可以把一个企业分解成若干新企业，可以更容易满足小型微利企业的条件，享受小微企业优惠政策，或者享受更低的税率。例如分立后，新设企业符合高新企业条件，税率会降低为15%。

（二）通过派生分立的筹划

派生分立是指一个公司将一部分财产或营业依法分出，成立两个或两个以上公司的行为。通过这种分立，可以将企业某个特定部门分立出去，成为一个独立的子公司。新成立的公司可以享受小型微利企业优惠政策，符合要求的还可以享受更低的企业所得税税率。另外，还可以增加企业集团内部的销售环节，扩大母公司的销售额，增加可以税前扣除的费用，比如业务招待费等限额扣除费用，从而达到节税的目的。

（1）《财政部 税务总局关于实施小微企业普惠性税收减免政策的通知》（财税〔2019〕13号）规定，在2019年1月1日至2021年12月31日期间，对小型微利企业年应纳税所得额不超过100万元的部分，减按25%计入应纳税所得额，按20%的税率缴纳企业所得税；对年应纳税所得额超过100万元但不超过300万元的部分，减按50%计入应纳税所得额，按20%的税率缴纳企业所得税。

小型微利企业是指从事国家非限制和禁止行业，且同时符合年度应纳税所得额不超过300万元、从业人数不超过300人、资产总额不超过5 000万元等三个条件的企业。

（2）《国家税务总局关于落实支持小型微利企业和个体工商户发展所得税优惠政策有关事项的公告》（国家税务总局公告2021年第8号）规定，2021年1月1日至2022年12月31日，对小型微利企业年应纳税所得额不超过100万元的部分，减按12.5%计入应纳税所得额，按20%的税率缴纳企业所得税。

四 通过投资产业方向进行筹划 ●●●

国家为了鼓励和扶持高新技术的发展，出台了一系列政策。例如对符合条件的技术转让所得免征、减征企业所得税，对高新技术企业减按15%税率征税，对企业的研发费用可以在计算应纳税所得额时加计扣除，等等。企业在进行产业投资时，就可以考虑利用自身优势或者资源进行相关技术创新或产品研发，在提升市场竞争力的同时降低企业税负。

为了加强环境保护、节约资源，税法规定了有关环境保护、资源综合利用和安全生产的产业和项目的税收优惠。例如，企业购置用于环境保护、节能节水、安全生产等专用设备的投资额，可以按10%从企业当年的应纳税额中抵免；当年不足抵免的，可以在以后5个纳税年度结转抵免。企业在进行相关设备投资时，就可以参照《环境保护专用设备企业所得税优惠目录》《节能节水专用设备企业所得税优惠目录》和《安全生产专用设备企业所得税优惠目录》进行专用设备的购置。

此外，国家在公共基础设施建设、农业生产、新型农业经营主体发展、资源综合利用、集成电路与软件、养老服务等领域给予了一系列优惠政策，企业在进行产业投资时，就可以充分考虑相关政策方向，通过投资产业方向进行筹划，降低企业自身税负。

【案例4-12】甲集团公司共有10家子公司，集团全年实现应纳税所得额6 000万元，由于均不符合高新技术企业的条件，均适用25%的税率，合计缴纳企业所得税1 500万元。该集团中的乙公司与高新技术企业的条件比较接近，年应纳税所得额为2 000万元。请为甲集团公司提出税收筹划方案。

【分析】

筹划方案：甲集团公司可以集中力量将乙公司打造成高新技术企业（例如将相关研发项目放在乙公司，将研发人员、研发经费归集在乙公司），再将其他公司的盈利项目整合到乙公司，使得乙公司应纳税所得额提高至3 000万元，则集团可以少缴纳企业所得税=1 500－3 000×25%－3 000×15%＝300（万元）。

五 通过投资地域进行筹划 ●●●

为了扶持和支持某些区域的发展，国家出台了很多区域性税收优惠政策。企业可以通过比较税收优惠政策，选择最适合自己公司的注册地址或投资地域。常见的区域性优惠政策是：

（一）西部大开发优惠政策

《财政部　税务总局　国家发展改革委关于延续西部大开发企业所得税政策的公告》（财政部　税务总局　国家发展改革委公告2020年第23号）规定，自2021年1月1日至2030年12月31日，对设在西部地区的鼓励类产业企业减按15%的税率征收企业所得税。此处所称鼓励类产业企业是指以《西部地区鼓励类产业目录》中规定的产业项目为主营业务，且其主营业务收入占企业收入总额60%以上的企业。

该公告所称西部地区包括内蒙古自治区、广西壮族自治区、重庆市、四川省、贵州省、云南省、西藏自治区、陕西省、甘肃省、青海省、宁夏回族自治区、新疆维吾尔自治区和新疆生产建设兵团。湖南省湘西土家族苗族自治州、湖北省恩施土家族苗族自治州、吉林省延边朝鲜族自治州和江西省赣州市，可以比照西部地区的企业所得税政策执行。

（二）海南自由贸易港优惠政策

根据《财政部　税务总局关于海南自由贸易港企业所得税优惠政策的通知》（财税〔2020〕31号）规定，为支持海南自由贸易港建设，自2020年1月1日至2024年12月31日，实施以下企业所得税优惠政策：

（1）对注册在海南自由贸易港并实质性运营的鼓励类产业企业，减按15%的税率征收企业所得税。

（2）对在海南自由贸易港设立的旅游业、现代服务业、高新技术产业企业新增境外直接投资取得的所得，免征企业所得税。

（3）对在海南自由贸易港设立的企业，新购置（含自建、自行开发）固定资产或无形资产，单位价值不超过500万元（含）的，允许一次性计入当期成本费用在计算应纳税所得额时扣除，不再分年度计算折旧和摊销；新购置（含自建、自行开发）固定资产或无形资产，单位价值超过500万元的，可以缩短折旧、摊销年限或采取加速折旧、摊销的方法。

六 通过安置特殊就业人员进行筹划 ●●●

（一）通过安置残疾人员获得节税收益

《财政部 国家税务总局关于安置残疾人员就业有关企业所得税优惠政策问题的通知》（财税〔2009〕70号）规定，企业安置残疾人员的，在按照支付给残疾职工工资据实扣除的基础上，可以在计算应纳税所得额时按照支付给残疾职工工资的100%加计扣除。

（二）通过招用退役士兵获得扣减优惠

《财政部 税务总局 退役军人部关于进一步扶持自主就业退役士兵创业就业有关税收政策的通知》（财税〔2019〕21号）规定，企业招用自主就业退役士兵，与其签订1年以上期限劳动合同并依法缴纳社会保险费的，自签订劳动合同并缴纳社会保险当月起，在3年内按实际招用人数予以定额依次扣减增值税、城市维护建设税、教育费附加、地方教育附加和企业所得税优惠。定额标准为每人每年6 000元，最高可上浮50%，各省、自治区、直辖市人民政府可根据本地区实际情况在此幅度内确定具体定额标准。

七 通过存货计价方法进行筹划 ●●●

存货的计价方法总体看不会影响应纳所得税，但是纳税人可以通过采用不同的存货计价方法来改变销售成本，从而改变所得税纳税义务的时间，为企业获得资金的时间价值。

如果预计企业将长期盈利，则存货成本可以最大限度地在本期所得额中税前扣除，应选择使本期存货成本最大化的存货计价方法；如果预计企业将亏损或者企业已经亏损，选择的计价方法应使亏损尚未得到完全弥补的年度的成本费用降低，尽量使成本费用延迟到以后能够完全得到抵补的时期，才能保证成本费用的抵税效果最大化。

如果企业正处于所得税减免税期间，就意味着企业获得的利润越多，得到的减免税额越多，因此应该选择减免税期间内存货成本最小化的计价方法，减少企业的当期摊入，尽量将存货成本转移到非税收优惠期间。相反，企业处于非税收优惠期间的，应选择使存货成本最大化的计价方法，以达到减少当期应纳税所得额、迟延纳税的目的。

八　利用固定资产折旧进行筹划　•••

合理确定固定资产入账价值，充分利用固定资产加速折旧和一次性税前扣除优惠政策，可以享受资金的时间价值，达到迟延纳税的目的。例如，《财政部　税务总局关于设备、器具扣除有关企业所得税政策的通知》（财税〔2018〕54号）及相关文件规定，企业在2018年1月1日至2023年12月31日期间新购进的设备、器具，单位价值不超过500万元的，允许一次性计入当期成本费用在计算应纳税所得额时扣除，不再分年度计算折旧。

对于盈利的企业，新增固定资产入账时，尽可能选择一次性税前扣除，或者尽量缩短折旧年限或者采用加速折旧法。对于亏损企业和享受税收优惠的企业，应该合理预计企业的税收优惠期间或弥补亏损所需年限，进行适当的折旧安排，尽量在税收优惠期间和亏损期间少提折旧。

【案例4-13】某企业2021年年底购入一台设备，价款400万元，按10年计提折旧，净残值为0。假设该企业2022年应纳税所得额为500万元，未包括该设备折旧。

要求：计算该企业应交的企业所得税，并提出筹划方案。

【分析】

企业按照年限平均法计提折旧。2022年度应计提折旧40万元，2022年应纳税所得额 = 500 - 40 = 460（万元），应纳税额 = （500 - 40）× 25% = 115（万元）。

筹划方案：企业如果在2022年选择一次性计入当期成本费用在计算应纳税所得额时扣除，则2022年应纳税所得额 = 500 - 400 = 100（万元），如果企业符合小型微利企业条件，2022年应纳税额 = 100 × 12.5% × 20% = 2.5（万元）。

经此筹划后，2022年应纳税额减少了112.5万元，当年为企业获得了112.5万元的流动资金。但是需要注意的是，企业享受一次性加速折旧政策后，在以后9个年度内，需要逐年纳税调增 40 万元。

九 利用弥补亏损进行筹划 ●●●

税法规定，企业纳税年度发生的亏损，准予向以后年度结转，用以后年度的所得弥补，但结转年限最长不得超过 5 年。这一规定为纳税人进行纳税筹划提供了空间，纳税人可以通过对本企业支出和收益的控制来充分利用亏损结转的规定，将能够弥补的亏损尽量弥补。

如果某年度发生了亏损，企业应当尽量使邻近的纳税年度获得较多的收益，也就是尽可能早地将亏损予以弥补；如果企业已经没有需要弥补的亏损或者企业刚刚组建，而亏损在最近几年又是不可避免的，那么，应该尽量先安排企业亏损，然后再安排企业盈利。

【案例 4-14】甲公司 2020 年度的利润总额为 0，不需要缴纳企业所得税。税法规定，企业的亏损可以用以后年度的盈利弥补，但最长不能超过 5 年。甲公司 2015 年度的 200 万元亏损即将过期作废。甲公司预计 2021 年度将会实现大幅盈利，预计会产生应纳税所得额 600 万元左右。

【分析】

甲公司可以在 2020 年度采取措施提高利润总额。例如提前确认部分收入，推迟固定资产的购置，减少原材料的采购，将部分高管、员工的工资、年终奖推迟到 2021 年度发放等，将甲公司 2020 年度的利润总额提高至 200 万元。该 200 万元可以弥补 2015 年度的亏损，弥补亏损之后的应纳税所得额为 0，不需要缴纳企业所得税。

由于甲公司 2020 年度的利润总额增加了 200 万元，2021 年度的利润总额因此将减少至 400 万元。甲公司 2021 年度需要缴纳企业所得税＝ 400×25% ＝ 100（万元）。

另外，如果甲公司能申请成为高新技术企业或者科技型中小企业，其亏损结转的期限将延长至 10 年。

十 利用利润转移进行纳税筹划 ●●●

对于既适用 25% 税率也适用 20% 税率以及 15% 税率的企业集团而言，可以适当将适用 25% 税率的企业的收入转移到适用 20% 税率或者 15% 税率的企业中，从而适当降低企业集团的所得税负担。如果企业集团中没有适用较低税率的企业，企业可以通过专门设立高新技术企业或者小型微利企业的方式来增加适用较低税率的企业。

企业之间利润转移主要有关联交易和业务转移两种方法。通过关联交易转移利润，应注意幅度的把握，明显的利润转移会受到税务机关的关注和反避税调查。业务转移是将甲公司的某项业务直接交给乙公司承担，通过这种方式转移利润，目前尚不受税法规制，税务风险比较小。

【案例 4-15】某企业集团有下属甲、乙两个企业。其中，甲企业适用 25% 的企业所得税税率，乙企业属于需要国家扶持的高新技术企业，适用 15% 的企业所得税税率。2020 纳税年度，甲企业的应纳税所得额为 6 000 万元，乙企业的应纳税所得额为 4 000 万元。请计算甲乙两个企业以及该企业集团在 2020 纳税年度分别应当缴纳的企业所得税税款，并提出纳税筹划方案。

【分析】

甲企业 2020 年度应当缴纳企业所得税 = 6 000×25% = 1 500（万元）

乙企业 2020 年度应当缴纳企业所得税 = 4 000×15% = 600（万元）

该企业集团 2020 年合计缴纳企业所得税 = 1 500 + 600 = 2 100（万元）

筹划方案：由于甲企业的企业所得税税率高于乙企业的税率，因此可以考虑通过业务调整、转移支付等方式将甲企业的部分收入转移到乙企业。假设该企业集团通过纳税筹划将甲企业的应纳税所得额降低为 4 000 万元，乙企业的应纳税所得额相应增加为 6 000 万元，则：

甲企业 2020 年度应当缴纳企业所得税 = 4 000×25% = 1 000（万元）

乙企业 2020 年度应当缴纳企业所得税 = 6 000×15% = 900（万元）

该企业集团 2020 年度合计缴纳企业所得税 = 1 000 + 900 = 1 900（万元）

通过业务调整、转移支付等方式进行纳税筹划，该企业集团可以少缴企业所得税 200（2 100 − 1 900）万元。

十一 利用资产损失税前扣除进行筹划 ●●●

通过对财产损失及时进行处理，以获取资金时间价值为目的进行税收筹划。企业发生的资产损失，应按照《企业资产损失所得税税前扣除管理办法》（国家税务总局公告 2011 年第 25 号发布）的规定，收集整理好内部证据和外部证明资料，在损失实际发生的当年申报扣除，由此就可以获得较多的资金时间价值。

根据规定，企业在计算应纳税所得额时已经扣除的资产损失，在以后纳税年度全部或者部分收回时，其收回部分应当作为收入计入收回当期的应纳税所得额。

纳税人在发生财产损失时，虽然预计可能会在以后纳税期内收到赔偿或者补偿，但可能性较小时，可以先按照《财政部　国家税务总局关于企业资产损失税前扣除政策的通知》（财税〔2009〕57号）的规定将有关财产损失进行税前扣除，在实际收到赔偿或者补偿时再行确认为收入或者所得计算缴纳所得税，进而获取资金的时间价值。

4.5　企业所得税纳税评估及常见风险

一　企业所得税评估指标与运用 ● ● ●

（一）通用指标及运用

1. 收入类评估分析指标

主营业务收入变动率=（本期主营业务收入-基期主营业务收入）÷基期主营业务收入×100%

如果主营业务收入变动率超出预警值范围，可能存在少计收入或隐瞒收入等问题，需要结合其他指标进一步分析。

2. 成本类评估分析指标

（1）单位产成品原材料耗用率=本期投入原材料÷本期产成品成本×100%

分析单位产品当期耗用原材料与当期产出的产成品成本比率，判断纳税人是否存在账外销售问题、是否错误使用存货计价方法、是否人为调整产成品成本或应纳税所得额等问题。

（2）主营业务成本变动率=（本期主营业务成本-基期主营业务成本）÷基期主营业务成本×100%

主营业务成本变动率超出预警值范围，可能存在销售未计收入、多列成本费用、扩大税前扣除范围等问题。

3. 费用类评估分析指标

（1）期间费用变动率=（本期期间费用-基期期间费用）÷基期期间费用×100%

与预警值相比，如相差较大，可能存在多列费用问题。

（2）销售（管理、财务）费用变动率=〔本期销售（管理、财务）费用-基期销售（管理、财务）费用〕÷基期销售（管理、财务）费用×100%

如果销售（管理、财务）费用变动率与前期相差较大，可能存在税前多列支销售（管理、财务）费用问题。

（3）成本费用率＝本期期间费用÷本期成本费用×100%

该指标反映企业期间费用的合理性。分析企业期间费用与成本之间的关系，并与预警值比较，如果企业本期成本费用率异常，则可能存在多列支期间费用问题。

（4）税前列支费用评估分析指标

包括工资扣除限额、"三费"（职工福利费、工会经费、职工教育经费）扣除限额、业务招待费扣除限额、公益性捐赠扣除限额、研发费用加计扣除额、广告费和业务宣传费扣除限额、资产损失扣除限额等。

如果申报扣除（摊销）额超过允许扣除（摊销）标准，可能存在未按规定进行纳税调整、擅自扩大扣除（摊销）基数等问题。

4. 利润类评估分析指标

（1）主营业务利润变动率＝（本期主营业务利润－基期主营业务利润）÷基期主营业务利润×100%

（2）其他业务利润变动率＝（本期其他业务利润－基期其他业务利润）÷基期其他业务利润×100%

上述指标若与预警值相比相差较大，可能存在多结转成本或不计、少计收入问题。

（3）营业外收支增减额。营业外收入增减额与基期相比减少较多，可能存在隐瞒营业外收入问题。营业外支出增减额与基期相比增加较多，可能存在将不符合规定支出列入营业外支出问题。

5. 资产类评估分析指标

（1）净资产收益率＝净利润÷平均净资产×100%

分析纳税人资产综合利用情况。如指标与预警值相差较大，可能存在隐瞒收入，或闲置未用资产计提折旧问题。

（2）总资产周转率＝营业收入÷平均总资产×100%

存货周转率＝主营业务成本÷[（期初存货成本＋期末存货成本）÷2]×100%

分析总资产和存货周转情况，推测销售能力。如果总资产周转率或存货周转率加快，而应纳税额减少，可能存在隐瞒收入、虚增成本的问题。

（3）应收（付）账款变动率＝（期末应收（付）账款－期初应收（付）账款）÷期初应收（付）账款×100%

分析纳税人应收（付）账款增减变动情况，判断其销售实现和可能发生坏账情况。如果应收（付）账款增长率增高，而销售收入减少，可能存在隐瞒收入、虚增成本的问题。

（4）资产负债率＝负债总额÷资产总额×100%，其中：负债总额＝流动负债＋长期负债，资产总额是扣除累计折旧后的净额。

分析纳税人经营活力，判断其偿债能力。如果资产负债率与预警值相差较大，则企业偿债能力有问题，要考虑由此对税收收入产生的影响。

（二）配比指标分析及运用

1. 主营业务收入变动率与主营业务利润变动率配比分析

指标＝主营业务收入变动率÷主营业务利润变动率

正常情况下，二者基本同步增长。

（1）当比值＜1，且相差较大，二者都为负时，可能存在企业多列成本费用、扩大税前扣除范围等问题。

（2）当比值＞1，且相差较大，二者都为正时，可能存在企业多列成本费用、扩大税前扣除范围等问题。

（3）当比值为负数，且前者为正、后者为负时，可能存在企业多列成本费用、扩大税前扣除范围等问题。

该指标如果出现异常，重点从以下三个方面进行分析：

结合"主营业务利润率"指标进行分析，了解企业历年主营业务利润率的变动情况；对"主营业务利润率"指标也异常的企业，应通过年度申报表及附表分析企业收入构成情况，以判断是否存在少计收入问题；结合资产负债表中"应付账款""预收账款"和"其他应付款"等科目的期初、期末数进行分析，如出现"应付账款"和"其他应付账款"红字和"预收账款"期末大幅度增长等情况，应判断是否存在少计收入问题。

2. 主营业务收入变动率与主营业务成本变动率配比分析

指标＝主营业务收入变动率÷主营业务成本变动率

正常情况下二者基本同步增长，比值接近1。

该指标如果出现异常，可能存在企业多列成本费用、扩大税前扣除范围等问题。重点从以下三个方面进行分析：

结合"主营业务收入变动率"指标，对企业主营业务收入情况进行分析，通过分析企业年度申报表及附表（营业收入表），了解企业收入的构成情况，判断是否存在少计收入的情况；结合资产负债表中"应付账款""预收账款"和"其他应付账款"等科目的期初、期末数额进行分析，如出现"应付账款"和"其他应付账款"红字和"预收账款"期末大幅度增长情况，应判断存在少计收入问题；结合主营业务成本率对年度申报表及附表进行分析，了解企业成本的结转情况，分析是否存在改变成本结转方法、少计存货（含产成品、在产品和材料）等问题。

3. 主营业务收入变动率与主营业务费用变动率配比分析

指标＝主营业务收入变动率 ÷ 主营业务费用变动率

正常情况下，二者基本同步增长。

该指标如果出现异常，可能存在企业多列成本费用、扩大税前扣除范围等问题。重点从以下三个方面进行分析：

结合资产负债表中"应付账款""预收账款"和"其他应付账款"等科目的期初、期末数进行分析，如出现"应付账款"和"其他应付账款"红字和"预收账款"期末大幅度增长等情况，应判断存在少计收入问题；结合主营业务成本，通过年度申报表及附表分析企业成本的结转情况，以判断是否存在改变成本结转方法、少计存货（含产成品、在产品和材料）等问题；结合"主营业务费用率""主营业务费用变动率"两项指标进行分析，与同行业的水平比较。

通过利润表中销售费用、财务费用、管理费用的若干年度数据来分析三项费用中增长较多的费用项目，对财务费用增长较多的，结合资产负债表中短期借款、长期借款的期初、期末数进行分析，以判断财务费用增长是否合理，是否存在基建贷款利息列入当期财务费用等问题。

4. 主营业务成本变动率与主营业务利润变动率配比分析

指标＝主营业务成本变动率 ÷ 主营业务利润变动率

当两者比值＞1，且二者都为正时，可能存在多列成本的问题；前者为正、后者为负时，视为异常，可能存在多列成本、扩大税前扣除范围等问题。

5. 存货变动率、资产利润率、总资产周转率配比分析

比较分析本期资产利润率与上年同期资产利润率，本期总资产周转率与上年同期总资产周转率。若本期存货增加不大，即存货变动率≤0，本期总资产周转率－上年同期总资产周转率≤0，可能存在隐匿销售收入问题。

（三）企业所得税税负评估指标与运用

1. 所得税税收负担率

所得税税收负担率＝应纳所得税额 ÷ 利润总额 ×100%

与当地同行业同期和本企业基期所得税负担率相比，低于标准值可能存在不计或少计销售（营业）收入、多列成本费用、扩大税前扣除范围等问题，应结合运用其他相关指标深入评估分析。

2. 主营业务利润税收负担率（简称利润税负率）

利润税负率＝本期应纳税额÷本期主营业务利润×100%

对上述指标设定预警值并与预警值对照，与当地同行业同期和本企业基期利润税负率相比，如果低于预定值，企业可能存在销售未计收入、多列成本费用、扩大税前扣除范围等问题，应作进一步分析。

3. 应纳税所得额变动率

应纳税所得额变动率＝（评估期累计应纳税所得额－基期累计应纳税所得额）÷基期累计应纳税所得额×100%

关注企业处于税收优惠期前后，该指标如果发生较大变化，可能存在少计收入、多列成本，人为调节利润问题；也可能存在费用配比不合理等问题。

4. 所得税贡献率

所得税贡献率＝应纳所得税额÷主营业务收入×100%

将当地同行业同期与本企业基期所得税贡献率相比，低于标准值视为异常，可能存在不计或少计销售（营业）收入、多列成本费用、扩大税前扣除范围等问题，应运用所得税变动率等相关指标作进一步评估分析。

5. 所得税贡献变动率

所得税贡献变动率＝（评估期所得税贡献率－基期所得税贡献率）÷基期所得税贡献率×100%

与企业基期指标和当地同行业同期指标相比，低于标准值可能存在不计或少计销售（营业）收入、多列成本费用、扩大税前扣除范围等问题。应运用其他相关指标深入详细评估，并结合上述指标评估结果，进一步分析企业销售（营业）收入、成本、费用的变化和异常情况及其原因。

6. 所得税负担变动率

所得税负担变动率＝（评估期所得税负担率－基期所得税负担率）÷基期所得税负担率×100%

与企业基期和当地同行业同期指标相比，低于标准值可能存在不计或少计销售（营业）收入、多列成本费用、扩大税前扣除范围等问题。应运用其他相关指标深入详细评估，并结合上述指标评估结果，进一步分析企业销售（营业）收入、成本、费用的变化和异常情况及其原因。

二 企业所得税评估指标的分类与综合运用 ●●●

（一）企业所得税纳税评估指标的分类

对企业所得税进行评估时，为便于操作，一般会将通用指标中涉及所得税评估的指标进行分类并综合运用。通常分为以下三类。

一类指标：主营业务收入变动率、所得税税收负担率、所得税贡献率、主营业务利润税收负担率。

二类指标：主营业务成本变动率、主营业务费用变动率、营业（管理、财务）费用变动率、主营业务利润变动率、成本费用率、成本费用利润率、所得税负担变动率、所得税贡献变动率、应纳税所得额变动率及通用指标中的收入、成本、费用、利润配比指标。

三类指标：存货周转率、固定资产综合折旧率、营业外收支增减额、税前弥补亏损扣除限额及税前列支费用评估指标。

（二）企业所得税评估指标的综合运用

各类指标出现异常，应对可能影响异常的收入、成本、费用、利润及各类资产的相关指标进行审核分析。

一类指标出现异常，要运用二类指标中相关指标进行审核分析，并结合原材料、燃料、动力等情况进一步分析异常情况及其原因。

二类指标出现异常，要运用三类指标中影响的相关项目和指标进行深入审核分析，并结合原材料、燃料、动力等情况进一步分析异常情况及其原因。

在运用上述三类指标的同时，对影响企业所得税的其他指标，也应进行审核分析。

三 企业所得税的常见风险 ●●●

1. 少计收入的风险

企业主客观上都极易出现此类风险。主要包括未按所得税收入实现的时点确认收入、少计收入、延迟确认收入、未申报视同销售收入，擅自享受税收优惠或违规享受税收优惠之免税收入、减计收入等。

（1）企业提供专利权、非专利技术、商标权、著作权以及其他特许权的使用权取得的特许权使用费收入，未按照合同约定的特许权使用人应付特许权使用费的日期确认收入。

（2）企业接受无偿给予的货币性资产、非货币性资产捐赠收入，未按实际收到捐赠资产的日期确认收入的实现；接受非货币性资产捐赠收入未按公允价值确定收入额。

（3）企业取得的资产溢余收入、逾期未退包装物押金收入、确实无法偿付的应付款项、已作坏账损失处理后又收回的应收款项、债务重组收入、补贴收入、违约金收入、汇兑收益等其他收入，未依法确认为当期收入。

（4）企业发生非货币性资产交换，以及将货物、财产、劳务用于捐赠、偿债、赞助、集资、广告、样品、职工福利或者利润分配等用途的，未视同销售货物、转让财产或者提供劳务，未按公允价值确定收入。

（5）采取产品分成方式取得收入的，未按照企业分得产品的日期确认收入的实现，或者未按照产品的公允价值确定收入额。

（6）企业以分期收款方式销售货物的，未按照合同约定的收款日期和收款比例确认收入实现。

（7）工程业务或者提供其他劳务等，持续时间超过 12 个月的，未按照纳税年度内完工进度或者完成的工作量确认收入的实现。

（8）未按税法规定准确划分股息红利等权益性投资收益、国债利息收入等免税收入和特定时期政策规定的暂不征税收入等。

（9）未按税法规定准确划分各类不征税收入；或当期只申报不征税收入纳税调减、未申报不征税收入形成成本费用的纳税调增；取得专项用途财政性资金使用满 5 年仍有余额且不归还财政的部分，未在第 6 年全部计入应税收入。

（10）企业销售商品、产品、原材料、包装物、低值易耗品以及其他存货取得的销售货物收入，未按规定确认收入。

（11）企业有兼营业务的，未按规定分别确认收入。

（12）企业转让固定资产、生物资产、无形资产、股权、债权等财产取得的转让财产收入，未按规定确认收入。

（13）企业因权益性投资从被投资方取得的股息、红利等权益性投资收益，未按照被投资方作出利润分配决定的日期确认收入实现。

（14）企业将资金提供他人使用但不构成权益性投资，或者因他人占用本企业资金取得的存款利息、贷款利息、债券利息、欠款利息等利息收入，未按照合同约定的债务人应付利息的日期确认收入的实现。

（15）企业提供固定资产、包装物或其他有形资产的使用权取得的租金收入，未按合同约定的承租人应付租金的日期及金额确认收入。

（16）以物易物不作视同销售处理。

根据税法规定，企业之间以生产资料交换生活资料、以生产资料交换其他生产资料等，都应视同销售，作购进和销售账务处理，并计算相关税金。但有些企业在这种非货币性交易中，不结算，不走账，少记销售收入，隐瞒利润。

2. 多记成本的风险

（1）违规分摊成本不实。

一些企业在核算购入材料的采购成本时，不将能够直接计入各种材料的采购成本直接计入，或不将应按一定比例分摊计入各种材料的采购成本按规定进行合理的分摊。例如在"材料采购"账户中，只核算购入材料的买价，将应计入购入材料的运杂费、运输途中的合理损耗、入库前的整理挑选费用等采购费用全部计入"管理费用"账户。

（2）随意变更存货的计价方法。

根据会计制度规定，企业可以根据自身的需要选用制度所规定的存货计价方法，但选用的方法一经确定，一个会计年度内不能随意变更。如确实需要变更，必须在会计报表中说明变更原因及其对财务状况的影响。但在实际工作中，许多企业都存在随意变更计价方法的问题，造成会计指标前后各期口径不一致，人为调节生产或销售成本，调节当期利润。

例如某企业2020年初选用先进先出法计算发出存货的成本，但由于受多种因素的影响，该商品购进价格上扬时，下半年改用加权平均法计算发出成本，购进价格下降时再用先进先出法，使该商品的计价在同一会计年度内交替使用了先进先出法和加权平均法，人为地调节利润。

（3）材料假出库，虚列成本费用。

企业为了逃避所得税，虚减利润，就采用办理假出库手续，虚列材料费用，人为提高产品成本。例如有企业在车间办理领料手续，填制领料单，而实际未领料，车间成本核算员根据领料单填写的用途，以产品生产用料和车间维修用料为名，分别作增加产品生产成本和制造费用的账务处理。年终，再以少保留在产品成本、多分配完工产品成本的舞弊方式，将虚增的产品成本人为地转入销售成本，相应地虚减利润总额。

（4）人为提高成本差异率。

为了控制超额利润，企业大都从隐匿收入和虚增成本两个方面进行作弊，人为提高材料成本差异率，多分摊材料成本差异。这是采用计划成本进行日常核算企业的常用作弊手段。

（5）计划成本过度偏离实际成本。

根据财会制度规定，采用计划成本进行材料日常核算，计划价格通常以不高于或不低于实际价格的 10% 为宜。有的企业为了调节产品成本利润，有意过高或过低地确定材料的计划价格，甚至对已制定的接近实际价格的计划价格有意大幅度地上调或下压，从而人为地调整"材料成本差异"账户余额，达到调节利润的目的。

（6）虚计在产品完工程度，调整完工产品成本。

产品总成本在完工产品和在产品之间的分配是否正确，将决定着完工产品和月末在产品成本的真实性。企业为了调节利润，常常在分配完工产品成本和在产品成本上做文章。即有意多折合或少折合月末在产品的约当产量，或多计或少计在产品的完工程度等，以调节生产费用在在产品和完工产品之间的分配。

例如某企业本月生产产品 2 000 台，月末完工 1 600 台，在产品 400 台，完工程度为 80%，企业为了提高产品销售成本，将在产品的完工程度改为 60%，从而使完工产品成本分配数额比应分配数额多，造成少计利润。

（7）改变低值易耗品、包装物核算方法，调节产品成本。

企业对低值易耗品可采用一次摊销法、五五摊销法、多次摊销法进行核算。无论采用哪种方法核算，一经采用即不得自行变更。但是有的企业为了调节产品成本，往往随意更换既定摊销法，违规核算低值易耗品的实际成本。例如有企业为了调高或调低利润，就会改用一次摊销法，人为地操纵费用，从而达到预定的利润目标。

（8）分期收款发出商品，不按实际比率结转销售成本。

企业为了近期利益，通过多结转或少结转分期收款发出商品销售成本的方式，使利润在不同会计期间被人为转移。例如有企业根据销售合同于 12 月份发出价款为 1 000 万元的商品，合同约定该批商品采取分期收款结算方式分三期收款，发出商品时收取货款的 20%，以后两期各收取 40%，该批商品的实际成本为 800 万元。按规定第一期应结转的销售成本为 160（800×20%）万元，但企业却人为结转 800 万元，故意减少利润。

3. 虚增费用的风险

常见的多列费用的风险点主要表现是：

（1）购入的固定资产及与之相关的运杂费、包装费等作为费用入账，提前列支。

（2）基建发生的料、工、费，直接费用化。

（3）将委托加工的加工费和运杂费直接计入期间费用。

（4）将应予资本化的借款费用等一次性计入期间费用，调节利润。

（5）将不征税收入对应的成本、费用在税前扣除，未作纳税调整。

（6）将应由其他企业、股东、职工等负担的费用计入企业费用，混淆会计主体，调节利润。

（7）扩大税前扣除范围。

①企业为职工缴纳的社会保险费用、住房公积金等不符合规定条件，或者超过规定标准列支。

②企业为投资者或者职工支付了人身商业保险费，并在税前列支、未作调整。

③从非金融企业或自然人借款的利息支出高于金融机构借款，未按税法规定进行纳税调整；关联借贷未按照税法防止资本弱化规定自行进行纳税调整。

④税前扣除的职工福利费支出、职工教育经费、工会经费支出不符合税法规定。

⑤税前扣除的业务招待费与经营活动无关，或超过标准。

⑥发生的广告费和业务宣传费，不符合税法规定的条件；跨期结转部分纳税调整不正确。

⑦赞助费支出混入广告费和业务宣传费，未调增应纳税所得额。

⑧经营租赁费支出，未按直线法确认各期租金支出；融资租赁，未按照规定提取折旧费用分期扣除。

⑨企业之间支付的管理费，无真实业务内容直接列支。

⑩企业对外捐赠，未按税法规定进行纳税调整。

⑪企业计提未经核定准备金支出，未按照税法规定进行纳税调整。

⑫税前扣除的企业手续费及佣金支出不符合税法相关规定的条件和标准。

4.6 企业所得税主要优惠政策及备查管理

一 企业所得税优惠政策概况 ●●●

企业所得税法规定的优惠事项主要包括免税收入、减计收入、加计扣除、加速折旧、所得减免、抵扣应纳税所得额、减低税率、税额抵免等。

二 企业所得税优惠管理方式 ●●●

目前政策上对于纳税人享受企业所得税优惠事项采取"自行判别、申报享受、相关资料留存备查"的管理方式。企业应当根据经营情况以及相关税收规定自行判断是否符合优惠事项规定的条件，符合条件的，自行计算减免税额，并通过填报企业所得税纳税申报表享受税收优惠。同时，按照规定归集和留存相关资料备查。

三 备查资料管理的重要性 ●●●

备查资料的管理至关重要。企业在享受优惠事项后，有义务提供留存备查资料，并对留存备查资料的真实性与合法性负责。如果企业未能按照税务机关的要求提供留存备查资料，或者提供的留存备查资料与实际生产经营情况、财务核算情况、相关技术领域、产业、目录、资格证书等不符，无法证实其符合优惠事项规定的条件的，或者存在弄虚作假情况的，税务机关将依法追缴其已享受的企业所得税优惠，并按照税收征管法等相关规定处理。

四 主要优惠政策及备查资料要求 ●●●

下面我们就结合企业所得税的优惠政策，向大家介绍目前相关优惠政策的备查资料要求。（相关政策及文件截止日期为 2021 年 3 月 31 日）

（一）免税优惠

1. 国债利息收入免税优惠

企业持有国务院财政部门发行的国债取得的利息收入免征企业所得税。

主要留存备查资料：

（1）国债净价交易交割单；

（2）购买、转让国债的证明，包括持有时间、票面金额、利率等相关材料；

（3）应收利息（"投资收益"）科目明细账或按月汇总表；

（4）减免税计算过程的说明。

2. 取得的地方政府债券利息收入免税

对企业和个人取得的 2012 年及以后年度发行的地方政府债券利息收入，免征企业所得税和个人所得税。

主要留存备查资料：

（1）购买地方政府债券证明，包括持有时间、票面金额、利率等相关材料；

（2）应收利息（"投资收益"）科目明细账或按月汇总表；

（3）减免税计算过程的说明。

3. 符合条件的居民企业之间的股息、红利等权益性投资收益免税

居民企业直接投资于其他居民企业取得的权益性投资收益免征企业所得税。所称股息、红利等权益性投资收益，不包括连续持有居民企业公开发行并上市流通的股票不足 12 个月取得的投资收益。

主要留存备查资料：

（1）被投资企业的最新公司章程（企业在证券交易市场购买上市公司股票获得股权的，提供相关记账凭证、本公司持股比例以及持股时间超过 12 个月情况说明）；

（2）被投资企业股东会（或股东大会）利润分配决议或公告、分配表；

（3）被投资企业进行清算所得税处理的，留存被投资企业填报的加盖主管税务机关受理章的《中华人民共和国企业清算所得税申报表》及附表三《剩余财产计算和分配明细表》复印件；

（4）"投资收益""应收股利"科目明细账或按月汇总表。

4. 符合条件的非营利组织的收入免税

符合条件的非营利组织取得的捐赠收入、不征税收入以外的政府补助收入（但不包括政府购买服务取得的收入）、会费收入、不征税收入和免税收入孳生的银行存款利息收入等为免税收入。免税收入不包括非营利组织从事营利性活动取得的收入。

主要留存备查资料：

（1）非营利组织免税资格有效认定文件或其他相关证明；

（2）非营利组织认定资料；

（3）当年资金来源及使用情况、公益活动和非营利活动的明细情况；

（4）当年工资薪金情况专项报告，包括薪酬制度、工作人员整体平均工资薪金水平、工资福利占总支出比例、重要人员工资薪金信息（至少包括工资薪金水平排名前 10 的人员）；

（5）当年财务报表；

（6）登记管理机关出具的事业单位、社会团体、基金会、社会服务机构、宗教活动场所、宗教院校当年符合相关法律法规和国家政策的事业发展情况或非营利活动的材料；

（7）应纳税收入及其有关的成本、费用、损失，与免税收入及其有关的成本、费用、损失分别核算的情况说明；

（8）取得各类免税收入的情况说明；

（9）各类免税收入的凭证。

（二）减计收入优惠

1. 综合利用资源产品减计收入

企业以《资源综合利用企业所得税优惠目录》规定的资源作为主要原材料，生产国家非限制和非禁止并符合国家及行业相关标准的产品取得的收入，减按90%计入企业当年收入总额。

主要留存备查资料：

（1）企业实际资源综合利用情况（包括综合利用的资源、技术标准、产品名称等）的说明；

（2）综合利用资源生产产品取得的收入核算情况说明。

2. 铁路债券利息收入减半征收企业所得税

对企业投资者持有2019—2023年发行的铁路债券取得的利息收入，减半征收企业所得税。

主要留存备查资料：

（1）购买铁路债券证明资料，包括持有时间、票面金额、利率等相关资料；

（2）应收利息（"投资收益"）科目明细账或按月汇总表；

（3）减免税计算过程的说明。

3. 小贷公司农户小额贷款利息减计收入

自2017年1月1日至2023年12月31日，对经省级金融管理部门（金融办、局等）批准成立的小额贷款公司取得的农户小额贷款利息收入，在计算应纳税所得额时，按90%计入收入总额。

主要留存备查资料：

（1）相关利息收入的核算情况说明；

（2）相关贷款合同；

（3）省级金融管理部门（金融办、局等）出具的小额贷款公司准入资格文件。

（三）减免所得税额优惠

1. 小型微利企业减免企业所得税

自2019年1月1日至2021年12月31日，对小型微利企业年应纳税所得额不超过100万元的部分，减按25%计入应纳税所得额，按20%的税率缴纳企业所得税；对年应纳税所得额超过100万元但不超过300万元的部分，减按50%计入应纳税所得额，按20%的税率缴纳企业所得税。小型微利企业是指从事国家非限制和禁止行业，且同时符合年度应纳税所得额不超过300万元、从业人数不超过300人、资产总额不超过 5 000 万元等三个条件的企业。

自 2021 年 1 月 1 日至 2022 年 12 月 31 日，对小型微利企业年应纳税所得额不超过 100 万元的部分，减按 12.5% 计入应纳税所得额，按 20% 的税率缴纳企业所得税。

主要留存备查资料：

（1）所从事行业不属于限制和禁止行业的说明；

（2）从业人数的计算过程；

（3）资产总额的计算过程。

2. 高新技术企业减按 15% 的税率征收企业所得税

国家需要重点扶持的高新技术企业，减按 15% 的税率征收企业所得税。

主要留存备查资料：

（1）高新技术企业资格证书；

（2）高新技术企业认定资料；

（3）知识产权相关材料；

（4）年度主要产品（服务）发挥核心支持作用的技术属于《国家重点支持的高新技术领域》规定范围的说明，高新技术产品（服务）及对应收入资料；

（5）年度职工和科技人员情况证明材料；

（6）当年和前两个会计年度研发费用总额及占同期销售收入比例、研发费用管理资料以及研发费用辅助账，研发费用结构明细表。

3. 经济特区和浦东新区高新企业减免企业所得税

对经济特区和上海浦东新区内在 2008 年 1 月 1 日（含）之后完成登记注册的国家需要重点扶持的高新技术企业（以下简称新设高新技术企业），在经济特区和上海浦东新区内取得的所得，自取得第一笔生产经营收入所属纳税年度起，第一年至第二年免征企业所得税，第三年至第五年按照 25% 的法定税率减半征收企业所得税。

主要留存备查资料：

（1）高新技术企业资格证书；

（2）高新技术企业认定资料；

（3）知识产权相关材料；

（4）年度主要产品（服务）发挥核心支持作用的技术属于《国家重点支持的高新技术领域》规定范围的说明，高新技术产品（服务）及对应收入资料；

（5）年度职工和科技人员情况证明材料；

（6）当年和前两个会计年度研发费用总额及占同期销售收入比例、研发费用管理资料以及研发费用辅助账，研发费用结构明细表；

（7）新办企业取得第一笔生产经营收入凭证（原始凭证及账务处理凭证）；

（8）区内区外所得的核算资料。

4. 软件企业减免企业所得税

依法成立且符合条件的软件企业，在 2018 年 12 月 31 日前自获利年度起计算优惠期，第一年至第二年免征企业所得税，第三年至第五年按照 25% 的法定税率减半征收企业所得税，并享受至期满为止。

在汇算清缴期结束前向税务机关提交以下资料：

（1）企业开发销售的主要软件产品列表或技术服务列表；

（2）主营业务为软件产品开发的企业，提供至少 1 个主要产品的软件著作权或专利权等自主知识产权的有效证明文件，以及第三方检测机构提供的软件产品测试报告；主营业务仅为技术服务的企业提供核心技术说明；

（3）企业职工人数、学历结构、研究开发人员及其占企业职工总数的比例说明，以及汇算清缴年度最后一个月社会保险缴纳证明等相关证明材料；

（4）经具有资质的中介机构鉴证的企业财务会计报告（包括会计报表、会计报表附注和财务情况说明书）以及软件产品开发销售（营业）收入、软件产品自主开发销售（营业）收入、研究开发费用、境内研究开发费用等情况说明；

（5）与主要客户签订的一至两份代表性的软件产品销售合同或技术服务合同复印件；

（6）企业开发环境相关证明材料。

5. 经营性文化事业单位转制为企业的免税

经营性文化事业单位转制为企业，自转制注册之日起五年内免征企业所得税。2018 年 12 月 31 日之前已完成转制的企业，自 2019 年 1 月 1 日起可继续免征五年企业所得税。

主要留存备查资料：

（1）企业转制方案文件；

（2）有关部门对转制方案的批复文件；

（3）整体转制前已进行事业单位法人登记的，同级机构编制管理机关核销事业编制的证明，以及注销事业单位法人的证明；

（4）企业转制的工商登记情况；

（5）企业与职工签订的劳动合同；

（6）企业缴纳社会保险费记录；

（7）有关部门批准引入非公有资本、境外资本和变更资本结构的批准函；

（8）同级文化体制改革和发展工作领导小组办公室出具的同意变更函（已认定发布的转制文化企业名称发生变更，且主营业务未发生变化的）。

6. 技术先进型服务企业减按 15% 的税率征收企业所得税

自 2017 年 1 月 1 日起，对经认定的技术先进型服务企业，减按 15% 的税率征收企业所得税。

主要留存备查资料：

（1）技术先进型服务企业认定文件；

（2）技术先进型服务企业认定资料；

（3）优惠年度技术先进型服务业务收入总额、离岸服务外包业务收入总额占本企业当年收入总额比例情况说明；

（4）企业具有大专以上学历的员工占企业总职工总数比例情况说明。

7. 西部地区的鼓励类产业企业减按 15% 的税率征收企业所得税

自 2021 年 1 月 1 日至 2030 年 12 月 31 日，对设在西部地区的鼓励类产业企业减按 15% 的税率征收企业所得税。此处所称鼓励类产业企业是指以《西部地区鼓励类产业目录》中规定的产业项目为主营业务，且其主营业务收入占企业收入总额 60% 以上的企业。

主要留存备查资料：

（1）主营业务属于《西部地区鼓励类产业目录》中的具体项目的相关证明材料；

（2）符合目录的主营业务收入占企业收入总额 60% 以上的说明。

【注意】2020 年 12 月 31 日之前，要求符合目录的主营业务收入占企业收入总额 70% 以上。

（四）税额抵免优惠

购置环保等专用设备的投资额按比例抵免应纳税额

企业购置并实际使用《环境保护专用设备企业所得税优惠目录》《节能节水专用设备企业所得税优惠目录》和《安全生产专用设备企业所得税优惠目录》规定的环境保护、节能节水、安全生产等专用设备的，该专用设备的投资额的 10% 可以从企业当年的应纳税额中抵免；当年不足抵免的，可以在以后 5 个纳税年度结转抵免。

主要留存备查资料：

（1）购买并自身投入使用的专用设备清单及发票；

（2）以融资租赁方式取得的专用设备的合同或协议；

（3）专用设备属于《环境保护专用设备企业所得税优惠目录》《节能节水专用设备企业所得税优惠目录》或《安全生产专用设备企业所得税优惠目录》中的具体项目的说明；

（4）专用设备实际投入使用时间的说明。

（五）加计扣除优惠

1. 研究开发费用加计扣除

在 2018 年 1 月 1 日至 2023 年 12 月 31 日期间，企业开展研发活动中实际发生的研发费用，未形成无形资产计入当期损益的，在按规定据实扣除的基础上，再按照实际发生额的 75% 在税前加计扣除；形成无形资产的，在上述期间按照无形资产成本的 175% 在税前摊销。

制造业企业开展研发活动中实际发生的研发费用，未形成无形资产计入当期损益的，在按规定据实扣除的基础上，自 2021 年 1 月 1 日起，再按照实际发生额的 100% 在税前加计扣除；形成无形资产的，自 2021 年 1 月 1 日起，按照无形资产成本的 200% 在税前摊销。

主要留存备查资料：

（1）自主、委托、合作研究开发项目计划书和企业有权部门关于自主、委托、合作研究开发项目立项的决议文件；

（2）自主、委托、合作研究开发专门机构或项目组的编制情况和研发人员名单；

（3）经科技行政主管部门登记的委托、合作研究开发项目的合同；

（4）从事研发活动的人员（包括外聘人员）和用于研发活动的仪器、设备、无形资产的费用分配说明（包括工作使用情况记录及费用分配计算证据材料）；

（5）集中研发项目研发费决算表、集中研发项目费用分摊明细情况表和实际分享收益比例等资料；

（6）"研发支出"辅助账及汇总表；

（7）企业如果已取得地市级（含）以上科技行政主管部门出具的鉴定意见，应作为资料留存备查。

2. 安置残疾人员所支付的工资加计扣除

企业安置残疾人员的，在按照支付给残疾职工工资据实扣除的基础上，按照支付给残疾职工工资的 100% 加计扣除。

主要留存备查资料：

（1）为安置的每位残疾人按月足额缴纳了企业所在区县人民政府根据国家政策规定的基本养老保险、基本医疗保险、失业保险和工伤保险等社会保险证明资料；

（2）通过银行转账方式支付工资薪酬的证明；

（3）安置残疾职工名单及其《残疾人证》；

（4）与残疾人员签订的劳动合同或服务协议。

（六）加速折旧摊销优惠

1. 固定资产或软件等加速折旧或摊销

由于技术进步，产品更新换代较快的固定资产及常年处于强震动、高腐蚀状态的固定资产，企业可以采取缩短折旧年限或者加速折旧的方法。

集成电路生产企业的生产设备，其折旧年限可以适当缩短，最短可为3年（含）。

企业外购的软件，凡符合固定资产或无形资产确认条件的，可以按照固定资产或无形资产进行核算，其折旧或摊销年限可以适当缩短，最短可为2年（含）。

主要留存备查资料：

（1）固定资产的功能、预计使用年限短于规定计算折旧的最低年限的理由、证明资料及有关情况的说明；

（2）被替代的旧固定资产的功能、使用及处置等情况的说明；

（3）固定资产加速折旧拟采用的方法和折旧额的说明，外购软件拟缩短折旧或摊销年限情况的说明；

（4）集成电路生产企业证明材料；

（5）购入固定资产或软件的发票、记账凭证。

2. 固定资产加速折旧或一次性扣除

企业在2018年1月1日至2023年12月31日期间新购进的设备、器具，单位价值不超过500万元的，允许一次性计入当期成本费用在计算应纳税所得额时扣除，不再分年度计算折旧；单位价值超过500万元的，仍按《企业所得税法实施条例》相关规定执行。

主要留存备查资料：

（1）购进固定资产的发票、记账凭证、合同等；

（2）核算有关资产税法与会计差异的台账。

4.7 新个税实务与年终奖案例剖析

一 个人所得税税目 ●●●

应当缴纳个人所得税的所得包括：工资、薪金所得；劳务报酬所得；稿酬所得；特许权使用费所得；经营所得；利息、股息、红利所得；财产租赁所得；财产转让所得；偶然所得。

其中，居民个人取得的下列四项所得被称为综合所得：

（1）工资、薪金所得；

（2）劳务报酬所得；

（3）稿酬所得；

（4）特许权使用费所得。

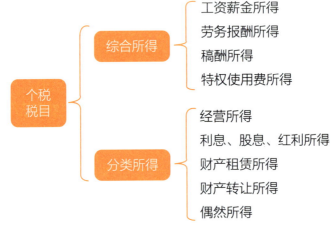

图 4-1 居民个人取得所得的分类

（一）各项所得的具体范围

（1）工资、薪金所得，是指个人因任职或者受雇取得的工资、薪金、奖金、年终加薪、劳动分红、津贴、补贴以及与任职或者受雇有关的其他所得。

（2）劳务报酬所得，是指个人从事劳务取得的所得，包括从事设计、装潢、安装、制图、化验、测试、医疗、法律、会计、咨询、讲学、翻译、审稿、书画、雕刻、影视、录音、录像、演出、表演、广告、展览、技术服务、介绍服务、经纪服务、代办服务以及其他劳务取得的所得。

（3）稿酬所得，是指个人因其作品以图书、报刊等形式出版、发表而取得的所得。

（4）特许权使用费所得，是指个人提供专利权、商标权、著作权、非专利技术以及其他特许权的使用权取得的所得；提供著作权的使用权取得的所得，不包括稿酬所得。

（5）经营所得，是指：

①个体工商户从事生产、经营活动取得的所得，个人独资企业投资人、合伙企业的个人合伙人来源于境内注册的个人独资企业、合伙企业生产、经营的所得；

②个人依法从事办学、医疗、咨询以及其他有偿服务活动取得的所得；

③个人对企业、事业单位承包经营、承租经营以及转包、转租取得的所得；

④个人从事其他生产、经营活动取得的所得。

（6）利息、股息、红利所得，是指个人拥有债权、股权等而取得的利息、股息、红利所得。

（7）财产租赁所得，是指个人出租不动产、机器设备、车船以及其他财产取得的所得。

（8）财产转让所得，是指个人转让有价证券、股权、合伙企业中的财产份额、不动产、机器设备、车船以及其他财产取得的所得。

（9）偶然所得，是指个人得奖、中奖、中彩以及其他偶然性质的所得。

（二）个人所得的形式

个人所得的形式，包括现金、实物、有价证券和其他形式的经济利益。

所得为实物的，应当按照取得的凭证上所注明的价格计算应纳税所得额；无凭证的实物或者凭证上所注明的价格明显偏低的，参照市场价格核定应纳税所得额。所得为有价证券的，根据票面价格和市场价格核定应纳税所得额。所得为其他形式的经济利益的，参照市场价格核定应纳税所得额。

二 个人所得税的税率

（一）综合所得

适用3%—45%的七级超额累进税率。

表4-1 个人所得税税率表一（综合所得适用）

级数	全年应纳税所得额	税率（%）	速算扣除数
1	不超过36 000元的	3	0
2	超过36 000元至144 000元的部分	10	2 520
3	超过144 000元至300 000元的部分	20	16 920

级数	全年应纳税所得额	税率（%）	速算扣除数
4	超过 300 000 元至 420 000 元的部分	25	31 920
5	超过 420 000 元至 660 000 元的部分	30	52 920
6	超过 660 000 元至 960 000 的部分	35	85 920
7	超过 960 000 的部分	45	181 920

表 4-1 所称全年应纳税所得额是指依照《个人所得税法》第六条规定，居民个人取得综合所得以每一纳税年度收入额减除费用 60 000 元以及专项扣除、专项附加扣除和依法确定的其他扣除后的余额。

（二）经营所得

适用 5%—35% 的五级超额累进税率。

表 4-2　个人所得税税率表二（经营所得适用）

级数	全年应纳税所得额	税率（%）	速算扣除数
1	不超过 30 000 元的	5	0
2	超过 30 000 元至 90 000 元的部分	10	1 500
3	超过 90 000 元至 300 000 元的部分	20	10 500
4	超过 300 000 元至 500 000 元的部分	30	40 500
5	超过 500 000 元的部分	35	65 500

（三）利息、股息、红利所得，财产租赁所得，财产转让所得和偶然所得

适用比例税率，税率为 20%。

三　个人所得税的计税方法

（一）综合所得的计税方法

综合所得仅针对工资薪金所得、劳务报酬所得、稿酬所得、特许权使用费所得。居民个人综合所得按纳税年度合并计算个人所得税。居民个人的综合所得，以每一纳税年度的收入额减除费用 60 000 元以及专项扣除、专项附加扣除和依法确定的其他扣除后的余额，为应纳税所得额。居民个人办理年度综合所得汇算清缴时，综合所得的税款计算公式为：

应退或应补税额 = [（综合所得收入额 − 60 000 元 − "三险一金"等专项扣除 −

子女教育等专项附加扣除－依法确定的其他扣除－捐赠）× 适用税率－速算扣除数〕－当年已预缴税额

其中：

（1）劳务报酬所得、稿酬所得、特许权使用费所得以收入减除 20% 的费用后的余额为收入额。稿酬所得的收入额减按 70% 计算。

（2）专项扣除，包括居民个人按照国家规定的范围和标准缴纳的基本养老保险、基本医疗保险、失业保险等社会保险费和住房公积金等。

（3）专项附加扣除，包括子女教育、继续教育、大病医疗、住房贷款利息或者住房租金、赡养老人等支出。

（4）其他扣除，包括个人缴付符合国家规定的企业年金、职业年金，个人购买符合国家规定的商业健康保险、税收递延型商业养老保险的支出，以及国务院规定可以扣除的其他项目。

（5）个人将其所得对教育、扶贫、济困等公益慈善事业进行捐赠，捐赠额未超过纳税人申报的应纳税所得额 30% 的部分，可以从其应纳税所得额中扣除；国务院规定对公益慈善事业捐赠实行全额税前扣除的，从其规定。

（二）综合所得的预扣预缴计算

居民个人取得综合所得，按年计算个人所得税。有扣缴义务人的，由扣缴义务人按月或者按次预扣预缴税款。需要办理汇算清缴的，应当在取得所得的次年 3 月 1 日至 6 月 30 日内办理汇算清缴。

1. 居民个人工资薪金所得的预扣预缴计算

扣缴义务人向居民个人支付工资薪金所得时，应当按照累计预扣法预扣预缴个人所得税，并办理全员全额扣缴申报。

累计预扣法，是指扣缴义务人在一个纳税年度内，以截至当前月份累计支付的工资薪金所得收入额减除累计基本减除费用、累计专项扣除、累计专项附加扣除和依法确定的累计其他扣除后的余额为预缴应纳税所得额，对照综合所得税率表，计算出累计应预扣预缴税额，再减除已预扣预缴税额后的余额，作为本期应预扣预缴税额。累计预扣法的具体计算公式：

本期应预扣预缴税额＝（累计预缴应纳税所得额 × 税率－速算扣除数）－已预扣预缴税额

累计预缴应纳税所得额＝累计收入－累计免税收入－累计基本减除费用－累计专项扣除－累计专项附加扣除－累计依法确定的其他扣除

【案例4-16】王小姐在甲企业任职，2020年1月至12月每月在企业取得工资薪金收入16 000元，无免税收入；每月缴纳三险一金2 500元，从1月份开始享受子女教育和赡养老人专项附加扣除共计为3 000元，无其他扣除。请分析王小姐的工资所得如何预扣预缴个人所得税。

【分析】

根据上述案例，王小姐工资所得预扣预缴个人所得税如下：

（1）2020年1月累计预扣预缴应纳税所得额＝累计收入－累计免税收入－累计减除费用－累计专项扣除－累计专项附加扣除－累计依法确定的其他扣除＝16 000－5 000－2 500－3 000＝5 500（元），对应税率为3%。

2020年1月应预扣预缴税额＝（累计预扣预缴应纳税所得额×预扣率－速算扣除数）－累计减免税额－累计已预扣预缴税额＝5 500×3%－0＝165（元）

2020年1月，甲企业在发放工资环节预扣预缴个人所得税165元。

（2）2020年2月累计预扣预缴应纳税所得额＝累计收入－累计免税收入－累计减除费用－累计专项扣除－累计专项附加扣除－累计依法确定的其他扣除＝16 000×2－5 000×2－2 500×2－3 000×2＝11 000（元），对应税率为3%。

2020年2月应预扣预缴税额＝（累计预扣预缴应纳税所得额×预扣率－速算扣除数）－累计减免税额－累计已预扣预缴税额＝11 000×3%－165＝165（元）

2020年2月，甲企业在发放工资环节预扣预缴个人所得税165元。

2. 居民个人劳务报酬所得、稿酬所得、特许权使用费所得的预扣预缴计算

扣缴义务人向居民个人支付劳务报酬所得、稿酬所得和特许权使用费所得的，以每次或每月收入额为预扣预缴应纳税所得额，分别适用三级超额累进预扣率和20%的比例预扣率，按次或按月计算每项所得应预扣预缴的个人所得税。

劳务报酬所得应预扣预缴税额＝预扣预缴应纳税所得额（收入额）×预扣率－速算扣除数

稿酬所得、特许权使用费所得应预扣预缴税额＝预扣预缴应纳税所得额（收入额）×20%

（1）收入额：劳务报酬所得、稿酬所得、特许权使用费所得以收入减除费用后的余额为收入额。其中，稿酬所得的收入额减按70%计算。

（2）减除费用：劳务报酬所得、稿酬所得、特许权使用费所得每次收入不超过4 000元的，减除费用按800元计算；每次收入4 000元以上的，减除费用按20%计算。

（3）预扣率：劳务报酬所得适用20%—40%的三级超额累进预扣率，稿酬所得、特许权使用费所得适用 20% 的比例预扣率。

【案例 4-17】中国居民李某一次性取得稿酬收入 4 000 元（不含增值税），请依照现行税法规定，计算该所得应预扣预缴税额。

【分析】

（1）应纳税所得额（收入额）＝（4 000 － 800）×70% ＝ 2 240（元）

（2）应预扣预缴税额＝ 2 240×20% ＝ 448（元）

【案例 4-18】张先生在甲企业任职，2020 年 3 月从乙公司取得劳务报酬收入 3 000 元，从丙公司取得稿酬收入 2 000 元，从丁公司取得特许权使用费收入 2 000 元。计算这些所得应预扣预缴税额。

【分析】

（1）劳务报酬所得预扣预缴应纳税所得额＝每次收入－800 ＝ 3 000 － 800 ＝ 2 200（元）

劳务报酬所得预扣预缴税额＝预扣预缴应纳税所得额 × 预扣率－速算扣除数＝ 2 200×20% － 0 ＝ 440（元）

（2）稿酬所得预扣预缴应纳税所得额＝（每次收入－800）×70% ＝（2 000 － 800）×70% ＝ 840（元）

稿酬所得预扣预缴税额＝预扣预缴应纳税所得额 × 预扣率＝ 840×20% ＝ 168（元）

（3）特许权使用费所得预扣预缴应纳税所得额＝（每次收入－800）＝（2 000 － 800）＝ 1 200（元）

特许权使用费所得预扣预缴税额＝预扣预缴应纳税所得额 × 预扣率＝ 1 200×20% ＝ 240（元）

（三）经营所得的计税方法

经营所得，以每一纳税年度的收入总额减除成本、费用以及损失后的余额为应纳税所得额。

（四）利息、股息、红利所得的计税方法

利息、股息、红利所得以个人每次取得的收入额为应纳税所得额，不得从收入额中扣除任何费用。利息、股息、红利所得适用 20% 的比例税率。其应纳税额的计算公式为：

应纳税额＝应纳税所得额（每次收入额）× 适用税率

（五）财产租赁所得的计税方法

财产租赁所得一般以个人每次取得的收入，定额或定率减除规定费用后的余额为应纳税所得额。每次收入不超过 4 000 元，定额减除费用 800 元；每次收入在 4 000 元以上，定率减除 20% 的费用。财产租赁所得以一个月内取得的收入为一次。

1. 应纳税所得额的计算

（1）每次（月）收入不超过 4 000 元：

应纳税所得额＝每次（月）收入额－准予扣除项目－修缮费用（800 元为限）－ 800

（2）每次（月）收入超过 4 000 元：

应纳税所得额＝［每次（月）收入额－准予扣除项目－修缮费用（800 元为限）］×（1 － 20%）

2. 应纳税额的计算

财产租赁所得适用 20% 的比例税率，但对个人按市场价格出租的居民住房取得的所得，自 2001 年 1 月 1 日起暂减按 10% 的税率征收个人所得税。财产租赁所得的应纳税额的计算公式为：

应纳税额＝应纳税所得额 × 适用税率

（六）财产转让所得的计税方法

个人转让财产，以一次转让财产的收入额减除财产原值和合理费用后的余额为应纳税所得额计算纳税。财产转让所得应纳税所得额的计算公式为：

应纳税所得额＝每次收入额－财产原值－合理费用

财产转让所得适用 20% 的比例税率。其应纳税额的计算公式为：

应纳税额＝应纳税所得额 × 适用税率

（七）偶然所得的计税方法

偶然所得以个人每次取得的收入额为应纳税所得额，不扣除任何费用。除有特殊规定外，每次收入额就是应纳税所得额，以每次取得该项收入为一次。

偶然所得适用 20% 的比例税率，其应纳税额的计算公式为：

应纳税额＝应纳税所得额（每次收入额）× 适用税率

四 年终奖的计税方法 ●●●

全年一次性奖金，是指行政机关、企事业单位等扣缴义务人根据其全年经济效益和对雇员全年工作业绩的综合考核情况，向雇员发放的一次性奖金。一次性奖金也包括年终加薪、实行年薪制和绩效工资办法的单位根据考核情况兑现的年薪和绩效工资。

居民个人取得全年一次性奖金，符合《国家税务总局关于调整个人取得全年一次性奖金等计算征收个人所得税方法问题的通知》（国税发〔2005〕9号）规定的，在2021年12月31日前，不并入当年综合所得，以全年一次性奖金收入除以12个月得到的数额，按照按月换算后的综合所得税率表（简称月度税率表，见表4-3），确定适用税率和速算扣除数，单独计算纳税。计算公式为：

应纳税额＝全年一次性奖金收入×适用税率－速算扣除数

居民个人取得全年一次性奖金，也可以选择并入当年综合所得计算纳税。

自2022年1月1日起，居民个人取得全年一次性奖金，应并入当年综合所得计算缴纳个人所得税。

表4-3 月度税率表（综合所得适用）

级数	全月应纳税所得额	税率（%）	速算扣除数
1	不超过3 000元的	3	0
2	超过3 000元至12 000元的部分	10	210
3	超过12 000元至25 000元的部分	20	1 410
4	超过25 000至35 000元的部分	25	2 660
5	超过35 000元至55 000元的部分	30	4 410
6	超过55 000元至80 000元的部分	35	7 160
7	超过80 000元的部分	45	15 160

【案例4-19】张先生2021年1月从单位取得2020年度全年绩效奖金48 000元，2021年1月工资6 000元，三险一金2 000元，专项附加扣除2 000元。请分析张先生如何计缴个人所得税。

【分析】

（1）全年一次性奖金选择单独计算时：

确定适用税率和速算扣除数：4 000（48 000÷12）元；适用税率10%，速算扣除数210。

年终奖应纳个人所得税＝48 000×10%－210＝4 590（元）

（2）全年一次性奖金选择并入2021年综合所得计算纳税时：

2020年1月预扣预缴应纳税所得额＝48 000＋6 000－5 000－2 000－2 000＝45 000（元）

应预扣预缴税额＝45 000×10％－2 520＝1 980（元）

【结论】两种计税方式的税款相差额＝4 590－1 980＝2 610（元）

【案例4-20】某居民个人2020年年薪180 000元，年终奖20 000元，兼职收入20 000元，个人承担的五险一金12 000元，专项附加扣除12 000元，其他扣除3 600元。请分析年终奖是单独计算纳税，还是并入到综合所得纳税？

（1）全年一次性奖金选择单独计算时：

确定年终奖适用税率和速算扣除数：1 666.67（20 000÷12）元；适用税率3％，速算扣除数0。

年终奖应纳个人所得税＝20 000×3％＝600（元）

其他综合所得应纳税所得额＝180 000－60 000－12 000－12 000－3 600＋20 000×（1－20％）＝108 400（元）

其他综合所得应纳个人所得税＝108 400×10％－2 520＝8 320（元）

合计纳税＝600＋8 320＝8 920（元）

（2）全年一次性奖金选择并入2020年综合所得计算时：

综合所得的应纳税所得额＝180 000＋20 000－60 000－12 000－12 000－3 600＋20 000×（1－20％）＝128 400（元）

应纳个人所得税＝128 400×10％－2 520＝10 320（元）

【结论】两种计税方式的税款相差额＝10 320－8 920＝1 400（元）

【思考】以上案例说明什么呢？

当综合所得比较低的时候，可以考虑年终奖并入综合所得计算纳税；当综合所得比较高的时候，年终奖可以考虑单独计税。

【提示】需要注意的是，2021年12月31日前，有两种计税方式：可选择单独计税或者并入综合所得计算；自2022年1月1日起，居民个人取得全年一次性奖金，应并入当年综合所得计算缴纳个人所得税。

五 年终奖的筹划

（一）年终奖的临界点问题

临界点，就是转折点，简单来说就是由于在临界点上对应不同的税率，从而导致交的个税不同。超过临界点，年终奖多发1元，就会多交几千甚至几万元个税。比如：年终奖3.6万元，单独计算，对应税率为3％，应交个税1 080元；多发1元，对应税率为10％，速算扣除数为210元，应交个税3 390.10元，多交个税2 310.1元。

表 4–4　年终奖筹划的 6 个临界点（单位：元）

新的临界点	应交个税	超过临界点	应缴个税	多交个税
36 000	1 080	36 001	3 390.10	2 310.10
144 000	14 190	144 001	27 390.20	13 200.20
300 000	58 590	300 001	72 340.25	13 750.25
420 000	102 340	420 001	121 590.30	19 250.30
660 000	193 590	660 001	223 840.35	30 250.35
960 000	328 840	960 001	416 840.45	88 000.45

（二）年终奖盲区

什么是"年终奖盲区"呢？由于年终奖的特殊计算方法，在一定的区间多发工资，到手工资并不会增加。比如：企业发给员工年终奖 36 000 元，应交个税 1 080 元；多发年终奖 2 566.67 元（即 38 566.67 元），应交个税 3 646.67 元；两者相比，后者将会多交个税 2 566.67 元。对于员工来说，发 36 000 元和发 38 566.67 元，到手年终奖是一样的；对于企业来说，则增加了成本，这种成本是无效成本。

表 4–5　年终奖的 6 个盲区（单位：元）

年终奖	应交个税	盲区	应缴个税	多发工资	多交个税
36 000	1 080	38 566.67	3 646.67	2 566.67	2 566.67
144 000	14 190	160 500.00	30 690.00	16 500.00	16 500.00
300 000	58 590	318 333.33	76 923.33	18 333.33	18 333.33
420 000	102 340	447 500.00	129 840.00	27 500.00	27 500.00
660 000	193 590	706 538.46	240 128.46	46 538.46	46 538.46
960 000	328 840	1 120 000.00	488 840.00	160 000.00	160 000.00

六　个人所得税的部分税收优惠

（1）省级人民政府、国务院部委和中国人民解放军军以上单位，以及外国组织颁发的科学、教育、技术、文化、卫生、体育、环境保护等方面的奖金，免征个人所得税。

（2）国债、地方政府债券利息和国家发行的金融债券利息，免征个人所得税。

（3）按国家统一规定发给的补贴、津贴，免征个人所得税。

（4）福利费（生活补助费）、抚恤金、救济金（生活困难补助费），免征个人所得税。

（5）保险赔款，免征个人所得税。

（6）军人的转业费、复员费，免征个人所得税。

（7）按国家统一规定发给干部、职工的安家费、退职费、离退休工资、离休生活补助费，免征个人所得税。

（8）对达到离休、退休年龄，但确因工作需要，适当延长离休、退休年龄的高级专家，其在延长离休、退休期间的工资、薪金所得，视同退休工资、离休工资免征个人所得税。

（9）符合条件的见义勇为者的奖金或奖品，经主管税务机关核准，免征个人所得税。

（10）个人举报、协查各种违法、犯罪行为而获得的奖金，免征个人所得税。

（11）对居民储蓄存款利息，对证券市场个人投资者取得的证券交易结算资金利息所得，暂免征收个人所得税。

（12）储蓄机构内从事代扣代缴工作的办税人员取得的扣缴利息税手续费所得，个人办理代扣代缴税款手续，按规定取得的扣缴手续费，免征个人所得税。

（13）企业和个人按照省级以上人民政府规定的比例缴付的住房公积金、医疗保险金、基本养老保险金、失业保险金，允许在个人应纳税所得额中扣除。

（14）生育妇女按照县级以上人民政府根据国家有关规定制定的生育保险办法，取得的生育津贴、生育医疗费或其他属于生育保险性质的津贴、补贴，免征个人所得税。

（15）对工伤职工及其近亲属按照《工伤保险条例》规定取得的工伤保险待遇，免征个人所得税。

（16）对个体工商户或个人，以及个人独资企业和合伙企业从事种植业、养殖业、饲养业和捕捞业（以下简称"四业"），取得的"四业"所得暂不征收个人所得税。

（17）个人转让自用达5年以上并且是唯一的家庭居住用房取得的所得，免征个人所得税。

（18）单张有奖发票奖金所得不超过800元（含800元）的，暂免征收个人所得税；个人取得单张有奖发票奖金所得超过800元的，应全额按照《个人所得税法》规定的"偶然所得"税目征收个人所得税。

（19）购买社会福利有奖募捐奖券、体育彩票一次中奖收入不超过10 000元的暂免征收个人所得税，对一次中奖收入超过10 000元的，应按税法规定全额征税。

（20）对受北京冬奥组委邀请的，在北京 2022 年冬奥会、冬残奥会、测试赛期间临时来华，从事奥运相关工作的外籍顾问以及裁判员等外籍技术官员取得的由北京冬奥组委、测试赛赛事组委会支付的劳务报酬免征个人所得税。

4.8 如何有效降低企业用工成本

一 企业用工成本的构成 ● ● ●

（一）企业用工类型

（1）正式签订劳动合同的注册员工，包括管理人员和基础员工。

（2）偶尔发生的非雇佣灵活用工，主要涉及劳务费支出。

（3）工资不固定、业绩决定收入的业务人员。

（4）临时工、季节性用工等非全日制用工。

（5）外部咨询、顾问人员，主要涉及咨询顾问费。

（二）企业用工的成本构成

企业用工成本包括工资支出、劳保福利支出、社保支出、劳务费支出、经济补偿金支出、非货币性福利支出等。

二 不同类型用工成本的痛点 ● ● ●

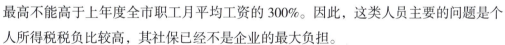

（一）管理人员

一般是技术型、管理型的核心人才，收入高。社会保险缴费基数有上下限的规定，最低不能低于上年度全市职工月平均工资的 60%，最高不能高于上年度全市职工月平均工资的 300%。因此，这类人员主要的问题是个人所得税税负比较高，其社保已经不是企业的最大负担。

（二）基层员工

这类人员基数大、流动性大，因为收入不是很高，并没有太大的个税负担。这部分人员人数众多，因此其社保费用会给企业带来沉重的负担，合理确定社保基数非常重要。

（三）灵活用工人员

这类人员主要包括临时用工、劳务人员等。这类人员与企业一般不存在长久合作关系，企业主要面临的问题是相关支出缺乏合法有效凭证，会产生很多无票支出，会使企业无法税前扣除。如果对方代开发票，又会涉及个人所得税的负担问题。有时候企业负担劳务报酬的个人所得税，劳务人员却可以汇算清缴退税，导致企业成本负担比较重。

三 不同类型用工成本的痛点化解 ●●●

（一）管理人员的痛点化解

管理人员的痛点是个税负担重，因此要着力解决其个人所得税负担问题。主要方法有：

（1）适当分拆收入，工资福利化。收入中多增加一些补助，比如差旅补助、误餐补助、困难补助、离职补助等。或者货币工资实物化，比如提供住宿、提供免费公务用车等。

（2）改变支付所得的方式，改变纳税税目。例如将工资薪金收入转化为劳务报酬收入、稿酬、特许权使用费、财产租赁收入、经营所得等。

（3）利用年金政策。企业和事业单位根据国家有关政策规定的办法和标准，为在本单位任职或者受雇的全体职工缴付的企业年金或职业年金单位缴费部分，在计入个人账户时，个人暂不缴纳个人所得税。个人根据国家有关政策规定缴付的年金个人缴费部分，在不超过本人缴费工资计税基数的 4% 标准内的部分，暂从个人当期的应纳税所得额中扣除。

（4）合理利用年终奖筹划。居民个人取得全年一次性奖金，符合《国家税务总局关于调整个人取得全年一次性奖金等计算征收个人所得税方法问题的通知》（国税发〔2005〕9 号）规定的，在 2021 年 12 月 31 日前，不并入当年综合所得，以全年一次性奖金收入除以 12 个月得到的数额，按照按月换算后的综合所得税率表，确定适用税率和速算扣除数，单独计算纳税。计算公式为：

应纳税额＝全年一次性奖金收入 × 适用税率－速算扣除数

居民个人取得全年一次性奖金，也可以选择并入当年综合所得计算纳税。

（5）利用技术入股税收优惠。企业或个人以技术成果投资入股到境内居民企业，被投资企业支付的对价全部为股票（权）的，企业或个人可选择继续按现行有关税收政策执行，也可选择适用递延纳税优惠政策。选择技术成果投资入股递延纳税政策的，经向主管税务机关备案，投资入股当期可暂不纳税，允许递延至转让股权时，按股权转让收入减去技术成果原值和合理税费后的差额计算缴纳所得税。

（6）利用股权激励递延纳税优惠。非上市公司授予本公司员工的股票期权、股权期权、限制性股票和股权奖励，符合规定条件的，经向主管税务机关备案，可实行递延纳税政策，即员工在取得股权激励时可暂不纳税，递延至转让该股权时纳税；股权转让时，按照股权转让收入减除股权取得成本以及合理税费后的差额，适用"财产转让所得"项目，按照20%的税率计算缴纳个人所得税。

（7）利用区域优惠政策。全国很多地区对特殊人才给予了个人所得税方面的优惠。例如海南省就对在海南自由贸易港工作的高端人才和紧缺人才，其个人所得税实际税负超过15%的部分，予以免征。可以充分利用相关区域优惠政策实现税负降低。

（二）基层员工的痛点化解

关于基层员工，企业的痛点是社保费用大，因此要着力破解社保负担。需要注意的是，当前大数据时代已经到来，社保现在又由税务机关来代收，社保的管理会越来越严格，在筹划社保费用时尤其要关注相关风险。通常来讲，控制人工成本社保费用的思路主要有三个：一是降低社保缴费基数；二是减少缴费人数；三是提高员工工作效率。

1. 降低缴费基数

从缴费基数上考虑，优化工资结构，降低缴费基数。根据《中华人民共和国劳动和社会保障部　社会保险事业管理中心关于规范社会保险缴费基数有关问题的通知》（劳社险中心函〔2006〕60号）的相关规定，凡是国家统计局有关文件没有明确规定不作为工资收入统计的项目，均应作为社会保险缴费基数。工资总额是指各单位在一定时期内直接支付给本单位全部职工的劳动报酬总额，由计时工资、计件工资、奖金、加班加点工资、特殊情况下支付的工资、津贴和补贴等组成。

在实务中，我们就需要找出来哪些是属于不列入缴费基数的项目。根据国家统计局的规定，下列项目不计入工资总额，在计算缴费基数时应予剔除：

（1）根据国务院发布的有关规定发放的创造发明奖、国家星火奖、自然科学奖、科学技术进步奖和支付的合理化建议和技术改进奖以及支付给运动员在重大体育比赛中的重奖，债券利息以及职工个人技术投入后的税前收益分配。

（2）有关劳动保险和职工福利方面的费用。职工保险福利费用包括医疗卫生费、职工死亡丧葬费及抚恤费、职工生活困难补助、文体宣传费、集体福利事业设施费和集体福利事业补贴、探亲路费、计划生育补贴、冬季取暖补贴、防暑降温费、婴幼儿补贴（即托儿补助）、独生子女牛奶补贴、独生子女费、"六一"儿童节给职工的独生子女补贴、工作服洗补费、献血员营养补助及其他保险福利费。

（3）劳动保护的各种支出。包括：工作服、手套等劳动保护用品，解毒剂、清凉饮料，以及按照国务院 1963 年 7 月 19 日劳动部等七单位规定的范围对接触有毒物质、矽尘作业、放射线作业和潜水、沉箱作业，高温作业等五类工种所享受的由劳动保护费开支的保健食品待遇。

（4）有关离休、退休、退职人员待遇的各项支出。

（5）支付给外单位人员的稿费、讲课费及其他专门工作报酬。

（6）出差补助、误餐补助。指职工出差应购卧铺票实际改乘座席的减价提成归己部分；因实行住宿费包干，实际支出费用低于标准的差价归己部分。

（7）对自带工具、牲畜来企业工作的从业人员所支付的工具、牲畜等的补偿费用。

（8）实行租赁经营单位的承租人的风险性补偿收入。

（9）职工集资入股或购买企业债券后发给职工的股息分红。

（10）劳动合同制职工解除劳动合同时由企业支付的医疗补助费、生活补助费以及一次性支付给职工的经济补偿金。

（11）劳务派遣单位收取用工单位支付的人员工资以外的手续费和管理费。

（12）支付给家庭工人的加工费和按加工订货办法支付给承包单位的发包费用。

（13）支付给参加企业劳动的在校学生的补贴。

（14）调动工作的旅费和安家费中净结余的现金。

（15）由单位缴纳的各项社会保险、住房公积金。

（16）支付给从保安公司招用的人员的补贴。

（17）按照国家政策为职工建立的企业年金和补充医疗保险，其中单位按政策规定比例缴纳部分。

2. 减少缴费人数

减少缴费人数的一个重要做法就是增加灵活用工人员，以灵活用工人员替代合同制员工。具体做法主要包括：

（1）聘用非全日制人员。

非全日制用工是劳动用工制度的一种重要形式，是灵活就业的主要方式。非全日制用工，是指以小时计酬为主，劳动者在同一用人单位一般平均每日工作时间不超过 4 小时，每周工作时间累计不超过 24 小时的用工形式。

《中华人民共和国社会保险法》第十条规定，无雇工的个体工商户、未在用人单位参加基本养老保险的非全日制从业人员以及其他灵活就业人员可以参加基本养老保险，由个人缴纳基本养老保险费。《关于非全日制用工若干问题的意见》（劳社部发

〔2003〕12号）第三条规定，用人单位应当按照国家有关规定为建立劳动关系的非全日制劳动者缴纳工伤保险费。

（2）返聘退休人员。

用人单位聘用的退休人员的劳务报酬不计入用人单位缴纳基本养老保险费基数。

《中华人民共和国社会保险法》第十六条规定，参加基本养老保险的个人，达到法定退休年龄时累计缴费满15年的，按月领取基本养老金。参加基本养老保险的个人，达到法定退休年龄时累计缴费不足15年的，可以缴费至满15年，按月领取基本养老金；也可以转入新型农村社会养老保险或者城镇居民社会养老保险，按照国务院规定享受相应的养老保险待遇。

《中华人民共和国社会保险法》第二十七条规定，参加职工基本医疗保险的个人，达到法定退休年龄时累计缴费达到国家规定年限的，退休后不再缴纳基本医疗保险费，按照国家规定享受基本医疗保险待遇；未达到国家规定年限的，可以缴费至国家规定年限。

另外，部分地方税务机关对此也作出过明确规定。例如《国家税务总局黑龙江省税务局关于用人单位聘用退休人员和已经由原单位缴纳基本养老保险费的兼职人员的劳务报酬不计入用人单位缴费基数的通告》（国家税务总局黑龙江省税务局通告2019年第2号）明确，依据《黑龙江省优化营商环境条例》（2019年1月18日黑龙江省第十三届人民代表大会第三次会议通过）第二十一条，经与黑龙江省人力资源和社会保障厅商定，自2019年3月份（费款属期）起，用人单位聘用的退休人员和已经由原单位缴纳基本养老保险费的兼职人员的劳务报酬（包括工资薪金等各类劳动报酬）不计入用人单位缴纳基本养老保险费基数。

（3）招聘停薪留职人员。

停薪留职是指企业富余的固定职工，保留其身份，离开单位。停薪留职时间一般不超过3年。单位与停薪留职人员签订劳务合同，不需要缴纳社保。

（4）招聘协保人员。

协议保留社会保险关系人员简称协保人员，指与原所在单位、再就业服务中心签订保留社保关系的三方协议的下岗员工。单位招聘这类人员只能签订劳务合同，不需要缴纳社保。

（5）聘用劳务派遣人员。

劳务派遣单位派遣劳动者，应当与接受劳务派遣的用人单位签订劳务派遣协议。若劳务派遣协议中约定，劳务派遣人员的考勤和工资发放比照自有员工处理，社保和公积金缴纳由劳务派遣单位缴纳，那么接受劳务派遣的用工单位不需要缴纳社保，但是用工单位支付的费用可以作为工资薪金在税前扣除，并负责代扣个人所得税。

（6）其他灵活就业人员。

灵活就业人员是指以非全日制、临时性和弹性工作等灵活形式就业的人员。主要包括自由职业者、家庭帮工、季节工、小时工等，用工单位不需要为这些人员缴纳社保。

（三）灵活用工人员的痛点化解

公司与灵活用工人员合作，大部分是劳务报酬支出，无法取得合规的发票，这是最突出的问题。此外，这类人员一般不愿意开发票，不想承担税款，想要净收入；如果开发票申报个税的话，则要求税款由企业承担，企业税负比较重。部分农民工、零散用工等人员支出开发票更为困难。具体解决途径主要有：

1. 代开劳务报酬发票

《个人所得税法》规定的劳务报酬所得包括：个人从事劳务取得的所得，包括从事设计、装潢、安装、制图、化验、测试、医疗、法律、会计、咨询、讲学、翻译、审稿、书画、雕刻、影视、录音、录像、演出、表演、广告、展览、技术服务、介绍服务、经纪服务、代办服务以及其他劳务取得的所得。

对自然人纳税人取得劳务报酬所得、稿酬所得和特许权使用费所得需要代开发票的，在代开发票环节不再征收个人所得税。其个人所得税由扣缴义务人依照《个人所得税扣缴申报管理办法（试行）》（国家税务总局公告 2018 年第 61 号发布）规定预扣预缴（或代扣代缴）和办理全员全额扣缴申报。

劳务报酬所得，应当按次或者按月预扣预缴税款。

（1）收入超过 4 000 元：劳务报酬所得 ＝ 收入 × （1 － 20%）

（2）收入未超 4 000 元：劳务报酬所得 ＝ 收入 － 800

劳务报酬所得应预扣预缴税额＝预扣预缴应纳税所得额 × 预扣率－速算扣除数

表 4-6 个人所得税预扣率表

（居民个人劳务报酬所得预扣预缴适用）

级数	预扣预缴应纳税所得额	预扣率（%）	速算扣除数
1	不超过 20 000 元	20	0
2	超过 20 000 元至 50 000 元的部分	30	2 000
3	超过 50 000 元的部分	40	7 000

居民个人办理年度综合所得汇算清缴时，应当依法计算劳务报酬所得、稿酬所得、特许权使用费所得的收入额，并入年度综合所得计算应纳税款，适用3%—45%的超额累进税率，税款多退少补。

2. 成立个体工商户自开发票

成立个体工商户自行开增值税发票，按照经营所得申报缴纳个人所得税，同时享受相关税收优惠。

（1）经营所得适用税率。

个体工商户从事生产、经营活动取得的所得，个人独资企业投资人、合伙企业的个人合伙人来源于境内注册的个人独资企业、合伙企业生产、经营的所得等，适用5%—35%的五级超额累进税率（见表4-2）。

应纳个人所得税税额＝应纳税所得额×适用税率－速算扣除数

应纳税所得额＝年应税收入额－准予税前扣除金额

（2）优惠政策。

①个人所得税减免优惠。2021年1月1日至2022年12月31日期间，对个体工商户经营所得年应纳税所得额不超过100万元的部分，在现行优惠政策基础上，再减半征收个人所得税。个体工商户不区分征收方式，均可享受。

②增值税免税优惠。小规模纳税人发生增值税应税销售行为，合计月销售额未超过15万元（以1个季度为1个纳税期的，季度销售额未超过45万元）的，免征增值税。

③附加税费优惠。由省、自治区、直辖市人民政府根据本地区实际情况，以及宏观调控需要确定，对增值税小规模纳税人可以在50%的税额幅度内减征资源税、城市维护建设税、房产税、城镇土地使用税、印花税（不含证券交易印花税）、耕地占用税和教育费附加、地方教育附加。增值税小规模纳税人已依法享受资源税、城市维护建设税、房产税、城镇土地使用税、印花税、耕地占用税、教育费附加、地方教育附加其他优惠政策的，可叠加享受《财政部 税务总局关于实施小微企业普惠性税收减免政策的通知》（财税〔2019〕13号）第三条规定的优惠政策。

3. 按照零星支出相关规定取得合法税前扣除凭证

《国家税务总局关于发布〈企业所得税税前扣除凭证管理办法〉的公告》（国家税务总局公告2018年第28号）第九条规定，企业在境内发生的支出项目属于增值税应税项目的，对方为已办理税务登记的增值税纳税人，其支出以发票（包括按照规定由税务机关代开的发票）作为税前扣除凭证；对方为依法无须办理税务登记的单位或者从事小额零星经营业务的个人，其支出以税务机关代开的发票或者收款凭证及内部凭证作为税前扣除凭证，收款凭证应载明收款单位名称、个人姓名及身份证号、支出项目、收款金额等相关信息。

第五章

政策解读面面观

解读税收文件的三个基本步骤：看目的、抓关键、寻脉络。

看目的：从文件开头入手，了解政策背景和导向。

抓关键：结合不同税种基本原理，了解政策本质。

寻脉络：根据文件提示，不断丰富政策认知体系。

5.1 增值税主要政策梳理

一 基本政策 ●●●

（一）增值税暂行条例

中华人民共和国增值税暂行条例（2017年修订）

第一条 在中华人民共和国境内销售货物或者加工、修理修配劳务（以下简称劳务），销售服务、无形资产、不动产以及进口货物的单位和个人，为增值税的纳税人，应当依照本条例缴纳增值税。

第二条 增值税税率：

（一）纳税人销售货物、劳务、有形动产租赁服务或者进口货物，除本条第二项、第四项、第五项另有规定外，税率为17%。

（二）纳税人销售交通运输、邮政、基础电信、建筑、不动产租赁服务，销售不动产，转让土地使用权，销售或者进口下列货物，税率为11%：

1. 粮食等农产品、食用植物油、食用盐；

2. 自来水、暖气、冷气、热水、煤气、石油液化气、天然气、二甲醚、沼气、居民用煤炭制品；

3. 图书、报纸、杂志、音像制品、电子出版物；

4. 饲料、化肥、农药、农机、农膜；

5. 国务院规定的其他货物。

（三）纳税人销售服务、无形资产，除本条第一项、第二项、第五项另有规定外，税率为6%。

（四）纳税人出口货物，税率为零；但是，国务院另有规定的除外。

（五）境内单位和个人跨境销售国务院规定范围内的服务、无形资产，税率为零。

税率的调整，由国务院决定。

第三条 纳税人兼营不同税率的项目，应当分别核算不同税率项目的销售额；未分别核算销售额的，从高适用税率。

第四条 除本条例第十一条规定外，纳税人销售货物、劳务、服务、无形资产、不动产（以下统称应税销售行为），应纳税额为当期销项税额抵扣当期进项税额后的余额。应纳税额计算公式：

应纳税额＝当期销项税额－当期进项税额

当期销项税额小于当期进项税额不足抵扣时，其不足部分可以结转下期继续抵扣。

第五条 纳税人发生应税销售行为，按照销售额和本条例第二条规定的税率计算收取的增值税额，为销项税额。销项税额计算公式：

销项税额＝销售额 × 税率

第六条 销售额为纳税人发生应税销售行为收取的全部价款和价外费用，但是不包括收取的销项税额。

销售额以人民币计算。纳税人以人民币以外的货币结算销售额的，应当折合成人民币计算。

第七条 纳税人发生应税销售行为的价格明显偏低并无正当理由的，由主管税务机关核定其销售额。

第八条 纳税人购进货物、劳务、服务、无形资产、不动产支付或者负担的增值税额，为进项税额。

下列进项税额准予从销项税额中抵扣：

（一）从销售方取得的增值税专用发票上注明的增值税额。

（二）从海关取得的海关进口增值税专用缴款书上注明的增值税额。

（三）购进农产品，除取得增值税专用发票或者海关进口增值税专用缴款书外，按照农产品收购发票或者销售发票上注明的农产品买价和11%的扣除率计算的进项税额，国务院另有规定的除外。进项税额计算公式：

进项税额＝买价 × 扣除率

（四）自境外单位或者个人购进劳务、服务、无形资产或者境内的不动产，从税务机关或者扣缴义务人取得的代扣代缴税款的完税凭证上注明的增值税额。

准予抵扣的项目和扣除率的调整，由国务院决定。

第九条 纳税人购进货物、劳务、服务、无形资产、不动产，取得的增值税扣税凭证不符合法律、行政法规或者国务院税务主管部门有关规定的，其进项税额不得从销项税额中抵扣。

第十条 下列项目的进项税额不得从销项税额中抵扣：

（一）用于简易计税方法计税项目、免征增值税项目、集体福利或者个人消费的购进货物、劳务、服务、无形资产和不动产；

（二）非正常损失的购进货物，以及相关的劳务和交通运输服务；

（三）非正常损失的在产品、产成品所耗用的购进货物（不包括固定资产）、劳务和交通运输服务；

（四）国务院规定的其他项目。

第十一条 小规模纳税人发生应税销售行为，实行按照销售额和征收率计算应纳税额的简易办法，并不得抵扣进项税额。应纳税额计算公式：

应纳税额＝销售额 × 征收率

小规模纳税人的标准由国务院财政、税务主管部门规定。

第十二条 小规模纳税人增值税征收率为3%，国务院另有规定的除外。

第十三条 小规模纳税人以外的纳税人应当向主管税务机关办理登记。具体登记办法由国务院税务主管部门制定。

小规模纳税人会计核算健全，能够提供准确税务资料的，可以向主管税务机关办理登记，不作为小规模纳税人，依照本条例有关规定计算应纳税额。

第十四条 纳税人进口货物，按照组成计税价格和本条例第二条规定的税率计算应纳税额。组成计税价格和应纳税额计算公式：

组成计税价格＝关税完税价格＋关税＋消费税

应纳税额＝组成计税价格 × 税率

第十五条 下列项目免征增值税：

（一）农业生产者销售的自产农产品；

（二）避孕药品和用具；

（三）古旧图书；

（四）直接用于科学研究、科学试验和教学的进口仪器、设备；

（五）外国政府、国际组织无偿援助的进口物资和设备；

（六）由残疾人的组织直接进口供残疾人专用的物品；

（七）销售的自己使用过的物品。

除前款规定外，增值税的免税、减税项目由国务院规定。任何地区、部门均不得规定免税、减税项目。

第十六条 纳税人兼营免税、减税项目的，应当分别核算免税、减税项目的销售额；未分别核算销售额的，不得免税、减税。

第十七条 纳税人销售额未达到国务院财政、税务主管部门规定的增值税起征点的，免征增值税；达到起征点的，依照本条例规定全额计算缴纳增值税。

第十八条　中华人民共和国境外的单位或者个人在境内销售劳务，在境内未设有经营机构的，以其境内代理人为扣缴义务人；在境内没有代理人的，以购买方为扣缴义务人。

第十九条　增值税纳税义务发生时间：

（一）发生应税销售行为，为收讫销售款项或者取得索取销售款项凭据的当天；先开具发票的，为开具发票的当天。

（二）进口货物，为报关进口的当天。

增值税扣缴义务发生时间为纳税人增值税纳税义务发生的当天。

第二十条　增值税由税务机关征收，进口货物的增值税由海关代征。

个人携带或者邮寄进境自用物品的增值税，连同关税一并计征。具体办法由国务院关税税则委员会会同有关部门制定。

第二十一条　纳税人发生应税销售行为，应当向索取增值税专用发票的购买方开具增值税专用发票，并在增值税专用发票上分别注明销售额和销项税额。

属于下列情形之一的，不得开具增值税专用发票：

（一）应税销售行为的购买方为消费者个人的；

（二）发生应税销售行为适用免税规定的。

第二十二条　增值税纳税地点：

（一）固定业户应当向其机构所在地的主管税务机关申报纳税。总机构和分支机构不在同一县（市）的，应当分别向各自所在地的主管税务机关申报纳税；经国务院财政、税务主管部门或者其授权的财政、税务机关批准，可以由总机构汇总向总机构所在地的主管税务机关申报纳税。

（二）固定业户到外县（市）销售货物或者劳务，应当向其机构所在地的主管税务机关报告外出经营事项，并向其机构所在地的主管税务机关申报纳税；未报告的，应当向销售地或者劳务发生地的主管税务机关申报纳税；未向销售地或者劳务发生地的主管税务机关申报纳税的，由其机构所在地的主管税务机关补征税款。

（三）非固定业户销售货物或者劳务，应当向销售地或者劳务发生地的主管税务机关申报纳税；未向销售地或者劳务发生地的主管税务机关申报纳税的，由其机构所在地或者居住地的主管税务机关补征税款。

（四）进口货物，应当向报关地海关申报纳税。

扣缴义务人应当向其机构所在地或者居住地的主管税务机关申报缴纳其扣缴的

税款。

第二十三条 增值税的纳税期限分别为 1 日、3 日、5 日、10 日、15 日、1 个月或者 1 个季度。纳税人的具体纳税期限，由主管税务机关根据纳税人应纳税额的大小分别核定；不能按照固定期限纳税的，可以按次纳税。

纳税人以 1 个月或者 1 个季度为 1 个纳税期的，自期满之日起 15 日内申报纳税；以 1 日、3 日、5 日、10 日或者 15 日为 1 个纳税期的，自期满之日起 5 日内预缴税款，于次月 1 日起 15 日内申报纳税并结清上月应纳税款。

扣缴义务人解缴税款的期限，依照前两款规定执行。

第二十四条 纳税人进口货物，应当自海关填发海关进口增值税专用缴款书之日起 15 日内缴纳税款。

第二十五条 纳税人出口货物适用退（免）税规定的，应当向海关办理出口手续，凭出口报关单等有关凭证，在规定的出口退（免）税申报期内按月向主管税务机关申报办理该项出口货物的退（免）税；境内单位和个人跨境销售服务和无形资产适用退（免）税规定的，应当按期向主管税务机关申报办理退（免）税。具体办法由国务院财政、税务主管部门制定。

出口货物办理退税后发生退货或者退关的，纳税人应当依法补缴已退的税款。

第二十六条 增值税的征收管理，依照《中华人民共和国税收征收管理法》及本条例有关规定执行。

第二十七条 纳税人缴纳增值税的有关事项，国务院或者国务院财政、税务主管部门经国务院同意另有规定的，依照其规定。

第二十八条 本条例自 2009 年 1 月 1 日起施行。

（二）增值税暂行条例实施细则

《中华人民共和国增值税暂行条例实施细则（2011 年修订）》

二 营改增政策 ● ● ●

营改增试点的通知

财政部　国家税务总局关于全面推开营业税改征增值税试点的通知

(财税〔2016〕36 号)

各省、自治区、直辖市、计划单列市财政厅(局)、国家税务局、地方税务局,新疆生产建设兵团财务局:

经国务院批准,自 2016 年 5 月 1 日起,在全国范围内全面推开营业税改征增值税(以下称营改增)试点,建筑业、房地产业、金融业、生活服务业等全部营业税纳税人,纳入试点范围,由缴纳营业税改为缴纳增值税。现将《营业税改征增值税试点实施办法》《营业税改征增值税试点有关事项的规定》《营业税改征增值税试点过渡政策的规定》和《跨境应税行为适用增值税零税率和免税政策的规定》印发你们,请遵照执行。

本通知附件规定的内容,除另有规定执行时间外,自 2016 年 5 月 1 日起执行。《财政部　国家税务总局关于将铁路运输和邮政业纳入营业税改征增值税试点的通知》(财税〔2013〕106 号)、《财政部　国家税务总局关于铁路运输和邮政业营业税改征增值税试点有关政策的补充通知》(财税〔2013〕121 号)、《财政部　国家税务总局关于将电信业纳入营业税改征增值税试点的通知》(财税〔2014〕43 号)、《财政部　国家税务总局关于国际水路运输增值税零税率政策的补充通知》(财税〔2014〕50 号)和《财政部　国家税务总局关于影视等出口服务适用增值税零税率政策的通知》(财税〔2015〕118 号),除另有规定的条款外,相应废止。

各地要高度重视营改增试点工作,切实加强试点工作的组织领导,周密安排,明确责任,采取各种有效措施,做好试点前的各项准备以及试点过程中的监测分析和宣传解释等工作,确保改革的平稳、有序、顺利进行。遇到问题请及时向财政部和国家税务总局反映。

附件:1. 营业税改征增值税试点实施办法

　　　2. 营业税改征增值税试点有关事项的规定

　　　3. 营业税改征增值税试点过渡政策的规定

4. 跨境应税行为适用增值税零税率和免税政策的规定

财政部　国家税务总局

2016 年 3 月 23 日

2021 年增值税最新政策

财政部　税务总局关于明确先进制造业增值税期末留抵退税政策的公告

（财政部　税务总局公告 2021 年第 15 号）

为进一步促进先进制造业高质量发展，现将先进制造业增值税期末留抵退税政策公告如下：

一、自 2021 年 4 月 1 日起，同时符合以下条件的先进制造业纳税人，可以自 2021 年 5 月及以后纳税申报期向主管税务机关申请退还增量留抵税额：

1. 增量留抵税额大于零；

2. 纳税信用等级为 A 级或者 B 级；

3. 申请退税前 36 个月未发生骗取留抵退税、出口退税或虚开增值税专用发票情形；

4. 申请退税前 36 个月未因偷税被税务机关处罚两次及以上；

5. 自 2019 年 4 月 1 日起未享受即征即退、先征后返（退）政策。

二、本公告所称先进制造业纳税人，是指按照《国民经济行业分类》，生产并销售"非金属矿物制品""通用设备""专用设备""计算机、通信和其他电子设备""医药""化学纤维""铁路、船舶、航空航天和其他运输设备""电气机械和器材""仪器仪表"销售额占全部销售额的比重超过 50% 的纳税人。

上述销售额比重根据纳税人申请退税前连续 12 个月的销售额计算确定；申请退税前经营期不满 12 个月但满 3 个月的，按照实际经营期的销售额计算确定。

三、本公告所称增量留抵税额，是指与 2019 年 3 月 31 日相比新增加的期末留抵税额。

四、先进制造业纳税人当期允许退还的增量留抵税额，按照以下公式计算：

允许退还的增量留抵税额＝增量留抵税额 × 进项构成比例

进项构成比例，为 2019 年 4 月至申请退税前一税款所属期内已抵扣的增值税专用发票（含税控机动车销售统一发票）、海关进口增值税专用缴款书、解缴税款完税凭证注明的增值税额占同期全部已抵扣进项税额的比重。

五、先进制造业纳税人按照本公告规定取得增值税留抵退税款的，不得再申请享受增值税即征即退、先征后返（退）政策。

六、先进制造业纳税人申请退还增量留抵税额的其他规定，按照《财政部 税务总局 海关总署关于深化增值税改革有关政策的公告》（财政部 税务总局 海关总署公告 2019 年第 39 号）和《财政部 税务总局关于明确部分先进制造业增值税期末留抵退税政策的公告》（财政部 税务总局公告 2019 年第 84 号）执行。

特此公告。

财政部 税务总局
2021 年 4 月 23 日

国家税务总局关于小规模纳税人免征增值税征管问题的公告

（国家税务总局公告 2021 年第 5 号）

为贯彻落实全国两会精神和中办、国办印发的《关于进一步深化税收征管改革的意见》，按照《财政部 税务总局关于明确增值税小规模纳税人免征增值税政策的公告》（2021 年第 11 号）的规定，现将有关征管问题公告如下：

一、小规模纳税人发生增值税应税销售行为，合计月销售额未超过 15 万元（以 1 个季度为 1 个纳税期的，季度销售额未超过 45 万元，下同）的，免征增值税。

小规模纳税人发生增值税应税销售行为，合计月销售额超过 15 万元，但扣除本期发生的销售不动产的销售额后未超过 15 万元的，其销售货物、劳务、服务、无形资产取得的销售额免征增值税。

二、适用增值税差额征税政策的小规模纳税人，以差额后的销售额确定是否可以享受本公告规定的免征增值税政策。

《增值税纳税申报表（小规模纳税人适用）》中的"免税销售额"相关栏次，填写差额后的销售额。

三、按固定期限纳税的小规模纳税人可以选择以 1 个月或 1 个季度为纳税期限，一经选择，一个会计年度内不得变更。

四、《中华人民共和国增值税暂行条例实施细则》第九条所称的其他个人，采取一次性收取租金形式出租不动产取得的租金收入，可在对应的租赁期内平均分摊，分摊后的月租金收入未超过 15 万元的，免征增值税。

五、按照现行规定应当预缴增值税税款的小规模纳税人，凡在预缴地实现的月销售额未超过 15 万元的，当期无须预缴税款。

六、小规模纳税人中的单位和个体工商户销售不动产，应按其纳税期、本公告第五条以及其他现行政策规定确定是否预缴增值税；其他个人销售不动产，继续按照现行规定征免增值税。

七、已经使用金税盘、税控盘等税控专用设备开具增值税发票的小规模纳税人，月销售额未超过 15 万元的，可以继续使用现有设备开具发票，也可以自愿向税务机关免费换领税务 Ukey 开具发票。

八、本公告自 2021 年 4 月 1 日起施行。《国家税务总局关于小规模纳税人免征增值税政策有关征管问题的公告》（2019 年第 4 号）同时废止。

特此公告。

国家税务总局
2021 年 3 月 31 日

《国家税务总局关于进一步优化增值税优惠政策办理程序及服务有关事项的公告》（国家税务总局公告 2021 年第 4 号）

《财政部 税务总局关于延续实施应对疫情部分税费优惠政策的公告》（财政部 税务总局公告 2021 年第 7 号）

5.2 企业所得税主要政策梳理

一 基本政策 ● ● ●

（一）企业所得税法

《中华人民共和国企业所得税法》（2018 年修正）

第一章 总则

第一条 在中华人民共和国境内，企业和其他取得收入的组织（以下统称企业）为企业所得税的纳税人，依照本法的规定缴纳企业所得税。

个人独资企业、合伙企业不适用本法。

第二条 企业分为居民企业和非居民企业。

本法所称居民企业，是指依法在中国境内成立，或者依照外国（地区）法律成立但实际管理机构在中国境内的企业。

本法所称非居民企业，是指依照外国（地区）法律成立且实际管理机构不在中国境内，但在中国境内设立机构、场所的，或者在中国境内未设立机构、场所，但有来源于中国境内所得的企业。

第三条 居民企业应当就其来源于中国境内、境外的所得缴纳企业所得税。

非居民企业在中国境内设立机构、场所的，应当就其所设机构、场所取得的来源于中国境内的所得，以及发生在中国境外但与其所设机构、场所有实际联系的所得，缴纳企业所得税。

非居民企业在中国境内未设立机构、场所的，或者虽设立机构、场所但取得的所得与其所设机构、场所没有实际联系的，应当就其来源于中国境内的所得缴纳企业所得税。

第四条 企业所得税的税率为 25%。

非居民企业取得本法第三条第三款规定的所得，适用税率为 20%。

第二章 应纳税所得额

第五条 企业每一纳税年度的收入总额，减除不征税收入、免税收入、各项扣除以及允许弥补的以前年度亏损后的余额，为应纳税所得额。

第六条　企业以货币形式和非货币形式从各种来源取得的收入，为收入总额。包括：

（一）销售货物收入；

（二）提供劳务收入；

（三）转让财产收入；

（四）股息、红利等权益性投资收益；

（五）利息收入；

（六）租金收入；

（七）特许权使用费收入；

（八）接受捐赠收入；

（九）其他收入。

第七条　收入总额中的下列收入为不征税收入：

（一）财政拨款；

（二）依法收取并纳入财政管理的行政事业性收费、政府性基金；

（三）国务院规定的其他不征税收入。

第八条　企业实际发生的与取得收入有关的、合理的支出，包括成本、费用、税金、损失和其他支出，准予在计算应纳税所得额时扣除。

第九条　企业发生的公益性捐赠支出，在年度利润总额12%以内的部分，准予在计算应纳税所得额时扣除；超过年度利润总额12%的部分，准予结转以后三年内在计算应纳税所得额时扣除。

第十条　在计算应纳税所得额时，下列支出不得扣除：

（一）向投资者支付的股息、红利等权益性投资收益款项；

（二）企业所得税税款；

（三）税收滞纳金；

（四）罚金、罚款和被没收财物的损失；

（五）本法第九条规定以外的捐赠支出；

（六）赞助支出；

（七）未经核定的准备金支出；

（八）与取得收入无关的其他支出。

第十一条　在计算应纳税所得额时，企业按照规定计算的固定资产折旧，准予扣除。

下列固定资产不得计算折旧扣除：

（一）房屋、建筑物以外未投入使用的固定资产；

（二）以经营租赁方式租入的固定资产；

（三）以融资租赁方式租出的固定资产；

（四）已足额提取折旧仍继续使用的固定资产；

（五）与经营活动无关的固定资产；

（六）单独估价作为固定资产入账的土地；

（七）其他不得计算折旧扣除的固定资产。

第十二条　在计算应纳税所得额时，企业按照规定计算的无形资产摊销费用，准予扣除。

下列无形资产不得计算摊销费用扣除：

（一）自行开发的支出已在计算应纳税所得额时扣除的无形资产；

（二）自创商誉；

（三）与经营活动无关的无形资产；

（四）其他不得计算摊销费用扣除的无形资产。

第十三条　在计算应纳税所得额时，企业发生的下列支出作为长期待摊费用，按照规定摊销的，准予扣除：

（一）已足额提取折旧的固定资产的改建支出；

（二）租入固定资产的改建支出；

（三）固定资产的大修理支出；

（四）其他应当作为长期待摊费用的支出。

第十四条　企业对外投资期间，投资资产的成本在计算应纳税所得额时不得扣除。

第十五条　企业使用或者销售存货，按照规定计算的存货成本，准予在计算应纳税所得额时扣除。

第十六条　企业转让资产，该项资产的净值，准予在计算应纳税所得额时扣除。

第十七条　企业在汇总计算缴纳企业所得税时，其境外营业机构的亏损不得抵减境内营业机构的盈利。

第十八条　企业纳税年度发生的亏损，准予向以后年度结转，用以后年度的所得弥补，但结转年限最长不得超过五年。

第十九条　非居民企业取得本法第三条第三款规定的所得，按照下列方法计算其应纳税所得额：

（一）股息、红利等权益性投资收益和利息、租金、特许权使用费所得，以收入全额为应纳税所得额；

（二）转让财产所得，以收入全额减除财产净值后的余额为应纳税所得额；

（三）其他所得，参照前两项规定的方法计算应纳税所得额。

第二十条　本章规定的收入、扣除的具体范围、标准和资产的税务处理的具体办法，由国务院财政、税务主管部门规定。

第二十一条　在计算应纳税所得额时，企业财务、会计处理办法与税收法律、行政法规的规定不一致的，应当依照税收法律、行政法规的规定计算。

第三章　应纳税额

第二十二条　企业的应纳税所得额乘以适用税率，减除依照本法关于税收优惠的规定减免和抵免的税额后的余额，为应纳税额。

第二十三条　企业取得的下列所得已在境外缴纳的所得税税额，可以从其当期应纳税额中抵免，抵免限额为该项所得依照本法规定计算的应纳税额；超过抵免限额的部分，可以在以后五个年度内，用每年度抵免限额抵免当年应抵税额后的余额进行抵补：

（一）居民企业来源于中国境外的应税所得；

（二）非居民企业在中国境内设立机构、场所，取得发生在中国境外但与该机构、场所有实际联系的应税所得。

第二十四条　居民企业从其直接或者间接控制的外国企业分得的来源于中国境外的股息、红利等权益性投资收益，外国企业在境外实际缴纳的所得税税额中属于该项所得负担的部分，可以作为该居民企业的可抵免境外所得税税额，在本法第二十三条规定的抵免限额内抵免。

第四章　税收优惠

第二十五条　国家对重点扶持和鼓励发展的产业和项目，给予企业所得税优惠。

第二十六条　企业的下列收入为免税收入：

（一）国债利息收入；

（二）符合条件的居民企业之间的股息、红利等权益性投资收益；

（三）在中国境内设立机构、场所的非居民企业从居民企业取得与该机构、场所有实际联系的股息、红利等权益性投资收益；

（四）符合条件的非营利组织的收入。

第二十七条 企业的下列所得，可以免征、减征企业所得税：

（一）从事农、林、牧、渔业项目的所得；

（二）从事国家重点扶持的公共基础设施项目投资经营的所得；

（三）从事符合条件的环境保护、节能节水项目的所得；

（四）符合条件的技术转让所得；

（五）本法第三条第三款规定的所得。

第二十八条 符合条件的小型微利企业，减按 20% 的税率征收企业所得税。

国家需要重点扶持的高新技术企业，减按 15% 的税率征收企业所得税。

第二十九条 民族自治地方的自治机关对本民族自治地方的企业应缴纳的企业所得税中属于地方分享的部分，可以决定减征或者免征。自治州、自治县决定减征或者免征的，须报省、自治区、直辖市人民政府批准。

第三十条 企业的下列支出，可以在计算应纳税所得额时加计扣除：

（一）开发新技术、新产品、新工艺发生的研究开发费用；

（二）安置残疾人员及国家鼓励安置的其他就业人员所支付的工资。

第三十一条 创业投资企业从事国家需要重点扶持和鼓励的创业投资，可以按投资额的一定比例抵扣应纳税所得额。

第三十二条 企业的固定资产由于技术进步等原因，确需加速折旧的，可以缩短折旧年限或者采取加速折旧的方法。

第三十三条 企业综合利用资源，生产符合国家产业政策规定的产品所取得的收入，可以在计算应纳税所得额时减计收入。

第三十四条 企业购置用于环境保护、节能节水、安全生产等专用设备的投资额，可以按一定比例实行税额抵免。

第三十五条 本法规定的税收优惠的具体办法，由国务院规定。

第三十六条 根据国民经济和社会发展的需要，或者由于突发事件等原因对企业经营活动产生重大影响的，国务院可以制定企业所得税专项优惠政策，报全国人民代表大会常务委员会备案。

第五章　源泉扣缴

第三十七条　对非居民企业取得本法第三条第三款规定的所得应缴纳的所得税，实行源泉扣缴，以支付人为扣缴义务人。税款由扣缴义务人在每次支付或者到期应支付时，从支付或者到期应支付的款项中扣缴。

第三十八条　对非居民企业在中国境内取得工程作业和劳务所得应缴纳的所得税，税务机关可以指定工程价款或者劳务费的支付人为扣缴义务人。

第三十九条　依照本法第三十七条、第三十八条规定应当扣缴的所得税，扣缴义务人未依法扣缴或者无法履行扣缴义务的，由纳税人在所得发生地缴纳。纳税人未依法缴纳的，税务机关可以从该纳税人在中国境内其他收入项目的支付人应付的款项中，追缴该纳税人的应纳税款。

第四十条　扣缴义务人每次代扣的税款，应当自代扣之日起七日内缴入国库，并向所在地的税务机关报送扣缴企业所得税报告表。

第六章　特别纳税调整

第四十一条　企业与其关联方之间的业务往来，不符合独立交易原则而减少企业或者其关联方应纳税收入或者所得额的，税务机关有权按照合理方法调整。

企业与其关联方共同开发、受让无形资产，或者共同提供、接受劳务发生的成本，在计算应纳税所得额时应当按照独立交易原则进行分摊。

第四十二条　企业可以向税务机关提出与其关联方之间业务往来的定价原则和计算方法，税务机关与企业协商、确认后，达成预约定价安排。

第四十三条　企业向税务机关报送年度企业所得税纳税申报表时，应当就其与关联方之间的业务往来，附送年度关联业务往来报告表。

税务机关在进行关联业务调查时，企业及其关联方，以及与关联业务调查有关的其他企业，应当按照规定提供相关资料。

第四十四条　企业不提供与其关联方之间业务往来资料，或者提供虚假、不完整资料，未能真实反映其关联业务往来情况的，税务机关有权依法核定其应纳税所得额。

第四十五条　由居民企业，或者由居民企业和中国居民控制的设立在实际税负明显低于本法第四条第一款规定税率水平的国家（地区）的企业，并非由于合理的经营需要而对利润不作分配或者减少分配的，上述利润中应归属于该居民企业的部分，应当计入该居民企业的当期收入。

第四十六条 企业从其关联方接受的债权性投资与权益性投资的比例超过规定标准而发生的利息支出，不得在计算应纳税所得额时扣除。

第四十七条 企业实施其他不具有合理商业目的的安排而减少其应纳税收入或者所得额的，税务机关有权按照合理方法调整。

第四十八条 税务机关依照本章规定作出纳税调整，需要补征税款的，应当补征税款，并按照国务院规定加收利息。

第七章 征收管理

第四十九条 企业所得税的征收管理除本法规定外，依照《中华人民共和国税收征收管理法》的规定执行。

第五十条 除税收法律、行政法规另有规定外，居民企业以企业登记注册地为纳税地点；但登记注册地在境外的，以实际管理机构所在地为纳税地点。

居民企业在中国境内设立不具有法人资格的营业机构的，应当汇总计算并缴纳企业所得税。

第五十一条 非居民企业取得本法第三条第二款规定的所得，以机构、场所所在地为纳税地点。非居民企业在中国境内设立两个或者两个以上机构、场所，符合国务院税务主管部门规定条件的，可以选择由其主要机构、场所汇总缴纳企业所得税。

非居民企业取得本法第三条第三款规定的所得，以扣缴义务人所在地为纳税地点。

第五十二条 除国务院另有规定外，企业之间不得合并缴纳企业所得税。

第五十三条 企业所得税按纳税年度计算。纳税年度自公历 1 月 1 日起至 12 月 31 日止。

企业在一个纳税年度中间开业，或者终止经营活动，使该纳税年度的实际经营期不足十二个月的，应当以其实际经营期为一个纳税年度。

企业依法清算时，应当以清算期间作为一个纳税年度。

第五十四条 企业所得税分月或者分季预缴。

企业应当自月份或者季度终了之日起十五日内，向税务机关报送预缴企业所得税纳税申报表，预缴税款。

企业应当自年度终了之日起五个月内，向税务机关报送年度企业所得税纳税申报表，并汇算清缴，结清应缴应退税款。

企业在报送企业所得税纳税申报表时，应当按照规定附送财务会计报告和其他有关资料。

第五十五条 企业在年度中间终止经营活动的，应当自实际经营终止之日起六十日内，向税务机关办理当期企业所得税汇算清缴。

企业应当在办理注销登记前，就其清算所得向税务机关申报并依法缴纳企业所得税。

第五十六条 依照本法缴纳的企业所得税，以人民币计算。所得以人民币以外的货币计算的，应当折合成人民币计算并缴纳税款。

第八章 附则

第五十七条 本法公布前已经批准设立的企业，依照当时的税收法律、行政法规规定，享受低税率优惠的，按照国务院规定，可以在本法施行后五年内，逐步过渡到本法规定的税率；享受定期减免税优惠的，按照国务院规定，可以在本法施行后继续享受到期满为止，但因未获利而尚未享受优惠的，优惠期限从本法施行年度起计算。

法律设置的发展对外经济合作和技术交流的特定地区内，以及国务院已规定执行上述地区特殊政策的地区内新设立的国家需要重点扶持的高新技术企业，可以享受过渡性税收优惠，具体办法由国务院规定。

国家已确定的其他鼓励类企业，可以按照国务院规定享受减免税优惠。

第五十八条 中华人民共和国政府同外国政府订立的有关税收的协定与本法有不同规定的，依照协定的规定办理。

第五十九条 国务院根据本法制定实施条例。

第六十条 本法自 2008 年 1 月 1 日起施行。1991 年 4 月 9 日第七届全国人民代表大会第四次会议通过的《中华人民共和国外商投资企业和外国企业所得税法》和 1993 年 12 月 13 日国务院发布的《中华人民共和国企业所得税暂行条例》同时废止。

（二）企业所得税法实施条例

 政策链接

《中华人民共和国企业所得税法实施条例（2019年修订）》

二 企业所得税相关规定 •••

（一）企业所得税税前扣除凭证管理办法

国家税务总局关于发布《企业所得税税前扣除凭证管理办法》的公告

（国家税务总局公告 2018 年第 28 号）

为加强企业所得税税前扣除凭证管理，规范税收执法，优化营商环境，国家税务总局制定了《企业所得税税前扣除凭证管理办法》，现予以发布。

特此公告。

国家税务总局

2018 年 6 月 6 日

 政策链接

《企业所得税税前扣除凭证管理办法》

（二）企业资产损失所得税税前扣除管理办法

国家税务总局关于发布《企业资产损失所得税税前扣除管理办法》的公告

（国家税务总局公告 2011 年第 25 号）

现将《企业资产损失所得税税前扣除管理办法》予以发布，自 2011 年 1 月 1 日

起施行。

特此公告。

国家税务总局

2011 年 3 月 31 日

《企业资产损失所得税税前扣除管理办法》

（三）企业所得税资产损失资料留存备查公告

国家税务总局关于企业所得税资产损失资料留存备查有关事项的公告

（国家税务总局公告 2018 年第 15 号）

为了进一步深化税务系统"放管服"改革，简化企业纳税申报资料报送，减轻企业办税负担，现就企业所得税资产损失资料留存备查有关事项公告如下：

一、企业向税务机关申报扣除资产损失，仅需填报企业所得税年度纳税申报表《资产损失税前扣除及纳税调整明细表》，不再报送资产损失相关资料。相关资料由企业留存备查。

二、企业应当完整保存资产损失相关资料，保证资料的真实性、合法性。

三、本公告规定适用于 2017 年度及以后年度企业所得税汇算清缴。《国家税务总局关于发布〈企业资产损失所得税税前扣除管理办法〉的公告》（国家税务总局公告 2011 年第 25 号）第四条、第七条、第八条、第十三条有关资产损失证据资料、会计核算资料、纳税资料等相关资料报送的内容同时废止。

特此公告。

国家税务总局

2018 年 4 月 10 日

三 2021 年企业所得税最新政策 ● ● ●

财政部　税务总局关于实施小微企业和个体工商户所得税优惠政策的公告
（财政部　税务总局公告 2021 年第 12 号）

为进一步支持小微企业和个体工商户发展，现就实施小微企业和个体工商户所得税优惠政策有关事项公告如下：

一、对小型微利企业年应纳税所得额不超过 100 万元的部分，在《财政部 税务总局关于实施小微企业普惠性税收减免政策的通知》（财税〔2019〕13 号）第二条规定的优惠政策基础上，再减半征收企业所得税。

二、对个体工商户年应纳税所得额不超过 100 万元的部分，在现行优惠政策基础上，减半征收个人所得税。

三、本公告执行期限为 2021 年 1 月 1 日至 2022 年 12 月 31 日。

特此公告。

财政部　税务总局

2021 年 4 月 2 日

政策链接

《国家税务总局关于落实支持小型微利企业和个体工商户发展所得税优惠政策有关事项的公告》（国家税务总局公告第 2021 年第 8 号）

财政部　税务总局关于进一步完善研发费用税前加计扣除政策的公告
（财政部 税务总局公告 2021 年第 13 号）

为进一步激励企业加大研发投入，支持科技创新，现就企业研发费用税前加计扣除政策有关问题公告如下：

一、制造业企业开展研发活动中实际发生的研发费用，未形成无形资产计入当期损益的，在按规定据实扣除的基础上，自 2021 年 1 月 1 日起，再按照实际发生额的 100% 在税前加计扣除；形成无形资产的，自 2021 年 1 月 1 日起，按照无形资产成本的 200% 在税前摊销。

本条所称制造业企业，是指以制造业业务为主营业务，享受优惠当年主营业务收入占收入总额的比例达到 50% 以上的企业。制造业的范围按照《国民经济行业分类》（GB/T 4754–2017）确定，如国家有关部门更新《国民经济行业分类》，从其规定。收入总额按照企业所得税法第六条规定执行。

二、企业预缴申报当年第 3 季度（按季预缴）或 9 月份（按月预缴）企业所得税时，可以自行选择就当年上半年研发费用享受加计扣除优惠政策，采取"自行判别、申报享受、相关资料留存备查"办理方式。

符合条件的企业可以自行计算加计扣除金额，填报《中华人民共和国企业所得税月（季）度预缴纳税申报表（A 类）》享受税收优惠，并根据享受加计扣除优惠的研发费用情况（上半年）填写《研发费用加计扣除优惠明细表》（A107012）。《研发费用加计扣除优惠明细表》（A107012）与相关政策规定的其他资料一并留存备查。

企业办理第 3 季度或 9 月份预缴申报时，未选择享受研发费用加计扣除优惠政策的，可在次年办理汇算清缴时统一享受。

三、企业享受研发费用加计扣除政策的其他政策口径和管理要求，按照《财政部 国家税务总局 科技部关于完善研究开发费用税前加计扣除政策的通知》（财税〔2015〕119 号）、《财政部 税务总局 科技部关于企业委托境外研究开发费用税前加计扣除有关政策问题的通知》（财税〔2018〕64 号）等文件相关规定执行。

四、本公告自 2021 年 1 月 1 日起执行。

特此公告。

财政部 税务总局
2021 年 3 月 31 日

政策链接

《国家税务总局关于企业所得税若干政策征管口径问题的公告》
（国家税务总局公告 2021 年第 17 号）

5.3 个人所得税主要政策梳理

一 基本政策 ●●●

（一）个人所得税法

中华人民共和国个人所得税法（2018 年修正）

第一条 在中国境内有住所，或者无住所而一个纳税年度内在中国境内居住累计满一百八十三天的个人，为居民个人。居民个人从中国境内和境外取得的所得，依照本法规定缴纳个人所得税。

在中国境内无住所又不居住，或者无住所而一个纳税年度内在中国境内居住累计不满一百八十三天的个人，为非居民个人。非居民个人从中国境内取得的所得，依照本法规定缴纳个人所得税。

纳税年度，自公历一月一日起至十二月三十一日止。

第二条 下列各项个人所得，应当缴纳个人所得税：

（一）工资、薪金所得；

（二）劳务报酬所得；

（三）稿酬所得；

（四）特许权使用费所得；

（五）经营所得；

（六）利息、股息、红利所得；

（七）财产租赁所得；

（八）财产转让所得；

（九）偶然所得。

居民个人取得前款第一项至第四项所得（以下称综合所得），按纳税年度合并计算个人所得税；非居民个人取得前款第一项至第四项所得，按月或者按次分项计算个人所得税。纳税人取得前款第五项至第九项所得，依照本法规定分别计算个人所得税。

第三条 个人所得税的税率：

（一）综合所得，适用百分之三至百分之四十五的超额累进税率（税率表附后）；

（二）经营所得，适用百分之五至百分之三十五的超额累进税率（税率表附后）；

（三）利息、股息、红利所得，财产租赁所得，财产转让所得和偶然所得，适用比例税率，税率为百分之二十。

第四条 下列各项个人所得，免征个人所得税：

（一）省级人民政府、国务院部委和中国人民解放军军以上单位，以及外国组织、国际组织颁发的科学、教育、技术、文化、卫生、体育、环境保护等方面的奖金；

（二）国债和国家发行的金融债券利息；

（三）按照国家统一规定发给的补贴、津贴；

（四）福利费、抚恤金、救济金；

（五）保险赔款；

（六）军人的转业费、复员费、退役金；

（七）按照国家统一规定发给干部、职工的安家费、退职费、基本养老金或者退休费、离休费、离休生活补助费；

（八）依照有关法律规定应予免税的各国驻华使馆、领事馆的外交代表、领事官员和其他人员的所得；

（九）中国政府参加的国际公约、签订的协议中规定免税的所得；

（十）国务院规定的其他免税所得。

前款第十项免税规定，由国务院报全国人民代表大会常务委员会备案。

第五条 有下列情形之一的，可以减征个人所得税，具体幅度和期限，由省、自治区、直辖市人民政府规定，并报同级人民代表大会常务委员会备案：

（一）残疾、孤老人员和烈属的所得；

（二）因自然灾害遭受重大损失的。

国务院可以规定其他减税情形，报全国人民代表大会常务委员会备案。

第六条 应纳税所得额的计算：

（一）居民个人的综合所得，以每一纳税年度的收入额减除费用六万元以及专项扣除、专项附加扣除和依法确定的其他扣除后的余额，为应纳税所得额。

（二）非居民个人的工资、薪金所得，以每月收入额减除费用五千元后的余额为应纳税所得额；劳务报酬所得、稿酬所得、特许权使用费所得，以每次收入额为应纳税所得额。

（三）经营所得，以每一纳税年度的收入总额减除成本、费用以及损失后的余额，为应纳税所得额。

（四）财产租赁所得，每次收入不超过四千元的，减除费用八百元；四千元以上的，减除百分之二十的费用，其余额为应纳税所得额。

（五）财产转让所得，以转让财产的收入额减除财产原值和合理费用后的余额，为应纳税所得额。

（六）利息、股息、红利所得和偶然所得，以每次收入额为应纳税所得额。

劳务报酬所得、稿酬所得、特许权使用费所得以收入减除百分之二十的费用后的余额为收入额。稿酬所得的收入额减按百分之七十计算。

个人将其所得对教育、扶贫、济困等公益慈善事业进行捐赠，捐赠额未超过纳税人申报的应纳税所得额百分之三十的部分，可以从其应纳税所得额中扣除；国务院规定对公益慈善事业捐赠实行全额税前扣除的，从其规定。

本条第一款第一项规定的专项扣除，包括居民个人按照国家规定的范围和标准缴纳的基本养老保险、基本医疗保险、失业保险等社会保险费和住房公积金等；专项附加扣除，包括子女教育、继续教育、大病医疗、住房贷款利息或者住房租金、赡养老人等支出，具体范围、标准和实施步骤由国务院确定，并报全国人民代表大会常务委员会备案。

第七条 居民个人从中国境外取得的所得，可以从其应纳税额中抵免已在境外缴纳的个人所得税税额，但抵免额不得超过该纳税人境外所得依照本法规定计算的应纳税额。

第八条 有下列情形之一的，税务机关有权按照合理方法进行纳税调整：

（一）个人与其关联方之间的业务往来不符合独立交易原则而减少本人或者其关联方应纳税额，且无正当理由；

（二）居民个人控制的，或者居民个人和居民企业共同控制的设立在实际税负明显偏低的国家（地区）的企业，无合理经营需要，对应当归属于居民个人的利润不作分配或者减少分配；

（三）个人实施其他不具有合理商业目的的安排而获取不当税收利益。

税务机关依照前款规定作出纳税调整，需要补征税款的，应当补征税款，并依法加收利息。

第九条 个人所得税以所得人为纳税人，以支付所得的单位或者个人为扣缴义务人。

纳税人有中国公民身份号码的，以中国公民身份号码为纳税人识别号；纳税人没有中国公民身份号码的，由税务机关赋予其纳税人识别号。扣缴义务人扣缴税款时，纳税人应当向扣缴义务人提供纳税人识别号。

第十条　有下列情形之一的，纳税人应当依法办理纳税申报：

（一）取得综合所得需要办理汇算清缴；

（二）取得应税所得没有扣缴义务人；

（三）取得应税所得，扣缴义务人未扣缴税款；

（四）取得境外所得；

（五）因移居境外注销中国户籍；

（六）非居民个人在中国境内从两处以上取得工资、薪金所得；

（七）国务院规定的其他情形。

扣缴义务人应当按照国家规定办理全员全额扣缴申报，并向纳税人提供其个人所得和已扣缴税款等信息。

第十一条　居民个人取得综合所得，按年计算个人所得税；有扣缴义务人的，由扣缴义务人按月或者按次预扣预缴税款；需要办理汇算清缴的，应当在取得所得的次年三月一日至六月三十日内办理汇算清缴。预扣预缴办法由国务院税务主管部门制定。

居民个人向扣缴义务人提供专项附加扣除信息的，扣缴义务人按月预扣预缴税款时应当按照规定予以扣除，不得拒绝。

非居民个人取得工资、薪金所得，劳务报酬所得，稿酬所得和特许权使用费所得，有扣缴义务人的，由扣缴义务人按月或者按次代扣代缴税款，不办理汇算清缴。

第十二条　纳税人取得经营所得，按年计算个人所得税，由纳税人在月度或者季度终了后十五日内向税务机关报送纳税申报表，并预缴税款；在取得所得的次年三月三十一日前办理汇算清缴。

纳税人取得利息、股息、红利所得，财产租赁所得，财产转让所得和偶然所得，按月或者按次计算个人所得税，有扣缴义务人的，由扣缴义务人按月或者按次代扣代缴税款。

第十三条　纳税人取得应税所得没有扣缴义务人的，应当在取得所得的次月十五日内向税务机关报送纳税申报表，并缴纳税款。

纳税人取得应税所得，扣缴义务人未扣缴税款的，纳税人应当在取得所得的次年六月三十日前，缴纳税款；税务机关通知限期缴纳的，纳税人应当按照期限缴纳税款。

居民个人从中国境外取得所得的，应当在取得所得的次年三月一日至六月三十日内申报纳税。

非居民个人在中国境内从两处以上取得工资、薪金所得的，应当在取得所得的次月十五日内申报纳税。

纳税人因移居境外注销中国户籍的，应当在注销中国户籍前办理税款清算。

第十四条 扣缴义务人每月或者每次预扣、代扣的税款，应当在次月十五日内缴入国库，并向税务机关报送扣缴个人所得税申报表。

纳税人办理汇算清缴退税或者扣缴义务人为纳税人办理汇算清缴退税的，税务机关审核后，按照国库管理的有关规定办理退税。

第十五条 公安、人民银行、金融监督管理等相关部门应当协助税务机关确认纳税人的身份、金融账户信息。教育、卫生、医疗保障、民政、人力资源社会保障、住房城乡建设、公安、人民银行、金融监督管理等相关部门应当向税务机关提供纳税人子女教育、继续教育、大病医疗、住房贷款利息、住房租金、赡养老人等专项附加扣除信息。

个人转让不动产的，税务机关应当根据不动产登记等相关信息核验应缴的个人所得税，登记机构办理转移登记时，应当查验与该不动产转让相关的个人所得税的完税凭证。个人转让股权办理变更登记的，市场主体登记机关应当查验与该股权交易相关的个人所得税的完税凭证。

有关部门依法将纳税人、扣缴义务人遵守本法的情况纳入信用信息系统，并实施联合激励或者惩戒。

第十六条 各项所得的计算，以人民币为单位。所得为人民币以外的货币的，按照人民币汇率中间价折合成人民币缴纳税款。

第十七条 对扣缴义务人按照所扣缴的税款，付给百分之二的手续费。

第十八条 对储蓄存款利息所得开征、减征、停征个人所得税及其具体办法，由国务院规定，并报全国人民代表大会常务委员会备案。

第十九条 纳税人、扣缴义务人和税务机关及其工作人员违反本法规定的，依照《中华人民共和国税收征收管理法》和有关法律法规的规定追究法律责任。

第二十条 个人所得税的征收管理，依照本法和《中华人民共和国税收征收管理法》的规定执行。

第二十一条 国务院根据本法制定实施条例。

第二十二条 本法自公布之日起施行。

个人所得税税率表一

（综合所得适用）

级数	全年应纳税所得额	税率（%）
1	不超过 36 000 元的	3
2	超过 36 000 元至 144 000 元的部分	10
3	超过 144 000 元至 300 000 元的部分	20
4	超过 300 000 元至 420 000 元的部分	25
5	超过 420 000 元至 660 000 元的部分	30
6	超过 660 000 元至 960 000 元的部分	35
7	超过 960 000 元的部分	45

注1：本表所称全年应纳税所得额是指依照本法第六条的规定，居民个人取得综合所得以每一纳税年度收入额减除费用六万元以及专项扣除、专项附加扣除和依法确定的其他扣除后的余额。

注2：非居民个人取得工资、薪金所得，劳务报酬所得，稿酬所得和特许权使用费所得，依照本表按月换算后计算应纳税额。

个人所得税税率表二

（经营所得适用）

级数	全年应纳税所得额	税率（%）
1	不超过 30 000 元的	5
2	超过 30 000 元至 90 000 元的部分	10
3	超过 90 000 元至 300 000 元的部分	20
4	超过 300 000 元至 500 000 元的部分	30
5	超过 500 000 元的部分	35

注：本表所称全年应纳税所得额是指依照本法第六条的规定，以每一纳税年度的收入总额减除成本、费用以及损失后的余额。

（二）个人所得税法实施条例

政策链接

《中华人民共和国个人所得税法实施条例（2018 年修订）》

（三）专项附加扣除暂行办法

个人所得税专项附加扣除暂行办法

（国发〔2018〕41号印发）

第一章 总则

第一条 根据《中华人民共和国个人所得税法》（以下简称个人所得税法）规定，制定本办法。

第二条 本办法所称个人所得税专项附加扣除，是指个人所得税法规定的子女教育、继续教育、大病医疗、住房贷款利息或者住房租金、赡养老人等6项专项附加扣除。

第三条 个人所得税专项附加扣除遵循公平合理、利于民生、简便易行的原则。

第四条 根据教育、医疗、住房、养老等民生支出变化情况，适时调整专项附加扣除范围和标准。

第二章 子女教育

第五条 纳税人的子女接受全日制学历教育的相关支出，按照每个子女每月1 000元的标准定额扣除。

学历教育包括义务教育（小学、初中教育）、高中阶段教育（普通高中、中等职业、技工教育）、高等教育（大学专科、大学本科、硕士研究生、博士研究生教育）。

年满3岁至小学入学前处于学前教育阶段的子女，按本条第一款规定执行。

第六条 父母可以选择由其中一方按扣除标准的100%扣除，也可以选择由双方分别按扣除标准的50%扣除，具体扣除方式在一个纳税年度内不能变更。

第七条 纳税人子女在中国境外接受教育的，纳税人应当留存境外学校录取通知书、留学签证等相关教育的证明资料备查。

第三章 继续教育

第八条 纳税人在中国境内接受学历（学位）继续教育的支出，在学历（学位）

教育期间按照每月 400 元定额扣除。同一学历（学位）继续教育的扣除期限不能超过48 个月。纳税人接受技能人员职业资格继续教育、专业技术人员职业资格继续教育的支出，在取得相关证书的当年，按照 3 600 元定额扣除。

第九条　个人接受本科及以下学历（学位）继续教育，符合本办法规定扣除条件的，可以选择由其父母扣除，也可以选择由本人扣除。

第十条　纳税人接受技能人员职业资格继续教育、专业技术人员职业资格继续教育的，应当留存相关证书等资料备查。

第四章　大病医疗

第十一条　在一个纳税年度内，纳税人发生的与基本医保相关的医药费用支出，扣除医保报销后个人负担（指医保目录范围内的自付部分）累计超过 15 000 元的部分，由纳税人在办理年度汇算清缴时，在 80 000 元限额内据实扣除。

第十二条　纳税人发生的医药费用支出可以选择由本人或者其配偶扣除；未成年子女发生的医药费用支出可以选择由其父母一方扣除。

纳税人及其配偶、未成年子女发生的医药费用支出，按本办法第十一条规定分别计算扣除额。

第十三条　纳税人应当留存医药服务收费及医保报销相关票据原件（或者复印件）等资料备查。医疗保障部门应当向患者提供在医疗保障信息系统记录的本人年度医药费用信息查询服务。

第五章　住房贷款利息

第十四条　纳税人本人或者配偶单独或者共同使用商业银行或者住房公积金个人住房贷款为本人或者其配偶购买中国境内住房，发生的首套住房贷款利息支出，在实际发生贷款利息的年度，按照每月 1 000 元的标准定额扣除，扣除期限最长不超过 240 个月。纳税人只能享受一次首套住房贷款的利息扣除。

本办法所称首套住房贷款是指购买住房享受首套住房贷款利率的住房贷款。

第十五条　经夫妻双方约定，可以选择由其中一方扣除，具体扣除方式在一个纳税年度内不能变更。

夫妻双方婚前分别购买住房发生的首套住房贷款，其贷款利息支出，婚后可以选择其中一套购买的住房，由购买方按扣除标准的 100% 扣除，也可以由夫妻双方对各自购买的住房分别按扣除标准的 50% 扣除，具体扣除方式在一个纳税年度内不能变更。

第十六条 纳税人应当留存住房贷款合同、贷款还款支出凭证备查。

第六章 住房租金

第十七条 纳税人在主要工作城市没有自有住房而发生的住房租金支出，可以按照以下标准定额扣除：

（一）直辖市、省会（首府）城市、计划单列市以及国务院确定的其他城市，扣除标准为每月 1 500 元；

（二）除第一项所列城市以外，市辖区户籍人口超过 100 万的城市，扣除标准为每月 1 100 元；市辖区户籍人口不超过 100 万的城市，扣除标准为每月 800 元。

纳税人的配偶在纳税人的主要工作城市有自有住房的，视同纳税人在主要工作城市有自有住房。

市辖区户籍人口，以国家统计局公布的数据为准。

第十八条 本办法所称主要工作城市是指纳税人任职受雇的直辖市、计划单列市、副省级城市、地级市（地区、州、盟）全部行政区域范围；纳税人无任职受雇单位的，为受理其综合所得汇算清缴的税务机关所在城市。

夫妻双方主要工作城市相同的，只能由一方扣除住房租金支出。

第十九条 住房租金支出由签订租赁住房合同的承租人扣除。

第二十条 纳税人及其配偶在一个纳税年度内不能同时分别享受住房贷款利息和住房租金专项附加扣除。

第二十一条 纳税人应当留存住房租赁合同、协议等有关资料备查。

第七章 赡养老人

第二十二条 纳税人赡养一位及以上被赡养人的赡养支出，统一按照以下标准定额扣除：

（一）纳税人为独生子女的，按照每月 2 000 元的标准定额扣除；

（二）纳税人为非独生子女的，由其与兄弟姐妹分摊每月 2 000 元的扣除额度，每人分摊的额度不能超过每月 1 000 元。可以由赡养人均摊或者约定分摊，也可以由被赡养人指定分摊。约定或者指定分摊的须签订书面分摊协议，指定分摊优先于约定分摊。具体分摊方式和额度在一个纳税年度内不能变更。

第二十三条　本办法所称被赡养人是指年满 60 岁的父母，以及子女均已去世的年满 60 岁的祖父母、外祖父母。

第八章　保障措施

第二十四条　纳税人向收款单位索取发票、财政票据、支出凭证，收款单位不能拒绝提供。

第二十五条　纳税人首次享受专项附加扣除，应当将专项附加扣除相关信息提交扣缴义务人或者税务机关，扣缴义务人应当及时将相关信息报送税务机关，纳税人对所提交信息的真实性、准确性、完整性负责。专项附加扣除信息发生变化的，纳税人应当及时向扣缴义务人或者税务机关提供相关信息。

前款所称专项附加扣除相关信息，包括纳税人本人、配偶、子女、被赡养人等个人身份信息，以及国务院税务主管部门规定的其他与专项附加扣除相关的信息。

本办法规定纳税人需要留存备查的相关资料应当留存五年。

第二十六条　有关部门和单位有责任和义务向税务部门提供或者协助核实以下与专项附加扣除有关的信息：

（一）公安部门有关户籍人口基本信息、户成员关系信息、出入境证件信息、相关出国人员信息、户籍人口死亡标识等信息；

（二）卫生健康部门有关出生医学证明信息、独生子女信息；

（三）民政部门、外交部门、法院有关婚姻状况信息；

（四）教育部门有关学生学籍信息（包括学历继续教育学生学籍、考籍信息）、在相关部门备案的境外教育机构资质信息；

（五）人力资源社会保障等部门有关技工院校学生学籍信息、技能人员职业资格继续教育信息、专业技术人员职业资格继续教育信息；

（六）住房城乡建设部门有关房屋（含公租房）租赁信息、住房公积金管理机构有关住房公积金贷款还款支出信息；

（七）自然资源部门有关不动产登记信息；

（八）人民银行、金融监督管理部门有关住房商业贷款还款支出信息；

（九）医疗保障部门有关在医疗保障信息系统记录的个人负担的医药费用信息；

（十）国务院税务主管部门确定需要提供的其他涉税信息。

上述数据信息的格式、标准、共享方式，由国务院税务主管部门及各省、自治区、直辖市和计划单列市税务局商有关部门确定。

有关部门和单位拥有专项附加扣除涉税信息，但未按规定要求向税务部门提供的，拥有涉税信息的部门或者单位的主要负责人及相关人员承担相应责任。

第二十七条　扣缴义务人发现纳税人提供的信息与实际情况不符的，可以要求纳税人修改。纳税人拒绝修改的，扣缴义务人应当报告税务机关，税务机关应当及时处理。

第二十八条　税务机关核查专项附加扣除情况时，纳税人任职受雇单位所在地、经常居住地、户籍所在地的公安派出所、居民委员会或者村民委员会等有关单位和个人应当协助核查。

第九章　附则

第二十九条　本办法所称父母，是指生父母、继父母、养父母。本办法所称子女，是指婚生子女、非婚生子女、继子女、养子女。父母之外的其他人担任未成年人的监护人的，比照本办法规定执行。

第三十条　个人所得税专项附加扣除额一个纳税年度扣除不完的，不能结转以后年度扣除。

第三十一条　个人所得税专项附加扣除具体操作办法，由国务院税务主管部门另行制定。

第三十二条　本办法自 2019 年 1 月 1 日起施行。

其他相关政策 ●●●

国家税务总局关于发布《个人所得税专项附加扣除操作办法（试行）》的公告
（国家税务总局公告 2018 年第 60 号）

为贯彻落实新修改的《中华人民共和国个人所得税法》和《国务院关于印发个人所得税专项附加扣除暂行办法的通知》（国发〔2018〕41 号），国家税务总局制定了《个人所得税专项附加扣除操作办法（试行）》。现予以发布，自 2019 年 1 月 1 日起施行。

特此公告。

附件：个人所得税专项附加扣除信息表及填表说明

国家税务总局

2018 年 12 月 21 日

《个人所得税专项附加扣除操作办法（试行）》

国家税务总局关于发布《个人所得税扣缴申报管理办法（试行）》的公告

（国家税务总局公告 2018 年第 61 号）

为贯彻落实新修改的《中华人民共和国个人所得税法》及其实施条例，国家税务总局制定了《个人所得税扣缴申报管理办法（试行）》，现予以发布，自 2019 年 1 月 1 日起施行。

特此公告。

附件：个人所得税税率表及预扣率表

国家税务总局

2018 年 12 月 21 日

《个人所得税扣缴申报管理办法（试行）》

国家税务总局关于个人所得税自行纳税申报有关问题的公告

（国家税务总局公告 2018 年第 62 号）

根据新修改的《中华人民共和国个人所得税法》及其实施条例，现就个人所得税自行纳税申报有关问题公告如下：

一、取得综合所得需要办理汇算清缴的纳税申报

取得综合所得且符合下列情形之一的纳税人，应当依法办理汇算清缴：

（一）从两处以上取得综合所得，且综合所得年收入额减除专项扣除后的余额超过 6 万元；

（二）取得劳务报酬所得、稿酬所得、特许权使用费所得中一项或者多项所得，且综合所得年收入额减除专项扣除的余额超过 6 万元；

（三）纳税年度内预缴税额低于应纳税额；

（四）纳税人申请退税。

【提示：依据《国家税务总局关于办理 2020 年度个人所得税综合所得汇算清缴事项的公告》（国家税务总局公告 2021 年第 2 号）规定，纳税人在 2020 年度已依法预缴个人所得税且符合下列情形之一的，无须办理年度汇算：（1）年度汇算需补税但综合所得收入全年不超过 12 万元的；（2）年度汇算需补税金额不超过 400 元的；（3）已预缴税额与年度应纳税额一致或者不申请退税的。】

需要办理汇算清缴的纳税人，应当在取得所得的次年 3 月 1 日至 6 月 30 日内，向任职、受雇单位所在地主管税务机关办理纳税申报，并报送《个人所得税年度自行纳税申报表》。纳税人有两处以上任职、受雇单位的，选择向其中一处任职、受雇单位所在地主管税务机关办理纳税申报；纳税人没有任职、受雇单位的，向户籍所在地或经常居住地主管税务机关办理纳税申报。

纳税人办理综合所得汇算清缴，应当准备与收入、专项扣除、专项附加扣除、依法确定的其他扣除、捐赠、享受税收优惠等相关的资料，并按规定留存备查或报送。

纳税人取得综合所得办理汇算清缴的具体办法，另行公告。

二、取得经营所得的纳税申报

个体工商户业主、个人独资企业投资者、合伙企业个人合伙人、承包承租经营者个人以及其他从事生产、经营活动的个人取得经营所得，包括以下情形：

（一）个体工商户从事生产、经营活动取得的所得，个人独资企业投资人、合伙企业的个人合伙人来源于境内注册的个人独资企业、合伙企业生产、经营的所得；

（二）个人依法从事办学、医疗、咨询以及其他有偿服务活动取得的所得；

（三）个人对企业、事业单位承包经营、承租经营以及转包、转租取得的所得；

（四）个人从事其他生产、经营活动取得的所得。

纳税人取得经营所得，按年计算个人所得税，由纳税人在月度或季度终了后15日内，向经营管理所在地主管税务机关办理预缴纳税申报，并报送《个人所得税经营所得纳税申报表（A表）》。在取得所得的次年3月31日前，向经营管理所在地主管税务机关办理汇算清缴，并报送《个人所得税经营所得纳税申报表（B表）》；从两处以上取得经营所得的，选择向其中一处经营管理所在地主管税务机关办理年度汇总申报，并报送《个人所得税经营所得纳税申报表（C表）》。

三、取得应税所得，扣缴义务人未扣缴税款的纳税申报

纳税人取得应税所得，扣缴义务人未扣缴税款的，应当区别以下情形办理纳税申报：

（一）居民个人取得综合所得的，按照本公告第一条办理。

（二）非居民个人取得工资、薪金所得，劳务报酬所得，稿酬所得，特许权使用费所得的，应当在取得所得的次年6月30日前，向扣缴义务人所在地主管税务机关办理纳税申报，并报送《个人所得税自行纳税申报表（A表）》。有两个以上扣缴义务人均未扣缴税款的，选择向其中一处扣缴义务人所在地主管税务机关办理纳税申报。

非居民个人在次年6月30日前离境（临时离境除外）的，应当在离境前办理纳税申报。

（三）纳税人取得利息、股息、红利所得，财产租赁所得，财产转让所得和偶然所得的，应当在取得所得的次年6月30日前，按相关规定向主管税务机关办理纳税申报，并报送《个人所得税自行纳税申报表（A表）》。

税务机关通知限期缴纳的，纳税人应当按照期限缴纳税款。

四、取得境外所得的纳税申报

居民个人从中国境外取得所得的，应当在取得所得的次年3月1日至6月30日内，向中国境内任职、受雇单位所在地主管税务机关办理纳税申报；在中国境内没有任职、受雇单位的，向户籍所在地或中国境内经常居住地主管税务机关办理纳税申报；户籍所在地与中国境内经常居住地不一致的，选择其中一地主管税务机关办理纳税申报；在中国境内没有户籍的，向中国境内经常居住地主管税务机关办理纳税申报。

纳税人取得境外所得办理纳税申报的具体规定，另行公告。

五、因移居境外注销中国户籍的纳税申报

纳税人因移居境外注销中国户籍的，应当在申请注销中国户籍前，向户籍所在地主管税务机关办理纳税申报，进行税款清算。

（一）纳税人在注销户籍年度取得综合所得的，应当在注销户籍前，办理当年综合所得的汇算清缴，并报送《个人所得税年度自行纳税申报表》。尚未办理上一年度综合所得汇算清缴的，应当在办理注销户籍纳税申报时一并办理。

（二）纳税人在注销户籍年度取得经营所得的，应当在注销户籍前，办理当年经营所得的汇算清缴，并报送《个人所得税经营所得纳税申报表（B表）》。从两处以上取得经营所得的，还应当一并报送《个人所得税经营所得纳税申报表（C表）》。尚未办理上一年度经营所得汇算清缴的，应当在办理注销户籍纳税申报时一并办理。

（三）纳税人在注销户籍当年取得利息、股息、红利所得，财产租赁所得，财产转让所得和偶然所得的，应当在注销户籍前，申报当年上述所得的完税情况，并报送《个人所得税自行纳税申报表（A表）》。

（四）纳税人有未缴或者少缴税款的，应当在注销户籍前，结清欠缴或未缴的税款。纳税人存在分期缴税且未缴纳完毕的，应当在注销户籍前，结清尚未缴纳的税款。

（五）纳税人办理注销户籍纳税申报时，需要办理专项附加扣除、依法确定的其他扣除的，应当向税务机关报送《个人所得税专项附加扣除信息表》《商业健康保险税前扣除情况明细表》《个人税收递延型商业养老保险税前扣除情况明细表》等。

六、非居民个人在中国境内从两处以上取得工资、薪金所得的纳税申报

非居民个人在中国境内从两处以上取得工资、薪金所得的，应当在取得所得的次月15日内，向其中一处任职、受雇单位所在地主管税务机关办理纳税申报，并报送《个人所得税自行纳税申报表（A表）》。

七、纳税申报方式

纳税人可以采用远程办税端、邮寄等方式申报，也可以直接到主管税务机关申报。

八、其他有关问题

（一）纳税人办理自行纳税申报时，应当一并报送税务机关要求报送的其他有关资料。首次申报或者个人基础信息发生变化的，还应报送《个人所得税基础信息表（B表）》。

本公告涉及的有关表证单书，由国家税务总局统一制定式样，另行公告。

（二）纳税人在办理纳税申报时需要享受税收协定待遇的，按照享受税收协定待遇有关办法办理。

九、施行时间

本公告自 2019 年 1 月 1 日起施行。

特此公告。

国家税务总局

2018 年 12 月 21 日

 政策链接

《财政部　税务总局关于个人所得税法修改后有关优惠政策衔接问题的通知》（财税〔2018〕164 号）

2021 年个人所得税最新政策 ●●●

国家税务总局关于办理 2020 年度个人所得税综合所得汇算清缴事项的公告

（国家税务总局公告 2021 年第 2 号）

为切实维护纳税人合法权益，合理有序建立健全个人所得税综合所得汇算清缴制度，根据个人所得税法及其实施条例（以下简称"税法"）和税收征收管理法及其实施细则有关规定，现就办理 2020 年度个人所得税综合所得汇算清缴（以下简称"年度汇算"）有关事项公告如下：

一、年度汇算的内容

依据税法规定，2020 年度终了后，居民个人（以下称"纳税人"）需要汇总 2020 年 1 月 1 日至 12 月 31 日取得的工资薪金、劳务报酬、稿酬、特许权使用费等四项所得（以下称"综合所得"）的收入额，减除费用 6 万元以及专项扣除、专项附加扣除、依法确定的其他扣除和符合条件的公益慈善事业捐赠（以下简称"捐赠"）后，适用综合所得个人所得税税率并减去速算扣除数（税率表见附件 1），计算本年度最终应纳税额，再减去 2020 年度已预缴税额，得出应退或应补税额，向税务机关申报并办理退税或补税。具体计算公式如下：

应退或应补税额 ＝ [（综合所得收入额 — 60 000 元 — "三险一金"等专项扣除 —

子女教育等专项附加扣除—依法确定的其他扣除—捐赠）×适用税率—速算扣除数〕—2020年已预缴税额

依据税法规定，年度汇算不涉及财产租赁等分类所得，以及纳税人按规定选择不并入综合所得计算纳税的全年一次性奖金等所得。

二、无须办理年度汇算的纳税人

经国务院批准，依据《财政部 税务总局关于个人所得税综合所得汇算清缴涉及有关政策问题的公告》（2019年第94号）有关规定，纳税人在2020年度已依法预缴个人所得税且符合下列情形之一的，无须办理年度汇算：

（一）年度汇算需补税但综合所得收入全年不超过12万元的；

（二）年度汇算需补税金额不超过400元的；

（三）已预缴税额与年度应纳税额一致或者不申请退税的。

三、需要办理年度汇算的纳税人

依据税法规定，符合下列情形之一的，纳税人需要办理年度汇算：

（一）已预缴税额大于年度应纳税额且申请退税的；

（二）综合所得收入全年超过12万元且需要补税金额超过400元的。

四、可享受的税前扣除

下列在2020年度发生的，且未申报扣除或未足额扣除的税前扣除项目，纳税人可在年度汇算期间办理扣除或补充扣除：

（一）纳税人及其配偶、未成年子女符合条件的大病医疗支出；

（二）纳税人符合条件的子女教育、继续教育、住房贷款利息或住房租金、赡养老人专项附加扣除，以及减除费用、专项扣除、依法确定的其他扣除；

（三）纳税人符合条件的捐赠支出。

五、办理时间

年度汇算时间为2021年3月1日至6月30日。在中国境内无住所的纳税人在2021年3月1日前离境的，可以在离境前办理年度汇算。

六、办理方式

纳税人可自主选择下列办理方式：

（一）自行办理年度汇算；

（二）通过任职受雇单位（含按累计预扣法预扣预缴其劳务报酬所得个人所得税的单位，下同。以下简称"单位"）代为办理。

纳税人提出代办要求的，单位应当代为办理，或者培训、辅导纳税人通过网上税务局（包括手机个人所得税 APP，下同）完成年度汇算申报和退（补）税。

由单位代为办理的，纳税人应在 2021 年 4 月 30 日前与单位以书面或者电子等方式进行确认，补充提供其 2020 年度在本单位以外取得的综合所得收入、相关扣除、享受税收优惠等信息资料，并对所提交信息的真实性、准确性、完整性负责。纳税人未与单位确认请其代为办理年度汇算的，单位不得代办。

（三）委托涉税专业服务机构或其他单位及个人（以下称"受托人"）办理，受托人需与纳税人签订授权书。

单位或受托人为纳税人办理年度汇算后，应当及时将办理情况告知纳税人。纳税人发现申报信息存在错误的，可以要求单位或受托人办理更正申报，也可自行办理更正申报。

七、办理渠道

为便利纳税人，税务机关为纳税人提供高效、快捷的网络办税渠道。纳税人可优先通过网上税务局办理年度汇算，税务机关将按规定为纳税人提供申报表预填服务；不方便通过上述方式办理的，也可以通过邮寄方式或到办税服务厅办理。

选择邮寄申报的，纳税人需将申报表寄送至按本公告第九条确定的主管税务机关所在省、自治区、直辖市和计划单列市税务局公告的地址。

八、申报信息及资料留存

纳税人办理 2020 年度汇算的，适用个人所得税年度自行纳税申报表（附件 2、3），如需修改本人相关基础信息，新增享受扣除或者税收优惠的，还应按规定一并填报相关信息。纳税人需仔细核对，确保所填信息真实、准确、完整。

纳税人、代办年度汇算的单位，需各自将年度汇算申报表以及纳税人综合所得收入、扣除、已缴税额或税收优惠等相关资料，自年度汇算期结束之日起留存 5 年。

九、接受年度汇算申报的税务机关

按照方便就近原则，纳税人自行办理或受托人为纳税人代为办理年度汇算的，向纳税人任职受雇单位的主管税务机关申报；有两处及以上任职受雇单位的，可自主选择向其中一处申报。

纳税人没有任职受雇单位的，向其户籍所在地、经常居住地或者主要收入来源地的主管税务机关申报。主要收入来源地，是指纳税人纳税年度内取得的劳务报酬、稿酬及特许权使用费三项所得累计收入最大的扣缴义务人所在地。

单位为纳税人代办年度汇算的，向单位的主管税务机关申报。

十、年度汇算的退税、补税

（一）办理退税

纳税人申请年度汇算退税，应当提供其在中国境内开设的符合条件的银行账户。税务机关按规定审核后，按照国库管理有关规定，在本公告第九条确定的接受年度汇算申报的税务机关所在地（即汇算清缴地）就地办理税款退库。纳税人未提供本人有效银行账户，或者提供的信息资料有误的，税务机关将通知纳税人更正，纳税人按要求更正后依法办理退税。

为方便纳税人获取退税，综合所得全年收入额不超过6万元且已预缴个人所得税的，税务机关在网上税务局提供便捷退税功能。纳税人可以在2021年3月1日至5月31日期间，通过简易申报表办理年度汇算退税。

申请2020年度汇算退税的纳税人，如存在应当办理2019年度汇算补税但未办理，或者经税务机关通知2019年度汇算申报存在疑点但拒不更正或说明情况的，需在办理2019年度汇算申报补税、更正申报或者说明有关情况后依法申请退税。

（二）办理补税

纳税人办理年度汇算补税的，可以通过网上银行、办税服务厅POS机刷卡、银行柜台、非银行支付机构等方式缴纳。邮寄申报并补税的，纳税人需通过网上税务局或者主管税务机关办税服务厅及时关注申报进度并缴纳税款。

纳税人因申报信息填写错误造成年度汇算多退或少缴税款的，纳税人主动或经税务机关提醒后及时改正的，税务机关可以按照"首违不罚"原则免予处罚。

十一、年度汇算服务

税务机关推出系列优化服务措施，加强年度汇算的政策解读和操作辅导力度，分类编制办税指引，通俗解释政策口径、专业术语和操作流程，多渠道、多形式开展提示提醒服务，并通过手机个人所得税APP、网页端、12366纳税服务平台等渠道提供涉税咨询，帮助纳税人解决办理年度汇算中的疑难问题，积极回应纳税人诉求。

为合理有序引导纳税人办理年度汇算，主管税务机关将分批分期通知提醒纳税人在确定的时间段内办理。纳税人如需提前或延后办理的，可与税务机关预约或通过网上税务局在年度汇算期内办理。对于独立完成年度汇算存在困难的年长、行动不便等特殊人群，由纳税人提出申请，税务机关可提供个性化年度汇算服务。

十二、其他事项

《国家税务总局关于个人所得税自行纳税申报有关问题的公告》（2018 年第 62 号）第一条第二款与本公告不一致的，依照本公告执行。

特此公告。

附件：1. 个人所得税税率表（综合所得适用）

2. 个人所得税年度自行纳税申报表（A 表、简易版、问答版）

3. 个人所得税年度自行纳税申报表（B 表）

国家税务总局

2021 年 2 月 8 日

国家税务总局关于进一步简便优化部分纳税人个人所得税预扣预缴方法的公告

（国家税务总局公告 2020 年第 19 号）

为进一步支持稳就业、保就业、促消费，助力构建新发展格局，按照《中华人民共和国个人所得税法》及其实施条例有关规定，现就进一步简便优化部分纳税人个人所得税预扣预缴方法有关事项公告如下：

一、对上一完整纳税年度内每月均在同一单位预扣预缴工资、薪金所得个人所得税且全年工资、薪金收入不超过 6 万元的居民个人，扣缴义务人在预扣预缴本年度工资、薪金所得个人所得税时，累计减除费用自 1 月份起直接按照全年 6 万元计算扣除。即，在纳税人累计收入不超过 6 万元的月份，暂不预扣预缴个人所得税；在其累计收入超过 6 万元的当月及年内后续月份，再预扣预缴个人所得税。

扣缴义务人应当按规定办理全员全额扣缴申报，并在《个人所得税扣缴申报表》相应纳税人的备注栏注明"上年各月均有申报且全年收入不超过 6 万元"字样。

二、对按照累计预扣法预扣预缴劳务报酬所得个人所得税的居民个人，扣缴义务人比照上述规定执行。

本公告自 2021 年 1 月 1 日起施行。

特此公告。

国家税务总局

2020 年 12 月 4 日

5.4 其他税种主要政策梳理

一 城建税 ● ● ●

中华人民共和国城市维护建设税法

（2020 年 8 月 11 日第十三届全国人民代表大会常务委员会第二十一次会议通过）

第一条 在中华人民共和国境内缴纳增值税、消费税的单位和个人，为城市维护建设税的纳税人，应当依照本法规定缴纳城市维护建设税。

第二条 城市维护建设税以纳税人依法实际缴纳的增值税、消费税税额为计税依据。

城市维护建设税的计税依据应当按照规定扣除期末留抵退税退还的增值税税额。

城市维护建设税计税依据的具体确定办法，由国务院依据本法和有关税收法律、行政法规规定，报全国人民代表大会常务委员会备案。

第三条 对进口货物或者境外单位和个人向境内销售劳务、服务、无形资产缴纳的增值税、消费税税额，不征收城市维护建设税。

第四条 城市维护建设税税率如下：

（一）纳税人所在地在市区的，税率为百分之七；

（二）纳税人所在地在县城、镇的，税率为百分之五；

（三）纳税人所在地不在市区、县城或者镇的，税率为百分之一。

前款所称纳税人所在地，是指纳税人住所地或者与纳税人生产经营活动相关的其他地点，具体地点由省、自治区、直辖市确定。

第五条 城市维护建设税的应纳税额按照计税依据乘以具体适用税率计算。

第六条 根据国民经济和社会发展的需要，国务院对重大公共基础设施建设、特殊产业和群体以及重大突发事件应对等情形可以规定减征或者免征城市维护建设税，报全国人民代表大会常务委员会备案。

第七条 城市维护建设税的纳税义务发生时间与增值税、消费税的纳税义务发生时间一致，分别与增值税、消费税同时缴纳。

第八条 城市维护建设税的扣缴义务人为负有增值税、消费税扣缴义务的单位和个人，在扣缴增值税、消费税的同时扣缴城市维护建设税。

第九条　城市维护建设税由税务机关依照本法和《中华人民共和国税收征收管理法》的规定征收管理。

第十条　纳税人、税务机关及其工作人员违反本法规定的，依照《中华人民共和国税收征收管理法》和有关法律法规的规定追究法律责任。

第十一条　本法自 2021 年 9 月 1 日起施行。1985 年 2 月 8 日国务院发布的《中华人民共和国城市维护建设税暂行条例》同时废止。

 二 契税 ●●●

中华人民共和国契税法

（2020 年 8 月 11 日第十三届全国人民代表大会常务委员会第二十一次会议通过）

第一条　在中华人民共和国境内转移土地、房屋权属，承受的单位和个人为契税的纳税人，应当依照本法规定缴纳契税。

第二条　本法所称转移土地、房屋权属，是指下列行为：

（一）土地使用权出让；

（二）土地使用权转让，包括出售、赠与、互换；

（三）房屋买卖、赠与、互换。

前款第二项土地使用权转让，不包括土地承包经营权和土地经营权的转移。

以作价投资（入股）、偿还债务、划转、奖励等方式转移土地、房屋权属的，应当依照本法规定征收契税。

第三条　契税税率为百分之三至百分之五。

契税的具体适用税率，由省、自治区、直辖市人民政府在前款规定的税率幅度内提出，报同级人民代表大会常务委员会决定，并报全国人民代表大会常务委员会和国务院备案。

省、自治区、直辖市可以依照前款规定的程序对不同主体、不同地区、不同类型的住房的权属转移确定差别税率。

第四条　契税的计税依据：

（一）土地使用权出让、出售，房屋买卖，为土地、房屋权属转移合同确定的成交价格，包括应交付的货币以及实物、其他经济利益对应的价款；

（二）土地使用权互换、房屋互换，为所互换的土地使用权、房屋价格的差额；

（三）土地使用权赠与、房屋赠与以及其他没有价格的转移土地、房屋权属行为，为税务机关参照土地使用权出售、房屋买卖的市场价格依法核定的价格。

纳税人申报的成交价格、互换价格差额明显偏低且无正当理由的，由税务机关依照《中华人民共和国税收征收管理法》的规定核定。

第五条 契税的应纳税额按照计税依据乘以具体适用税率计算。

第六条 有下列情形之一的，免征契税：

（一）国家机关、事业单位、社会团体、军事单位承受土地、房屋权属用于办公、教学、医疗、科研、军事设施；

（二）非营利性的学校、医疗机构、社会福利机构承受土地、房屋权属用于办公、教学、医疗、科研、养老、救助；

（三）承受荒山、荒地、荒滩土地使用权用于农、林、牧、渔业生产；

（四）婚姻关系存续期间夫妻之间变更土地、房屋权属；

（五）法定继承人通过继承承受土地、房屋权属；

（六）依照法律规定应当予以免税的外国驻华使馆、领事馆和国际组织驻华代表机构承受土地、房屋权属。

根据国民经济和社会发展的需要，国务院对居民住房需求保障、企业改制重组、灾后重建等情形可以规定免征或者减征契税，报全国人民代表大会常务委员会备案。

第七条 省、自治区、直辖市可以决定对下列情形免征或者减征契税：

（一）因土地、房屋被县级以上人民政府征收、征用，重新承受土地、房屋权属；

（二）因不可抗力灭失住房，重新承受住房权属。

前款规定的免征或者减征契税的具体办法，由省、自治区、直辖市人民政府提出，报同级人民代表大会常务委员会决定，并报全国人民代表大会常务委员会和国务院备案。

第八条 纳税人改变有关土地、房屋的用途，或者有其他不再属于本法第六条规定的免征、减征契税情形的，应当缴纳已经免征、减征的税款。

第九条 契税的纳税义务发生时间，为纳税人签订土地、房屋权属转移合同的当日，或者纳税人取得其他具有土地、房屋权属转移合同性质凭证的当日。

第十条 纳税人应当在依法办理土地、房屋权属登记手续前申报缴纳契税。

第十一条 纳税人办理纳税事宜后，税务机关应当开具契税完税凭证。纳税人办理土地、房屋权属登记，不动产登记机构应当查验契税完税、减免税凭证或者有关信息。未按照规定缴纳契税的，不动产登记机构不予办理土地、房屋权属登记。

第十二条 在依法办理土地、房屋权属登记前，权属转移合同、权属转移合同性质凭证不生效、无效、被撤销或者被解除的，纳税人可以向税务机关申请退还已缴纳的税款，税务机关应当依法办理。

第十三条 税务机关应当与相关部门建立契税涉税信息共享和工作配合机制。自然资源、住房城乡建设、民政、公安等相关部门应当及时向税务机关提供与转移土地、房屋权属有关的信息，协助税务机关加强契税征收管理。

税务机关及其工作人员对税收征收管理过程中知悉的纳税人的个人信息，应当依法予以保密，不得泄露或者非法向他人提供。

第十四条 契税由土地、房屋所在地的税务机关依照本法和《中华人民共和国税收征收管理法》的规定征收管理。

第十五条 纳税人、税务机关及其工作人员违反本法规定的，依照《中华人民共和国税收征收管理法》和有关法律法规的规定追究法律责任。

第十六条 本法自 2021 年 9 月 1 日起施行。1997 年 7 月 7 日国务院发布的《中华人民共和国契税暂行条例》同时废止。

三 印花税

中华人民共和国印花税法

（2021 年 6 月 10 日第十三届全国人民代表大会常务委员会第二十九次会议通过）

第一条 在中华人民共和国境内书立应税凭证、进行证券交易的单位和个人，为印花税的纳税人，应当依照本法规定缴纳印花税。

在中华人民共和国境外书立在境内使用的应税凭证的单位和个人，应当依照本法规定缴纳印花税。

第二条 本法所称应税凭证，是指本法所附《印花税税目税率表》列明的合同、产权转移书据和营业账簿。

第三条 本法所称证券交易，是指转让在依法设立的证券交易所、国务院批准的其他全国性证券交易场所交易的股票和以股票为基础的存托凭证。

证券交易印花税对证券交易的出让方征收，不对受让方征收。

第四条 印花税的税目、税率，依照本法所附《印花税税目税率表》执行。

第五条 印花税的计税依据如下：

（一）应税合同的计税依据，为合同所列的金额，不包括列明的增值税税款；

（二）应税产权转移书据的计税依据，为产权转移书据所列的金额，不包括列明的增值税税款；

（三）应税营业账簿的计税依据，为账簿记载的实收资本（股本）、资本公积合计金额；

（四）证券交易的计税依据，为成交金额。

第六条 应税合同、产权转移书据未列明金额的，印花税的计税依据按照实际结算的金额确定。

计税依据按照前款规定仍不能确定的，按照书立合同、产权转移书据时的市场价格确定；依法应当执行政府定价或者政府指导价的，按照国家有关规定确定。

第七条 证券交易无转让价格的，按照办理过户登记手续时该证券前一个交易日收盘价计算确定计税依据；无收盘价的，按照证券面值计算确定计税依据。

第八条 印花税的应纳税额按照计税依据乘以适用税率计算。

第九条 同一应税凭证载有两个以上税目事项并分别列明金额的，按照各自适用的税目税率分别计算应纳税额；未分别列明金额的，从高适用税率。

第十条 同一应税凭证由两方以上当事人书立的，按照各自涉及的金额分别计算应纳税额。

第十一条 已缴纳印花税的营业账簿，以后年度记载的实收资本（股本）、资本公积合计金额比已缴纳印花税的实收资本（股本）、资本公积合计金额增加的，按照增加部分计算应纳税额。

第十二条 下列凭证免征印花税：

（一）应税凭证的副本或者抄本；

（二）依照法律规定应当予以免税的外国驻华使馆、领事馆和国际组织驻华代表机构为获得馆舍书立的应税凭证；

（三）中国人民解放军、中国人民武装警察部队书立的应税凭证；

（四）农民、家庭农场、农民专业合作社、农村集体经济组织、村民委员会购买农业生产资料或者销售农产品书立的买卖合同和农业保险合同；

（五）无息或者贴息借款合同、国际金融组织向中国提供优惠贷款书立的借款合同；

（六）财产所有权人将财产赠与政府、学校、社会福利机构、慈善组织书立的产权转移书据；

（七）非营利性医疗卫生机构采购药品或者卫生材料书立的买卖合同；

（八）个人与电子商务经营者订立的电子订单。

根据国民经济和社会发展的需要，国务院对居民住房需求保障、企业改制重组、破产、支持小型微型企业发展等情形可以规定减征或者免征印花税，报全国人民代表大会常务委员会备案。

第十三条 纳税人为单位的，应当向其机构所在地的主管税务机关申报缴纳印花税；纳税人为个人的，应当向应税凭证书立地或者纳税人居住地的主管税务机关申报缴纳印花税。

不动产产权发生转移的，纳税人应当向不动产所在地的主管税务机关申报缴纳印花税。

第十四条 纳税人为境外单位或者个人，在境内有代理人的，以其境内代理人为扣缴义务人；在境内没有代理人的，由纳税人自行申报缴纳印花税，具体办法由国务院税务主管部门规定。

证券登记结算机构为证券交易印花税的扣缴义务人，应当向其机构所在地的主管税务机关申报解缴税款以及银行结算的利息。

第十五条 印花税的纳税义务发生时间为纳税人书立应税凭证或者完成证券交易的当日。

证券交易印花税扣缴义务发生时间为证券交易完成的当日。

第十六条 印花税按季、按年或者按次计征。实行按季、按年计征的，纳税人应当自季度、年度终了之日起十五日内申报缴纳税款；实行按次计征的，纳税人应当自纳税义务发生之日起十五日内申报缴纳税款。

证券交易印花税按周解缴。证券交易印花税扣缴义务人应当自每周终了之日起五日内申报解缴税款以及银行结算的利息。

第十七条 印花税可以采用粘贴印花税票或者由税务机关依法开具其他完税凭证的方式缴纳。

印花税票粘贴在应税凭证上的，由纳税人在每枚税票的骑缝处盖戳注销或者画销。

印花税票由国务院税务主管部门监制。

第十八条 印花税由税务机关依照本法和《中华人民共和国税收征收管理法》的规定征收管理。

第十九条 纳税人、扣缴义务人和税务机关及其工作人员违反本法规定的，依照《中华人民共和国税收征收管理法》和有关法律、行政法规的规定追究法律责任。

第二十条 本法自 2022 年 7 月 1 日起施行。1988 年 8 月 6 日国务院发布的《中华人民共和国印花税暂行条例》同时废止。

附：

印花税税目税率表

税　目		税率	备　注
合同 （指书面合同）	借款合同	借款金额的万分之零点五	指银行业金融机构、经国务院银行业监督管理机构批准设立的其他金融机构与借款人（不包括同业拆借）的借款合同
	融资租赁合同	租金的万分之零点五	
	买卖合同	价款的万分之三	指动产买卖合同（不包括个人书立的动产买卖合同）
	承揽合同	报酬的万分之三	
	建设工程合同	价款的万分之三	
	运输合同	运输费用的万分之三	指货运合同和多式联运合同（不包括管道运输合同）
	技术合同	价款、报酬或者使用费的万分之三	不包括专利权、专有技术使用权转让书据
	租赁合同	租金的千分之一	
	保管合同	保管费的千分之一	
	仓储合同	仓储费的千分之一	
	财产保险合同	保险费的千分之一	不包括再保险合同
产权转移书据	土地使用权出让书据	价款的万分之五	
	土地使用权、房屋等建筑物和构筑物所有权转让书据（不包括土地承包经营权和土地经营权转移）	价款的万分之五	转让包括买卖（出售）、继承、赠与、互换、分割
	股权转让书据（不包括应缴纳证券交易印花税的）	价款的万分之五	
	商标专用权、著作权、专利权、专有技术使用权转让书据	价款的万分之三	
营业账簿		实收资本（股本）、资本公积合计金额的万分之二点五	
证券交易		成交金额的千分之一	

财政部　税务总局关于对营业账簿减免印花税的通知

（财税〔2018〕50号）

各省、自治区、直辖市、计划单列市财政厅（局）、国家税务局、地方税务局，新疆生产建设兵团财政局：

为减轻企业负担，鼓励投资创业，现就减免营业账簿印花税有关事项通知如下：

自2018年5月1日起，对按万分之五税率贴花的资金账簿减半征收印花税，对按件贴花五元的其他账簿免征印花税。

请遵照执行。

财政部　税务总局

2018年5月3日

政策链接

《财政部　税务总局关于实施小微企业普惠性税收减免政策的通知》（财税〔2019〕13号）

四　消费税 ● ● ●

中华人民共和国消费税暂行条例（2008年修订）

第一条　在中华人民共和国境内生产、委托加工和进口本条例规定的消费品的单位和个人，以及国务院确定的销售本条例规定的消费品的其他单位和个人，为消费税的纳税人，应当依照本条例缴纳消费税。

第二条　消费税的税目、税率，依照本条例所附的《消费税税目税率表》执行。

消费税税目、税率的调整，由国务院决定。

第三条　纳税人兼营不同税率的应当缴纳消费税的消费品（以下简称应税消费品），应当分别核算不同税率应税消费品的销售额、销售数量；未分别核算销售额、销售数量，或者将不同税率的应税消费品组成成套消费品销售的，从高适用税率。

第四条　纳税人生产的应税消费品，于纳税人销售时纳税。纳税人自产自用的应税消费品，用于连续生产应税消费品的，不纳税；用于其他方面的，于移送使用时纳税。

委托加工的应税消费品，除受托方为个人外，由受托方在向委托方交货时代收代缴税款。委托加工的应税消费品，委托方用于连续生产应税消费品的，所纳税款准予按规定抵扣。

进口的应税消费品，于报关进口时纳税。

第五条　消费税实行从价定率、从量定额，或者从价定率和从量定额复合计税（以下简称复合计税）的办法计算应纳税额。应纳税额计算公式：

实行从价定率办法计算的应纳税额＝销售额 × 比例税率

实行从量定额办法计算的应纳税额＝销售数量 × 定额税率

实行复合计税办法计算的应纳税额＝销售额 × 比例税率＋销售数量 × 定额税率

纳税人销售的应税消费品，以人民币计算销售额。纳税人以人民币以外的货币结算销售额的，应当折合成人民币计算。

第六条　销售额为纳税人销售应税消费品向购买方收取的全部价款和价外费用。

第七条　纳税人自产自用的应税消费品，按照纳税人生产的同类消费品的销售价格计算纳税；没有同类消费品销售价格的，按照组成计税价格计算纳税。

实行从价定率办法计算纳税的组成计税价格计算公式：

组成计税价格＝（成本＋利润）÷（1 －比例税率）

实行复合计税办法计算纳税的组成计税价格计算公式：

组成计税价格＝（成本＋利润＋自产自用数量 × 定额税率）÷（1 －比例税率）

第八条　委托加工的应税消费品，按照受托方的同类消费品的销售价格计算纳税；没有同类消费品销售价格的，按照组成计税价格计算纳税。

实行从价定率办法计算纳税的组成计税价格计算公式：

组成计税价格＝（材料成本＋加工费）÷（1 －比例税率）

实行复合计税办法计算纳税的组成计税价格计算公式：

组成计税价格＝（材料成本＋加工费＋委托加工数量 × 定额税率）÷（1 －比例税率）

第九条　进口的应税消费品，按照组成计税价格计算纳税。

实行从价定率办法计算纳税的组成计税价格计算公式：

组成计税价格＝（关税完税价格＋关税）÷（1－消费税比例税率）

实行复合计税办法计算纳税的组成计税价格计算公式：

组成计税价格＝（关税完税价格＋关税＋进口数量×消费税定额税率）÷（1－消费税比例税率）

第十条　纳税人应税消费品的计税价格明显偏低并无正当理由的，由主管税务机关核定其计税价格。

第十一条　对纳税人出口应税消费品，免征消费税；国务院另有规定的除外。出口应税消费品的免税办法，由国务院财政、税务主管部门规定。

第十二条　消费税由税务机关征收，进口的应税消费品的消费税由海关代征。

个人携带或者邮寄进境的应税消费品的消费税，连同关税一并计征。具体办法由国务院关税税则委员会会同有关部门制定。

第十三条　纳税人销售的应税消费品，以及自产自用的应税消费品，除国务院财政、税务主管部门另有规定外，应当向纳税人机构所在地或者居住地的主管税务机关申报纳税。

委托加工的应税消费品，除受托方为个人外，由受托方向机构所在地或者居住地的主管税务机关解缴消费税税款。

进口的应税消费品，应当向报关地海关申报纳税。

第十四条　消费税的纳税期限分别为1日、3日、5日、10日、15日、1个月或者1个季度。纳税人的具体纳税期限，由主管税务机关根据纳税人应纳税额的大小分别核定；不能按照固定期限纳税的，可以按次纳税。

纳税人以1个月或者1个季度为1个纳税期的，自期满之日起15日内申报纳税；以1日、3日、5日、10日或者15日为1个纳税期的，自期满之日起5日内预缴税款，于次月1日起15日内申报纳税并结清上月应纳税款。

第十五条　纳税人进口应税消费品，应当自海关填发海关进口消费税专用缴款书之日起15日内缴纳税款。

第十六条　消费税的征收管理，依照《中华人民共和国税收征收管理法》及本条例有关规定执行。

第十七条　本条例自2009年1月1日起施行。

附：

消费税税目税率表

税目	税率
一、烟	
1. 卷烟	
（1）甲类卷烟	45% 加 0.003 元 / 支
（2）乙类卷烟	30% 加 0.003 元 / 支
2. 雪茄烟	25%
3. 烟丝	30%
二、酒及酒精	
1. 白酒	20% 加 0.5 元 /500 克（或者 500 毫升）
2. 黄酒	240 元 / 吨
3. 啤酒	
（1）甲类啤酒	250 元 / 吨
（2）乙类啤酒	220 元 / 吨
4. 其他酒	10%
5. 酒精	5%
三、化妆品	30%
四、贵重首饰及珠宝玉石	
1. 金银首饰、铂金首饰和钻石及钻石饰品	5%
2. 其他贵重首饰和珠宝玉石	10%
五、鞭炮、焰火	15%
六、成品油	
1. 汽油	
（1）含铅汽油	0.28 元 / 升
（2）无铅汽油	0.20 元 / 升
2. 柴油	0.10 元 / 升
3. 航空煤油	0.10 元 / 升
4. 石脑油	0.20 元 / 升
5. 溶剂油	0.20 元 / 升
6. 润滑油	0.20 元 / 升
7. 燃料油	0.10 元 / 升
七、汽车轮胎	3%
八、摩托车	
1. 气缸容量（排气量，下同）在 250 毫升（含 250 毫升）以下的	3%
2. 气缸容量在 250 毫升以上的	10%

续表

税目	税率
九、小汽车	
1. 乘用车	
（1）气缸容量（排气量，下同）在 1.0 升（含 1.0 升）以下的	1%
（2）气缸容量在 1.0 升以上至 1.5 升（含 1.5 升）的	3%
（3）气缸容量在 1.5 升以上至 2.0 升（含 2.0 升）的	5%
（4）气缸容量在 2.0 升以上至 2.5 升（含 2.5 升）的	9%
（5）气缸容量在 2.5 升以上至 3.0 升（含 3.0 升）的	12%
（6）气缸容量在 3.0 升以上至 4.0 升（含 4.0 升）的	25%
（7）气缸容量在 4.0 升以上的	40%
2. 中轻型商用客车	5%
十、高尔夫球及球具	10%
十一、高档手表	20%
十二、游艇	10%
十三、木制一次性筷子	5%
十四、实木地板	5%

备注：

（1）取消酒精、汽车轮胎消费税；

（2）将电池、涂料纳入消费税征税范围；

（3）将"化妆品"税目更名为"高档化妆品"，取消对普通美容、修饰类化妆品征收消费税。

政策链接

《中华人民共和国消费税暂行条例实施细则》

5.5 社保入税政策解读

一 社保入税的政策背景

根据中共中央办公厅、国务院办公厅印发的《国税地税征管体制改革方案》，从 2019 年 1 月 1 日起，将基本养老保险费、基本医疗保险费、失业保险费、工伤保险费、生育保险费等各项社会保险费交由税务部门统一征收。

中央作出的关于社会保险费征收体制改革的决定是完善社会保险管理体制和治理方式的重大改革，有利于进一步明确部门职责分工，规范征缴管理，提高征缴效率，降低征收成本，优化缴费服务，增强参保缴费人获得感，实现社会保险资金安全、可持续增长，为降低社保费率创造条件；有利于进一步深化社会保险制度改革，更好地确保发放、维护广大参保人的利益；有利于为深化"放管服"改革和进一步激发市场主体活力奠定良好基础。

二 社保入税的影响 ● ● ●

（一）社会保险费划由税务部门统一征收会不会增加企业缴费负担？

社会保险费划由税务部门征收不会增加企业缴费负担，社会保险费征收划转采取"不改变企业现行申报方式和缴费基数计算规则、不因征收部门改变而增加企业缴费负担"的"两不原则"。具体来说，主要做法有以下三点：

一是不改变企业现行申报方式。划转原则上采取"社保（医保）核定、税务征收"的方式开展，缴费人仍然通过现行方式和渠道向社保（医保）经办机构进行申报，由社保（医保）经办机构核定应缴费额，之后向税务部门缴费。

二是不改变缴费基数计算规则。企业职工缴费基数上下限继续按照现行规定进行核定，灵活就业人员等继续在规定范围内自愿选择适当的缴费基数，缴费基数计算规则保持不变，因而不会增加缴费负担。

三是不对历史欠费开展集中清缴。根据国务院要求，不会对企业历史欠费进行集中清缴，也不会采取其他增加企业实际缴费负担的做法。

（二）社会保险费缴费的便利性会不会受到影响？

目前，人社、税务、医保等部门已经建立了紧密的协作沟通机制，特别是从方便群众办事和优化协同高效的角度出发，做了大量的工作。划转后，缴费人可以通过办税服务厅、政务服务大厅税务征收窗口、自助办税（费）终端、单位客户端、电子税务局、手机 APP 以及商业银行等"网上、掌上、实体、自助"多元化渠道进行缴费，安全高效地办理业务。同时，人社和税务部门也会加强人社 12333、税务 12366 等服务热线的协同联动，通过建立电话转接、知识库共享等方式，为参保企业和群众提供更加高效便捷的缴费咨询服务。

（三）划转对于缴费人的权益记录和待遇享受会不会有影响？

确保缴费人的权益记录和待遇支付不受影响，是划转工作的重要原则。为了做到这一点，人社、税务、医保等部门进一步健全强化了业务协同机制，全面升级了部门间的信息共享平台，通过共享平台实现缴费信息在部门之间的安全、及时、准确传递，可有效保障缴费人的权益及时记录、待遇及时享受。

三 与社会保险相关的税收政策

（一）个人所得税

（1）《中华人民共和国个人所得税法》第四条规定，免征个人所得税的项目包括：保险赔款；按照国家统一规定发给干部、职工的安家费、退职费、基本养老金或者退休费、离休费、离休生活补助费。

（2）《中华人民共和国个人所得税法》第六条规定，居民个人的综合所得，以每一纳税年度的收入额减除费用六万元以及专项扣除、专项附加扣除和依法确定的其他扣除后的余额，为应纳税所得额。专项扣除，包括居民个人按照国家规定的范围和标准缴纳的基本养老保险、基本医疗保险、失业保险等社会保险费和住房公积金等。

（3）《财政部　国家税务总局关于基本养老保险费基本医疗保险费失业保险费住房公积金有关个人所得税政策的通知》（财税〔2006〕10号）规定：

①企事业单位按照国家或省（自治区、直辖市）人民政府规定的缴费比例或办法实际缴付的基本养老保险费、基本医疗保险费和失业保险费，免征个人所得税；个人按照国家或省（自治区、直辖市）人民政府规定的缴费比例或办法实际缴付的基本养老保险费、基本医疗保险费和失业保险费，允许在个人应纳税所得额中扣除。

企事业单位和个人超过规定的比例和标准缴付的基本养老保险费、基本医疗保险费和失业保险费，应将超过部分并入个人当期的工资、薪金收入，计征个人所得税。

②个人实际领（支）取原提存的基本养老保险金、基本医疗保险金、失业保险金和住房公积金时，免征个人所得税。

（4）《财政部　国家税务总局　保监会关于将商业健康保险个人所得税试点政策推广到全国范围实施的通知》（财税〔2017〕39号）规定，对个人购买符合规定的商业健康保险产品的支出，允许在当年（月）计算应纳税所得额时予以税前扣除，扣除限额为2 400元/年（200元/月）。单位统一为员工购买符合规定的商业健康保险产品的支出，应分别计入员工个人工资薪金，视同个人购买，按上述限额予以扣除。2 400元/年（200元/月）的限额扣除为个人所得税法规定减除费用标准之外的扣除。

（二）企业所得税法

（1）《中华人民共和国企业所得税法实施条例》第三十五条规定，企业依照国务院有关主管部门或者省级人民政府规定的范围和标准为职工缴纳的基本养老保险费、基本医疗保险费、失业保险费、工伤保险费、生育保险费等基本社会保险费和住房公积金，准予扣除。企业为投资者或者职工支付的补充养老保险费、补充医疗保险费，在国务院财政、税务主管部门规定的范围和标准内，准予扣除。

（2）《中华人民共和国企业所得税法实施条例》第三十六条规定，除企业依照国家有关规定为特殊工种职工支付的人身安全保险费和国务院财政、税务主管部门规定可以扣除的其他商业保险费外，企业为投资者或者职工支付的商业保险费，不得扣除。

（3）《财政部　国家税务总局关于补充养老保险费、补充医疗保险费有关企业所得税政策问题的通知》（财税〔2009〕27号）规定，自2008年1月1日起，企业根据国家有关政策规定，为在本企业任职或者受雇的全体员工支付的补充养老保险费、补充医疗保险费，分别在不超过职工工资总额5%标准内的部分，在计算应纳税所得额时准予扣除；超过的部分，不予扣除。

（4）《国家税务总局关于企业所得税有关问题的公告》（国家税务总局公告2016年第80号）规定，企业职工因公出差乘坐交通工具发生的人身意外保险费支出，准予企业在计算应纳税所得额时扣除。

（三）印花税

（1）《财政部　国家税务总局关于全国社会保障基金有关印花税政策的通知》（财税〔2003〕134号）规定：

①对社保理事会委托社保基金投资管理人运用社保基金买卖证券应缴纳的印花税实行先征后返。社保理事会定期向财政部、上海市和深圳市财政局提出返还印花税的申请，即按照中央与地方印花税分享比例，属于中央收入部分，向财政部提出申请；属于地方收入部分，向上海市和深圳市财政局提出申请。具体退税程序比照财政部、国家税务总局、中国人民银行《关于税制改革后对某些企业实行"先征后退"有关预算管理问题的暂行规定的通知》（〔94〕财预字第55号）的有关规定办理。

②对社保基金持有的证券，在社保基金证券账户之间的划拨过户，不属于印花税的征税范围，不征收印花税。

（2）《财政部　国家税务总局关于境内证券市场转持部分国有股充实全国社会保障基金有关证券（股票）交易印花税政策的通知》（财税〔2009〕103号）规定，经国务院批准，对有关国有股东按照《境内证券市场转持部分国有股充实全国社会保障基金实施办法》（财企〔2009〕94号）向全国社会保障基金理事会转持国有股，免征证券（股票）交易印花税。

（3）《财政部　税务总局关于基本养老保险基金有关投资业务税收政策的通知》（财税〔2018〕95号）规定：

①对社保基金会及养老基金投资管理机构在国务院批准的投资范围内，运用养老基金投资过程中，提供贷款服务取得的全部利息及利息性质的收入和金融商品转让收入，免征增值税。

②对社保基金会及养老基金投资管理机构在国务院批准的投资范围内，运用养老基金投资取得的归属于养老基金的投资收入，作为企业所得税不征税收入；对养老基金投资管理机构、养老基金托管机构从事养老基金管理活动取得的收入，依照税法规定征收企业所得税。

③对社保基金会及养老基金投资管理机构运用养老基金买卖证券应缴纳的印花税实行先征后返；养老基金持有的证券，在养老基金证券账户之间的划拨过户，不属于印花税的征收范围，不征收印花税。对社保基金会及养老基金投资管理机构管理的养老基金转让非上市公司股权，免征社保基金会及养老基金投资管理机构应缴纳的印花税。